在承续与拓展之间
1651—1849

刘冉冉　著

SPM
南方传媒　广东人民出版社
·广州·

图书在版编目（CIP）数据

在承续与拓展之间：1651—1849 / 刘冉冉著. —广州：广东人民出版社，2023.12
ISBN 978-7-218-17191-3

Ⅰ.①在…　Ⅱ.①刘…　Ⅲ.①社会管理—研究—中国—1651—1849　Ⅳ.①D691

中国国家版本馆CIP数据核字（2023）第245637号

ZAI CHENGXU YU TUOZHAN ZHIJIAN：1651—1849
在承续与拓展之间：1651—1849

刘冉冉　著

出 版 人：肖风华

责任编辑：梁　茵　廖志芬
封面设计：奔流文化
责任技编：吴彦斌　周星奎

出版发行：广东人民出版社
地　　址：广州市越秀区大沙头四马路10号（邮政编码：510199）
电　　话：（020）85716809（总编室）
传　　真：（020）83289585
网　　址：http://www.gdpph.com
印　　刷：广东虎彩云印刷有限公司
开　　本：787毫米×1092毫米　1/16
印　　张：17.375　　字　　数：300千
版　　次：2023年12月第1版
印　　次：2023年12月第1次印刷
定　　价：68.00元

如发现印装质量问题，影响阅读，请与出版社（020-85716849）联系调换。
售书热线：020-87716172

本成果得到临沂大学沂蒙文化特色学科与中国史学科团队科研启动经费资助（项目编号40621042）

目 录

　　澳门自古以来就是中国领土的一部分。明嘉靖十四年（1535），澳门正式开埠成为国际性的港口城市。嘉靖三十六年（1557），葡萄牙人入居澳门，并逐渐在万历初年与明政府形成租居澳门半岛中南部部分地方的关系。在这里，葡人的身份是租地以事商贸的交租纳税者，在清道光二十九年（1849）以前，中国政府在澳门这块土地上拥有完整主权和管治权。事实上，自葡人租居澳门以来，直至道光二十九年（1849），近三百年的时间里，明清政府对澳门及其邻近地区也一直是实行着有效的管治。澳门城外如望厦村等地，中国政府行使全部主权，即使在具有很大特殊性的澳门城内，中国政府允许葡萄牙人拥有自己的社区自治机构议事会，但在中国的行政系统架构中，它也只是作为香山县治下的一个基层组织机构而存在。直到1849年，澳葡当局开始拒绝交纳租税，并派兵捣毁香山县丞衙署，驱逐县丞和所有官吏人员。从此，中国政府对澳门的管治权开始遭到破坏，直到清朝末年，清廷虽仍在前山设有同知衙门和县丞衙门，但已无法行使管理澳门的权力。

一、研究范围

　　自葡人租居澳门直到1849年，中国政府对澳门拥有全部主权并实行了合理有效的管治。其中，对中国政府管治澳门问题的研究，是澳门史研究中的一项重要内容。本书将研究时段限定为1651—1849年。1651年是澳门葡萄牙人正式归顺清王朝的时间。①也就是说，清朝政府正式接管澳门，具体实施对澳门各方面的管治，是从1651年开始的；而1849年则是清朝政府实际丧失对澳管治权的时间。虽然葡萄牙人侵夺澳门管治权的事实，是通过1887年《中葡和好通商条约》的签订才最终完成的，但是从1849年开始，中国政府实际已经无法继续行使管治澳门的权力。

文中所说的"澳门"，从严格意义上来讲，指的是葡萄牙人在澳门的不足一平方公里的租居区域，即澳门半岛中南部的部分地方。这是葡人在澳门最初的租居范围，也就是通常所说的"澳门城"这一地方。直到1849年前后，久居澳门城中的葡萄牙人才得以借中国在鸦片战争中战败、国力衰弱之际，将原来的租居范围逐渐扩大到整个澳门半岛及凼仔、路环等地。所以本文要探讨的，正是从1651至1849年这近两百年的时间里，清朝政府在澳葡租居地内设官置守、推行政令及充分行使行政、贸易、军事、司法、宗教等各项管治权的情况，通过对一系列史实的分析论述、对大量档案文献及碑刻资料的研究运用，进一步得出结论：在1849年以前，澳门的主权包括领土权、统治权、管治权一直掌握在中国政府手中。在澳门这块完全属于中国的土地上，清政府可以设置官吏、派驻军队、征收关税和地租，葡萄牙人要想继续在此租居，除每年按时缴纳地租外，还必须接受清政府各方面的管治，遵行各项法令条例。中国政府对澳门管治权的逐步削弱以至最终丧失，是与清王朝的日益衰弱相伴而生的。清初国力的强盛使葡萄牙人不得不接受清政府的管治，恭顺与臣服是基于双方实力的悬殊，从乾隆后期开始，随着清朝统治逐步呈现僵化衰弱之势，久居澳门的葡萄牙人也开始日益地不安分，试图谋取更大的权利。对此，清政府并没有坐视不管，而是通过设官建置、颁行法令条例等一系列措施不断完备对

———————

① 据顺治八年闰二月十三日（1651年4月2日），《广东巡抚李栖凤题报澳门夷目呈文投诚祈请同仁一视等情本》可知，1650年12月19日，澳葡正式向清政府递交投诚状，于次年年初即获允准，所以澳葡正式归顺清朝的时间应该是1651年。见中国第一历史档案馆、澳门基金会、暨南大学古籍研究所合编：《明清时期澳门问题档案文献汇编》第一册，人民出版社1999年版，第23—24页。

澳门的管理体制。应该说，在鸦片战争之前，这些措施是较为得力的，成效也是较为明显的，澳葡虽然不断对中国政府在澳门的管治权提出挑战，但由于自身实力所限，其阴谋终究无法得以实现。鸦片战争的爆发给了葡萄牙人趁火打劫的机会，他们在战争结束之后立即加紧了侵占澳门的步伐，在推行了一系列殖民扩张的政策之后，最终于1849年抢夺了对澳门的管治权。清政府由于投鼠忌器，担心其他列强的干预，只能眼见澳门管治权落入葡人手中。

从词义上来看，"管治"含有管辖、治理的意思，管治权是管辖和治理社会的权力，它与主权之间是一种从属关系。主权就其内容来讲，包括领土权、统治权、治理权等权力。[①]1849年，清朝政府丧失对澳门的管治权，意即无法行使具体的管辖和治理澳门的权力，但是澳门的主权包括领土权一直掌握在中国政府手中，这也就是《中华人民共和国澳门特别行政区基本法》序言中所说的，"澳门，包括澳门半岛、氹仔岛和路环岛，自古以来就是中国的领土"。

二、相关研究成果述评

澳门管治问题是澳门学研究的领域之一，也是澳门历史进程中的重要事件，以至于历史上数次与管治权相关的时间节点上，都会相应带来澳门问题研究的热潮。例如1887年《中葡和好通商条约》的签订、1987年《中葡联合声明》的签订以及1999年澳门的正式回归，都是可以载入澳门史册的"大事"，而这些时段前后也是澳门问题研究格外受到关注和产生研究成果较多的时期。在回归之后，对澳门问题的研究进入相对平稳阶段，研究视角也更加精细化。众多研究成果中，与澳门管治问题相关的成果主要集中在以下方面：

第一，关于明清时期澳门管治史的通论，散见于一些关于澳门问题的通史性著作中。张海鹏先生认为，"从学术研究的意义来说，澳门史的研

---

① 相关研究见董立坤：《中央管治权与香港特区高度自治权的关系》，法律出版社2014年版；蒋朝阳：《国家管治权及其在特别行政区的实现》，《港澳研究》2017年第2期，第21—32页。

究，当以1936年出版的周景濂《中葡外交史》为发端"。①该书虽重在讲述葡萄牙人东来、居留澳门及中葡最初交涉的情况，以论述明代的澳门问题为主，但书中最后一章仍条陈索引地介绍"清代葡萄牙与中国之关系"问题，对清初至19世纪中叶澳门的政治地位做出了较为中肯的评价。②

瑞典学者龙思泰（Andrew Ljungstedt，1759—1835）的《早期澳门史》（*A Historical Sketch of Portuguese Settlements in China and of the Roman Catholic Church and Mission in China*）③一书是西方学者中最早出版的澳门史专著。该书上篇《在华葡萄牙居留地简史》运用大量档案史料及其他西方文献，论述了葡人在澳居留的缘起、明清政府对澳门行使主权的情况及葡人拥有一定的自治权等问题，对清朝时期的鸦片走私贸易及官员的贪腐现象也予以深刻揭露。书中一再坚持葡萄牙人从未获得澳门主权、澳门是中国的领土这一鲜明的学术观点，其对葡萄牙人在澳居留地的性质，也作出合理的历史定位。

葡国学者徐萨斯（C. A. Montalto de Jesus）在其《历史上的澳门》（*Historic Macao*）④一书中，用丰富翔实的葡文史料撰写澳门史，将澳门葡人内部的情况描写得较为具体，对中国政府在澳设置官吏及行使贸易、司法管治权的情况也有所涉及。

20世纪80年代以来，澳门史的研究日益受到内地学者的关注，多部澳门史的通史性著作相继出版。费成康的《澳门四百年》⑤，以中文史料为基础，同时广泛参考和引用外文澳门史著及相关资料，对400年间澳门历史的发展脉络作出描述，并注意到澳葡内部发展变化的情况。该书第四章《在清政府加强管辖的年代里》对清朝在澳门设官建置、颁布法令、加强军事司法等方面管治的情况进行论述，同时以一定的篇幅叙述了18世纪后

---

① 张海鹏：《澳门史研究：前进和困难——国内澳门史研究的动向》，《中国社会科学院研究生院学报》1995年第5期，第74页。

② 周景濂：《中葡外交史》，商务印书馆1991年影印本。

③ ［瑞典］龙思泰著，吴义雄等译：《早期澳门史》，东方出版社1997年版。

④ ［葡］徐萨斯著，黄鸿钊、李保平译：《历史上的澳门》，澳门基金会2000年版。

⑤ 费成康：《澳门四百年》，上海人民出版社1988年版。

半期澳葡当局旨在摆脱中国政府管辖的内部"改革"。黄鸿钊的《澳门史纲要》《澳门史》《澳门简史》①中设专章讲述明清时期中国政府对澳门的管理与澳葡的"自治体制",对中国政府管理澳门的政策和机构、澳门地方司法案件的审理及澳门地租与商税的征收等问题都进行了具体的分析和描述。其中《澳门史》一书内容最为充实详尽,由于该书是在1991年出版的《澳门史纲要》基础上改写而成,相对于原书条理清楚、叙事简明的特点,作者不仅在整体规模上对原书加以丰富、扩充,而且对之前的部分观点进行修改、更新,补充了许多新的资料,在注重增强学术性的同时使该书在内容上更加完善。以《澳门葡萄牙居留者的"自治体制"》一节为例,作者在此不仅更新了澳葡自治机构议事会成立、选举过程及内部运作中的权利争夺等内容,而且明确指出澳门葡人社会与唐宋时代"蕃坊"之间的根本区别,对这一长期较有争议的问题提出了自己独到的见解。②黄启臣在其专著《澳门历史(自远古—1840年)》《澳门通史》③中广泛收集中文资料,并吸收较多的外文研究成果,以一定篇幅论述了明清时期中国政府对澳门行使主权的情况,后者更是单列章节,专门讲述清朝政府对澳门行使主权及澳门领土主权被破坏的问题,书中涉及的关于澳门宗教、对外贸易的内容,均代表了相关领域澳门问题研究的较高水平。

邓开颂的《澳门历史(1840—1949)》④中设专章讲述鸦片战争对澳门

---

① 分别为福建人民出版社1991年版,福建人民出版社1999年版,三联书店(香港)有限公司1999年版。

② 关于"蕃坊"问题的研究,参见费成康:《中国租界史》,上海社会科学院出版社1991年版,第4—9页、《澳门四百年》,第35页;吴志良:《澳门政制》,澳门基金会1995年版,第20—22页;金国平、吴志良:《再论"蕃坊"与"双重效忠"》,《镜海飘渺》,澳门成人教育学会2001年版;汤开建:《明代管理澳门仿唐宋"蕃坊"制度辨》,《澳门开埠初期史研究》,中华书局1999年版,第203—222页;陈尚胜:《澳门模式与鸦片战争前的中西关系》,《中国史研究》1998年第1期,第121—130页;邱树森:《唐宋蕃坊与明清澳门比较研究》,《文化杂志》中文版第47期,澳门文化局出版,2003年夏季刊,第147—154页,其同名专著对此问题有更深入的论述,南方出版社2001年版。

③ 分别为澳门历史学会1995年版,广东教育出版社1999年版。

④ 邓开颂:《澳门历史(1840—1949)》,澳门历史学会1995年版。

的影响及葡萄牙抢夺对澳管治权的情况；而由他和谢后和二人合著的《澳门历史与社会发展》①一书在第一编《古代澳门（远古—1849年）》部分，以一定篇幅论述了1849年以前明清政府对澳门进行管理及澳葡自治的情况，对葡人试图夺取、侵占澳门的野心与行为也进行了较为详细的阐述。黄文宽的《澳门史钩沉》②中辑录大量中外史料，条分缕析、立论中肯，对澳葡交纳地租、开展对外贸易及葡人侵占澳门等问题一一进行分析辩证。元邦建、袁桂秀的《澳门史略》③中设专节探讨清朝政府对澳门的管治问题，对清政府健全在澳管治机构和制度、加强对澳法权管理和澳葡妄图摆脱管治的种种逾矩行为等问题进行分析阐释。

　　林子昇的《十六至十八世纪澳门与中国之关系》④一书，是作者在其1970年完成的博士论文基础上修订而成。该书在《经济篇》中论述了澳门与清初迁海之关系及澳门与粤海关之关系等问题，《宗教篇》则阐述澳门与清初礼仪之争、与清政府的禁教政策之间的关系等内容。霍启昌在其1978年完成的博士论文《澳门模式：论十六世纪中叶至鸦片战争中国对西方人的管理》中首创"澳门模式"这一概念。谭志强《澳门主权问题始末》⑤从国际法的角度深入探讨澳门的主权归属问题。吴志良《澳门政治制度史》⑥在中葡史料结合的基础上探讨澳门政治制度沿革与政治发展，大量葡文原始资料尤其是葡文原始档案的征集与运用是书中显著特色之一。万明的《中葡早期关系史》⑦一书，以中文史料为基础，同时广泛吸收西文研究成果，从中外关系史的角度对中葡早期关系的历史过程进行双向探讨。该书第八章《清朝对澳门的治理》部分，将清朝前期对澳门进行管治的过程分为澳门管理体制的形成、澳门管理体制的强化和澳门管理体制面临严重挑战三个时期，逐步展开论述，同时注意到在此过程中葡人为变澳门为其殖民地所采取的一系列

---

① 邓开颂、谢后和：《澳门历史与社会发展》，珠海出版社1999年版。
② 黄文宽：《澳门史钩沉》，澳门星光出版社1987年版。
③ 元邦建、袁桂秀：《澳门史略》，香港中流出版社1988年版。
④ 林子昇：《十六至十八世纪澳门与中国之关系》，澳门基金会1998年版。
⑤ 谭志强：《澳门主权问题始末》，台北永业出版社1994年版。
⑥ 吴志良：《澳门政治制度史》，广东人民出版社2010年版。
⑦ 万明：《中葡早期关系史》，社会科学文献出版社2001年版。

扩张行动，对1849年以前清朝政府在澳门设官建置、颁行政令及施行军事、贸易、司法等各方面管治的情况进行了阐述。

第二，关于管治澳门政策的研究。陈文源在《明清时期广东政府对澳门社会秩序的管理》①一文中，详细阐述了明清政府为加强对澳门社会的管理而采取的保甲法、规范行业组织、遏制楼宇建设等系列措施。龙心刚、彭学涛《论清政府早期的澳葡政策》②，对清政府管治澳门的政策进行了较为深入的探究，而谭世宝《略论明末与清末的外交政策成败得失——以澳门问题为中心》③，则从明清对比的角度，对中国政府在处理澳门问题时采取的外交政策，做出中肯的评价。相关研究成果还有王昭明《鸦片战争前后澳门地位的变化》，杨闯《中国对澳门管辖权问题的历史轨迹》，朱亚非《明清时期澳门主权之演变》，黄启臣《明至清前期中国政府对澳门行使主权》《澳门主权问题的历史审视》，谭世宝《"普天之下"的澳门，究属哪国之土？》④等数篇文章。

第三，关于具体管治权的研究，主要包括：

一是清朝政府在澳门设官建置、施行行政方面管治的研究。杜婉言的《清代香山县丞对澳门的管治》与《论"澳门海防军民同知"》⑤分别论述了清代香山县丞和澳门同知的设立、管治范围及行使管治权的具体情况。黄鸿钊的《澳门同知与近代澳门》⑥一书中，围绕澳门同知的设立与作用

①　陈文源：《明清时期广东政府对澳门社会秩序的管理》，《广东社会科学》2012年第6期，第112—118页。

②　龙心刚、彭学涛：《论清政府早期的澳葡政策》，《河北学刊》1999年第4期，第74—80页。

③　谭世宝：《略论明末与清末的外交政策成败得失——以澳门问题为中心》，《东方文化》1999年第6期。

④　分别刊于《近代史研究》1986年第3期，第46—73页；《外交学院学报》1999年第3期，第7—12、64页；《山东师大学报（社会科学版）》1999年第5期，第3—7页；《中国史研究》1993年第1期，第133—144页；《中山大学学报（社会科学版）》1999年第3期，第15—24页；《中西文化研究》2006年第1期。

⑤　分别刊于《文化杂志》中文版第44期，2002年秋季刊，第33—41页；《文化杂志》中文版第47期，2003年夏季刊，第155—160页。

⑥　黄鸿钊：《澳门同知与近代澳门》，广东人民出版社2006年版。

发挥，将葡萄牙人居留澳门以后，中国政府对澳门的管治大体分为三个阶段，即1557年入澳居留至1744年为早期；1744年澳门同知设立至1849年为中期；1849年澳门事件后，澳门同知改名为前山同知为晚期。书中认为，澳门同知设立及其存在的100多年间，开辟了中国管治澳门的新局面，对于管治体制的完善、领土主权的维护、保持贸易港的稳定繁荣以及保证商民的安居乐业诸方面，均产生了深刻的影响。对于香山知县在澳门行使管治权的研究，相关研究成果有王东峰1998年暨南大学硕士学位论文《清朝前期广东政府对澳门的管理》中第一章第一节《香山县令全面管理澳门事务》。只是在述及清朝政府为加强管治完善在澳管理机构问题的通史或专著中，往往只提香山县丞和澳门同知二位官员的设置及实施各方面管理的情况，对于一直以来即全面管理居澳民蕃事务的香山知县，却经常被忽略不提，所以目前学界对此一问题的研究还是较为薄弱的。

二是关于澳门的对外贸易及清政府对澳门进行贸易管治的研究。李金明《清代前期澳门在对外贸易中的地位与作用》①一文认为，澳门因其特殊的地理位置，在清代前期成为广州的外港，对广州对外贸易起到一种保护与中转作用，其时澳门还是各国商人与广州贸易的基地，起到安置外商、限制外商活动的作用，这虽然使得澳门日渐繁荣，但也因此而招致其他西方国家的窥觑。韦庆远《有关清初禁海和迁界的若干问题》《清初的禁海、迁界与澳门》《澳门通洋贸易和广州黄埔设港的关系》②等数篇论文，分别探讨了清初禁海迁界政策、清代前期黄埔开港对澳门的影响。此一专题其他相关的研究论文还有黄启臣、邓开颂《明清时期澳门对外贸易的兴衰》，郑德华《清初迁海时期澳门考略（1661—1683）》，黄启臣《明清时期中国政府对澳门海关的管理》《澳门对外贸易的式微（1644—1840）》，马宋芝《清初澳门的海外贸易》，王东峰《粤海关澳门总口设立后对澳门贸易的管理》，张廷茂《清初"迁海"与"禁海"时期澳门的

---

① 李金明：《清代前期澳门在对外贸易中的地位与作用》，《文化杂志》中文版第39期，1999年夏季刊，第24—32页。

② 均收入韦庆远：《澳门史论稿》，广东人民出版社2005年版，第1—47、48—75、116—130页。

海上贸易》，陈文源《清中期澳门贸易额船问题》①。

三是关于清政府对澳门进行军事管治的研究。王东峰《清朝前期广东政府对澳门的军事控御》②一文，论述了清代前期广东政府对澳葡施行的"以夷制夷"、"以夷制盗"、利用澳葡守澳的策略。该部分内容还牵涉到明清时期葡萄牙人助剿海盗问题，相关成果有戴裔煊《关于澳门历史上所谓赶走海盗问题》，刘敏《嘉庆朝澳门葡萄牙人助剿海盗问题研究——以〈（葡萄牙东波塔档案馆藏）清代澳门中文档案汇编〉为中心》，汤开建、张照《明中后期澳门葡人帮助明朝剿除海盗史实再考——以委黎多〈报效始末疏〉资料为中心展开》以及汤开建、周孝雷《澳门开埠之初（1564—1580）葡萄牙人对三次中国海盗活动的应对与处理》③等。

四是关于清朝政府对澳门进行司法管治的研究，相关论文有康大寿《明清政府对澳门的法权管理》、陈文源《明清政府立法治澳之探讨》、乔素玲《清代澳门中葡司法冲突》、李雪梅《澳门明清法制之史证》、刘景莲《从东波档看清代澳门的民事诉讼及其审判》④等。

五是关于澳门寺庙及澳内居民宗教信仰的研究，相关成果有谭世宝

①　分别刊于《中国史研究》1984年第3期，第55—69页；《学术研究》1988年第4期，第63—67页；《中山大学学报（社会科学版）》1996年第1期，第71—82页；《文化杂志》中文版第39期，1999年夏季刊，第33—43页；汤开建主编，暨南大学中国文化史籍研究所编：《历史文献与传统文化》第七集《迎澳门回归专辑》，江西教育出版社1999年版，第36—45页；同上，第46—65页；《文化杂志》中文版第44期，2002年秋季刊，第25—32页；《中国经济史研究》2003年第4期，第111—120页。

②　王东峰：《清朝前期广东政府对澳门的军事控御》，《文化杂志》中文版第39期，1999年夏季刊，第99—108页。

③　分别刊于《中山大学学报（社会科学版）》1957年第3期，第143—166页；暨南大学2010年硕士学位论文；《湖北大学学报（哲学社会科学版）》2005年第2期，第192—197页；《海交史研究》2017年第2期，第12—37页。

④　分别刊于《四川师范学院学报（哲学社会科学版）》1998年第4期，第13—20页；《暨南学报（哲学社会科学版）》2000年第1期，第101—108页；《暨南学报（哲学社会科学版）》2002年第4期，第69—74页；米健、李丽如主编：《澳门回归一周年纪念文集：澳门论学（第1辑）》，法律出版社2001年版，第203—217页；张捷夫主编，中国社会科学院历史研究所明清史研究室编：《清史论丛》，中国广播电视出版社2001年版，第186—196页。

《澳门妈祖阁庙的历史考古研究新发现》《妈祖阁建庙时间的异说探真》《澳门三大古禅院之历史源流新探》《莲峰庙的一些历史传说及所见的"文物"之去伪存真》①和章文钦《妈祖阁与澳门妈祖信仰》、黄启臣《澳门居民信仰宗教的历史回顾与前瞻》、华方田《澳门佛教的起源与发展》、黄鸿钊《澳门道教文化志略》②等数篇文章。关于清代天主教和基督新教的在华传播及其与澳门的关系问题，相关研究论文有黄鸿钊《论基督教的传入与澳门的关系》、黄启臣《澳门——16至19世纪中西文化交流的桥梁》、顾卫民《清初顺康雍三朝对天主教政策由宽容到严禁的转变》、韦庆远《澳门在清代康熙时期的特殊地位和作用》③。郑炜明、黄启臣二人合著的《澳门宗教》④一书，分别设专章讲述澳门的道教、佛教信仰及天主教和基督新教在澳门的传播，基本展现出澳门宗教信仰的全貌。张泽洪的《澳门族群与多元文化：16—18世纪澳门天主教与中国传统宗教》⑤从澳门族群与多元文化的视野，分析了16—18世纪澳门天主教与中国传统宗教的互动。郭卫东《从福安到澳门：1746—1747年的禁教案》⑥，则着重考察了发生在1746—1747年的教案，认为此次教案对清政府的宗教和对澳政策，对葡萄牙、西班牙及中国澳门和内地天主教会的多方关系均有影响。

　　六是关于澳门议事亭的相关研究。对议事亭性质的专论，目前可见的

---

① 均收入谭世宝：《澳门历史文化探真》，中华书局2006年版，第38—74、75—86、308—358、378—405页。

② 分别刊于《学术研究》1996年第9期，第65—69页；《文化杂志》中文版第33期，1997年冬季刊，第115—124页；《世界宗教研究》1999年第4期，第38—48页；《文化杂志》中文版第50期，2004年春季刊，第107—115页。

③ 分别刊于中国中外关系史学会编：《中外关系史论丛》第五辑，书目文献出版社1996年版，第166—181页；《比较法研究·"澳门研究"专号》1999年第1期，第15—36页；《文化杂志》中文版第44期，2002年秋季刊，第51—66页；《澳门史论稿》，广东人民出版社2005年版，第91—115页。

④ 郑炜明、黄启臣：《澳门宗教》，澳门基金会1994年版。

⑤ 张泽洪：《澳门族群与多元文化：16—18世纪澳门天主教与中国传统宗教》，《中华文化论坛》2004年第3期，第129—132页。

⑥ 郭卫东：《从福安到澳门：1746—1747年的禁教案》，《文化杂志》中文版第71期，2009年夏季刊，第137—150页。

研究成果有金国平、吴志良的《"议事亭"历史》①一文，文中运用大量史料证明议事亭的"夷性"，只是没有进一步说明此机构在中国行政架构中的地位。罗晓京在《试析1846年以前葡萄牙管理澳门的历史特点》②中，探讨了作为葡萄牙人讨论和处理有关澳门半岛居住地事务的管理机构议事会的成立缘起与职能权限。此外，还有研究澳葡政府机构建制的相关成果，如张廷茂《1836—1849年澳葡政府机构建制沿革考论》③，运用大量葡文原始文献，考察了1836—1849年澳葡政府建制沿革的进程及其具体施政。

　　七是关于清政府丧失对澳管治权问题的研究。费成康《澳门：葡萄牙人逐步占领的历史回顾》④一书，在中外史料结合的基础上，讲述澳葡妄图侵占澳门的野心与行动，以及清政府在此过程中采取的应对之策和表现出的种种屈服与让步，对中国政府丧失对澳管治权的过程进行了细致深入的阐释。吕一燃《葡萄牙强占澳门与清政府拒绝批准中葡〈和好贸易条约〉》⑤一文，详细阐述了鸦片战争后葡萄牙趁机强占澳门的过程及中国政府的应对之策。万明《西方叩关与葡萄牙占据澳门》、邓开颂《葡萄牙占领澳门的历史过程》⑥等文章也分别探讨了鸦片战争后葡人侵夺对澳管治权的问题。葡国学者萨安东（António Vasconcelos de Saldanha）的《葡萄牙在华外交政策（一八四一～一八五四）》⑦一书，讲述鸦片战争后围绕澳门问

　　① 金国平、吴志良：《"议事亭"历史》，载《过十字门》，澳门成人教育学会2004年版，第149—170页。
　　② 罗晓京：《试析1846年以前葡萄牙管理澳门的历史特点》，《广东社会科学》1998年第2期，第92—100页。
　　③ 张廷茂：《1836—1849年澳葡政府机构建制沿革考论》，《文化杂志》中文版第98期，2016年，第1—21页。
　　④ 费成康：《澳门：葡萄牙人逐步占领的历史回顾》，上海社会科学院出版社2004年版。
　　⑤ 吕一燃：《葡萄牙强占澳门与清政府拒绝批准中葡〈和好贸易条约〉》，《中国边疆史地研究·澳门专号》1999年第2期，第64—80页。
　　⑥ 分别刊于《北京行政学院学报》1999年第4期，第63—66页；《历史研究》1999年第6期，第23—35页。
　　⑦ ［葡］萨安东著，金国平译：《葡萄牙在华外交政策（一八四一～一八五四）》，葡中关系研究中心、澳门基金会1997年版。

题，葡萄牙对中国政府采取的一系列外交举措，书中丰富的葡文档案资料为进一步了解澳葡侵夺对澳管治权的过程，提供了重要的史料依据。

相关论著或论文还有：姜秉正《澳门问题始末》、陈尚胜《闭关与开放——中国封建晚期对外关系研究》①、吴志良《〈关于葡萄牙人居留澳门的备忘录〉——葡萄牙寻找澳门主权论据的过程》、黄庆华《澳门与中葡关系》、赵克仁《澳门问题的历史考察》、刘存宽《关于澳门历史的几个问题》②等等。

前人学者在探讨中国政府对澳门的管治这一问题时，以论述明代为多。有的虽然是从明清对照的角度，也是重点介绍明朝的情况，谈到清朝，往往是说对其怎样继承，忽略了清朝管治的一些特殊性。不可否认，清朝对澳门的管治形态，确实因袭于明代。在澳门这块完全属于中国政府的领土之上，允许葡人以交租纳税的方式在此长期居留，使澳门成为中国政府管辖之下、融入了西方城市自治风格的一个特殊地区，这种中国传统地方行政管理中的特殊形态正是由明朝政府最终确定并为清代尤其是清朝前期所继承发展的。而且，由于葡萄牙人租居澳门是从明代开始，学者们似乎更多地关注于澳门的开埠、葡人入居澳门的缘起及明政府的应对、管理之策等等。其实，清代对澳门的管治有自己的独特之处，相比于明朝政府对澳门的管理而言，清政府管治澳门更有系统，职权的划分也更为明确，所以更应该及早地梳理清楚。

本书在总结借鉴前人研究成果的基础上，专题探讨清朝时期对澳门的管治，充分利用档案、实录、碑刻、方志、文集、笔记、典籍文献等史料，对清朝政府在澳门设官置守、推行政令，充分行使行政、贸易、军事、司法、宗教等各方面管治权的情况进行系统阐述，同时设专章探讨葡萄牙如何趁清朝衰弱之际抢占对澳门的管治权并且将管治范围扩大至整个澳门地区的过程。厘清清朝时期对澳门由行使全面管治权至管治权逐步丧

① 分别为法律出版社1992年版，山东人民出版社1993年版。
② 分别刊于《近代史研究》1996年第2期，第263—273页；《中国边疆史地研究·澳门专号》1999年第2期，第12—26页；《中国边疆史地研究》1999年第3期，第1—7页；《中国边疆史地研究》2000年第2期，第45—52页。

失的史实与脉络，总结清政府在管治澳门及应对葡萄牙侵夺对澳管治权过程中的经验教训，以期从正反两方面为中国政府在澳门行使主权和全面管治权提供启示和借鉴。

三、研究内容

1651年，自明代起即租居澳门的葡萄牙人正式归顺清王朝，开始接受清政府的管治，从此直到1849年，近两百年的时间里，清朝政府通过不断强化管理体制、完善管理条例，维护在澳门的主权，对澳门进行有效管治，其间虽然受到澳葡不断挑战，但由于双方实力的悬殊，葡人试图侵占澳门的阴谋终究无法得逞。鸦片战争的爆发给了葡人趁火打劫的机会，他们趁中国战败之际强行侵夺对澳门的管治权，并将其非法管治范围逐步扩展至整个澳门地区，1849年以后，清朝政府已经无法行使管治澳门的权力。清政府在澳门施行管治权的情况，在澳门历史发展进程中具有重要意义，有必要进行专题探讨。书中主要内容包括以下七部分：

第一部分研究清朝政府对澳门的行政管治，分别论述香山知县、香山县丞及澳门同知发挥各自职能、代表清朝政府对澳门进行管治的具体情况。香山知县长期全面管理澳门民蕃事务，其对澳门的管治权力，并没有因香山县丞和澳门同知的设立而有丝毫减弱。香山县丞距离居澳葡人最近，最便于向澳葡发布政令、施行管治，是澳葡当局与清朝政府之间沟通的首要渠道。与香山知县和县丞相比，澳门同知职秩较高，对许多事务拥有一定的决策权，保证了中国政府对澳门管治权的有效行使。

第二部分研究清朝政府对澳门的贸易管治。澳门在中外交通贸易中的特殊地位，使其在清初的迁海和康熙朝的南洋之禁中都幸免于难，成为唯一免迁和准许通南洋的口岸。在对澳葡额船的日常管理和征税事宜上，中国政府采取了不同于其他外夷商船的管理举措。粤海关建立之后，澳门总口成为粤海关属下地位最重要的总口之一，它下设四个小税口，分别履行稽查、征税和监管船只出入的职能，分工的细致显示出管理体制的日益完备。清政府将澳门作为限制外商活动的理想场所，随着一系列防范外商章程的制订，清朝政府对澳门的贸易管治不断强化。

第三部分研究清朝政府对澳门的军事管治。自清朝初年开始，清政府就一直在澳门西北面的前山寨驻有军队，随着形势的发展，还不断提高领将级别、增加驻守兵额，嘉庆时更是设立前山专营，以提高对澳门的控御能力，应该说，清政府对澳门的军事防备是相当重视的。同时，清朝政府在拥有强大军事实力的前提下，因为天时地利人和等内外诸因素的配合，不仅自身能够完成对澳门的军事保护与控制，在有自主能力控夷保澳的基础上，还允许居澳葡人在澳门设立炮台、驻有守兵，使其不仅可以实现在租居地内的自我保护，而且能够协助中国政府军队驱逐外夷和海盗，以夷制盗、以夷防夷，充分发挥其作为一支地方武装应有的作用。

第四部分研究清朝政府对澳门的司法管治。清朝政府在澳门长期拥有并持续行使司法管治权。对于居澳华人之间、华人与澳葡及其他外夷之间的案件，一概由广东地方官员按照《大清律例》中的规定进行裁决和审判。在此过程中，澳葡当局不仅没有参加审讯、驳回判决或自行处决的权力，而且必须严格遵照谕令，协助中国官员缉捕提讯。通过广东各级地方官员筹议订立的种种规条禁约、政令文书，清朝政府对澳门的管治逐步实现制度化，并日益形成一套较为严密的管理体制。

第五部分研究清朝政府对澳门的宗教管治。自明代开始，绝大多数西方传教士就是经由澳门进入内地。雍正禁教时，朝廷派员押解教士"安插澳门"，自此之后，乾隆、嘉庆、道光等都坚决执行禁止在华传播天主教的政策，并且不断加以补充，采取日益严格的限制，于是大批传教士回到澳门传教，澳门成为18世纪以后中国唯一的传教据点。乾嘉时期，内地的天主教徒不断通过澳门接引传教士，辗转进入内地传教。随着各地不断拿获、驱逐赴内地传教之西洋教士，澳门又成为传教士们的容身避难之所。禁教期间，澳门夷人自习其教不禁，居澳华民习教或内地民人入澳进教则被严行禁止，此时处于清政府严格管治之下的居澳葡人，不仅不得向华人传播天主教，而且还曾奉命协助查拿潜入内地传教之西洋教士，在协助广东地方官员管理澳门西洋教士方面，也大都能够严格遵谕执行。澳门妈祖阁庙、莲峰庙等官方庙宇在清代前期不断得以重修扩建，莲峰庙更是成为官员临澳巡阅时的驻节之所。清朝政府之所以会在禁教期间大力提倡、支持中国传统宗教信仰，目的是要充分发挥其特殊的政治、宗教意义，扩大行政影响力，上体国宪，确保中国政府在澳门的统治主权。

第六部分研究澳门的议事亭。作为澳葡市政机构的议事亭，与作为中国官员入澳宣读圣谕、处理澳门事务之场所的议事亭，其意义是不同的。前者是由澳葡自治机构议事会延伸而来，后者则是明清政府为有效地控制澳葡、充分行使对澳门的主权和治权，从而在澳门设立的向夷目宣读政令及双方交涉政务的"议事亭"。从1784年起，议事亭成为葡萄牙人的自治机构所在地。作为中国政府管辖下的一个地方机构，议事亭职权有限，在中国的行政架构中地位较低，多数情况下只具备维持治安、维护贸易秩序的功能。

第七部分探讨清朝政府对澳门管治权的丧失，分别论述鸦片战争后葡萄牙人侵夺澳门的过程和中国政府丧失对澳管治权的原因。葡人在战争结束之后立即加紧了侵占澳门的步伐，在推行了一系列殖民扩张的政策之后，最终于1849年抢夺了对澳门的管治权，实现了其蓄谋已久的侵占澳门的企图。清朝政府之所以最终丧失对澳门的管治权，是由于自身政策的失误、当时的社会环境及葡人对澳门的长期觊觎等内外诸因素共同造成的。

四、研究思路

第一，与中国传统对外关系思想相联系。澳门虽是一个地方性城市，但国家对外关系政策的调整、国内外形势的变化，在这里都会有所体现。清朝政府长期奉行"怀柔远夷"的政策，在对澳葡进行管治时，这一政策充分得以体现。本书试图将清朝政府对澳门的管治置于当时的国际国内大环境中加以考察，具体分析国家对外政策调整、国内外形势变化给澳门带来的影响，并且和中国传统对外关系思想相联系，以澳门为折射点，反映出当时中外关系发展演变的趋势和进程。

第二，运用大量档案、碑刻、方志及相关文献资料，对前人研究薄弱环节如香山知县对澳门的管治问题、澳门地租问题、宗教管治问题、澳门议事亭问题及档案文献使用上的错漏之处加以完善补充。

例如地租问题。地租是关涉领土主权的问题，清政府在澳门统计人口户籍、控制城市规模和葡人财产，都是其行使主权和管治权的重要体现。

本书试图利用档案资料对葡人所交500两地租进行分析，并与当时香山县农民的地租进行对照，联系中国传统对外关系思想，从中可以反映出清政府对澳葡的态度与策略。地租作为关系到领土占有权、使用权和管辖权的重要因素，也是中葡谈判中的一项重要内容，其起源、性质和意义值得进一步做出深入、细致地探讨。

提及管治，人们更多地想到行政、军事、司法等方面，其实宗教上的控制也是管治的一部分。以当时澳门地位的重要性和特殊性，中国政府不仅设立香山县丞、澳门同知以完善管理机构，而且还在澳门重修扩建庙宇，进行宗教上的管理与控制。当时一些西方传教士进入澳门，在华人中传播天主教，政府扩建庙宇，也有其政治上的考虑。本书将通过文献资料与实物碑刻的相互印证，探讨清朝政府对澳门的宗教管治问题。

万明认为，"以往国内外史学界澳门史的著述研究，大都采取了对中国在澳门行使主权和居澳葡人的自治分开论述的方式，这种方式不可避免地使对澳门的治理具有分割考察的局限"。[①]有鉴于此，本书设专章探讨澳门的议事亭问题，对它与澳葡自治机构议事会的关系进行了较为明确的分析与阐释，同时对议事亭在中国政府行政架构中的地位进行比较说明，以期对清朝时期在澳门全面行使管治权的情况，有一个较为深入的认识。

在档案资料的运用上，还有进一步挖掘的必要。档案文献汇编中的大量丰富史料，对于澳门史的研究很有价值，编者在史料的基本整理方面做出了许多有益的贡献，值得我们进行更为细致、详尽的研究，充分发挥其重要的史料价值。例如在地方志和一些通史性著作中，会对历任澳门同知、香山知县和县丞的沿革有所涉及。本书在梳理档案文献资料的基础上，拾遗补阙，编写了更为全面详尽的官员沿革年表，以补以往地方志、通史和前人著作之不足。

五、研究方法

本书坚持唯物史观，坚持实证史学的基本观点，具体研究方法包括：

---

① 万明：《中葡早期关系史》，社会科学文献出版社2001年版，第114页。

第一，比较研究法。对明清政府在澳门的管治形态作出比较，对澳门同知、香山知县、香山县丞在澳门行使管治权的具体情况和职权划分作出比较，同时以统计、制表、绘图等手段，梳理历任治澳官员沿革，编写较为全面详尽的官员沿革年表，以补以往地方志、通史和前人著述之不足。第二，田野调查法。通过实地走访调研，开展资料收集，丰富碑刻、方志、档案等材料。第三，个案研究法。在清政府对澳门的军事管治部分，重点以剿抚张保仔海盗集团事件、英军图谋澳门事件为例，探讨清朝在有足够能力控御澳门基础上的"以夷制盗""以夷防夷"政策。在司法管治部分，从当时在澳门发生的多例民刑事案件的审理过程，窥见清政府在澳门行使司法管治权的情况。

六、文献资料来源

在研究过程中，除参阅清朝时期的官修正史、私家著述、典籍文献、文集、笔记等资料外，还需运用档案、碑刻及方志等史料。

完成于乾隆十六年（1751），由印光任（生卒年不详）、张汝霖（1709—1769）二人合著的《澳门记略》（按：亦作《澳门纪略》）一书，是中国人第一部系统介绍澳门的著作，也是明清时期唯一一部关于澳门的专书。其上卷《官守篇》，着重介绍中国政府在澳门设官置守、推行政令的情况。尤其值得一提的是，此篇辑录大量原存于衙署的档案文献，如雍正二年（1724），两广总督孔毓珣请定澳门葡船额数的奏疏；乾隆七年（1742），广东按察使潘思榘关于在前山寨设立澳门同知的奏请及其后吏部的复议；还有乾隆八年（1743）刑部处理澳夷晏些嚧伤毙华民陈辉千一案时的决议；乾隆九年（1744），首任澳门同知印光任具议上请，关于管理番舶及澳夷的七项章程；乾隆十一年（1746），署澳门同知、香山知县张汝霖《请封唐人庙奏记》和督抚两院《严禁愚民私习天主教以安民夷以肃法纪示》，以及乾隆十四年（1749），张汝霖与香山知县暴煜共同议定的《澳夷善后事宜条议》十二款等等。这些各级官员的奏议和奏疏，对研究清初至乾隆前期，清朝政府在澳门行使行政、司法、贸易、宗教等各方面管治权的情况，具有重要的史料价值。章文钦的《〈澳门纪略〉研究》一文，在论及该书内容和特色时，认为《澳门纪略》留下了从葡人入居澳门到乾隆初年以前近两百年的时间里，中国在澳门行使主权情况的珍贵历史纪录。同时，他为论证此一特色所作的分析和阐释，本身就是关于澳门管治史的研究成果。①

由中国第一历史档案馆、澳门基金会、暨南大学古籍研究所合编的《明清时期澳门问题档案文献汇编》②一书，汇集了明清时期关于澳门问题的大量谕旨、奏折及各类档案、文献资料，是一部具有重要学术价值的大型专题史料集，也是本书写作中的一项重要史料来源。而韦庆远先生为该书所作序言，即《有关澳门史资料系统整理公布的重大工程——对〈明清时期澳门问题档案文献汇编〉的评介》③一文，本身也是关于澳门管治史的较为系统的研究成果。

《葡萄牙东波塔档案馆藏清代澳门中文档案汇编》（以下简称"《清代澳门中文档案汇编》"）④中收录了大量清代乾隆至道光年间，中国官员在管治澳门的过程中，与澳葡当局之间的往来文书，对于研究这一时期清朝政府在行政、财政、司法、贸易、军事、宗教等方面，对澳门行使管治权的情况，具有重要的史料价值和特殊的历史意义，是一份关于清代澳门历史的珍贵档案资料，同时也为本书的写作提供了重要的史料依据。而韦庆远为该书所作序言即《域外澳门历史档案的瑰宝》一文，和辑校者对该书所作的系统介绍，即《一部关于清代澳门的珍贵历史纪录——葡萄牙东波塔档案馆藏清代澳门中文档案述要》⑤一文，都是关于清代澳门管治史的重要研究论文。

---

① 章文钦：《澳门历史文化》，中华书局1999年版，第284—290页。
② 中国第一历史档案馆、澳门基金会、暨南大学古籍研究所合编：《明清时期澳门问题档案文献汇编》，人民出版社1999年版。
③ 收入韦庆远：《澳门史论稿》，广东人民出版社2005年版，第143—184页。
④ 刘芳辑，章文钦校：《葡萄牙东波塔档案馆藏清代澳门中文档案汇编》，澳门基金会1999年版。
⑤ 分别收入韦庆远：《澳门史论稿》，广东人民出版社2005年版，第185—195页；章文钦：《澳门历史文化》，中华书局1999年版，第200—262页。

　　介子编的《葡萄牙侵占澳门史料》①中《清政府的防范与管制》部分，为研究清朝政府对澳门的管治提供了重要的史料依据。邓开颂、黄启臣的《澳门港史资料汇编（1553—1986）》②，以专门章节辑录有关清朝政府在澳门设立关部行台和税馆、对澳门港贸易进行管理的史料，同时对涉及澳门鸦片走私贸易的资料也进行了较为系统的整理。《澳门问题史料集》③中辑录涉及澳门问题的地方志略、关于清朝官员巡视澳门的奏疏记略及围绕澳门问题中国与其他国家之间的交涉史料等等。张海鹏主编的《中葡关系史资料集》④，所辑史料包括原始档案、官修史书、地方史志及个人私著等，其中档案部分既有选自国内档案馆所藏满汉文官方文书和档案汇编，又有辑自葡萄牙等地的外文档案文献史料，第三编《清代中葡关系》中收录的关于清代中葡关系史、澳门史的丰富史料，为了解清朝政府在澳门有效实施管治权的情况，提供了重要依据。

―――――――――

　　①　介子编：《葡萄牙侵占澳门史料》，上海人民出版社1961年版。
　　②　邓开颂、黄启臣编：《澳门港史资料汇编（1553—1986）》，广东人民出版社1991年版。
　　③　南京图书馆古籍部编：《澳门问题史料集》，中华全国图书馆文献缩微复制中心1998年版。
　　④　张海鹏主编：《中葡关系史资料集》，四川人民出版社1999年版。

第一章 专责澳务官员的设立与清朝政府对澳门的行政管治

作为清政府为管治澳门而设的具体负责官员，澳门同知与香山知县、香山县丞及澳关委员、前山将领，各司其职而又互相协调配合，共同管理澳门事务。正是他们，构成了1849年以前清朝政府管治澳门的实际管理体制。专责澳务官员的设置充分说明，清朝政府坚持将澳门纳入行政管辖的态度是坚决的，措施也是得力的。在此，拟对香山知县、香山县丞及澳门同知发挥各自职能、代表清朝政府对澳门施行管治的情况分别加以具体论述。同时运用档案、碑刻等资料，编写更为全面详尽的历任香山知县、香山县丞、澳门同知沿革年表，以补前人著述之不足。

据《澳门记略》记载，"凡郡邑下牒于理事官，理事官用呈禀上之郡邑，字遵汉文，有蕃字小印，融火漆烙于日字下，缄口亦如之。"[1]在1849年以前，作为澳葡理事官的顶头上司，澳门同知、香山知县和香山县丞发给理事官的公文，一律用谕、札、牌、示等上级对下级指令性的文件形式，文末还会加上"凛遵""毋违""速速"等命令式的字眼，而且下行文书只写姓不写名，表示发文者的地位和威严，但澳葡理事官给他们的文件，则必须使用禀、呈等下级致上级的文件形式，其中所体现的主从关系是非常明确的。

---

① 印光任、张汝霖著，赵春晨校注：《澳门记略校注》下卷《澳蕃篇》，澳门文化司署1992年版，第152—153页。

香山知县对澳门的管治

据《清高宗实录》记载，乾隆十三年（1748），乾隆从两广总督策楞所请，"嗣后澳内地方，以同知、县丞为专管，广州府香山县为兼辖"。①正是因为这所谓的"专管"与"兼辖"的区别，所以长期以来，治澳史者总是过多地关注澳门同知和香山县丞对澳门的管治，而对香山知县在澳行使管治权的情况，却较少提及。其实，澳门地属香山县，自明代葡人入居澳门以来，作为掌管一县地方行政、田赋、刑名等事的亲民之官，香山知县对居澳民蕃事务的管理就从未停止过，而且，"澳门作为清代广东沿海地位仅次于虎门的海疆要地，守土之官的香山知县，其职位的重要性是不言而喻的"。②在雍正九年（1731）香山县丞移驻前山以前，澳门因"前明曾设有澳官，后改归县属"③，重大民刑事件均由香山知县亲自处理，或由知县报请总督决定。而即使是设立澳门同知、香山县丞等专门管理澳门事务的官员以后，香山知县对澳门的管治权力也并没有因此而减弱，直到1849年，清政府丧失对澳管治权之后，香山知县管理居澳民蕃的职权，才被迫结束。

在此，拟从香山知县长期全面管理澳门民蕃事务这一思路出发，通过对香山知县在澳门的管治范围和香山知县在澳行使管治权的具体情况等问题的论述，改变学界一直以来忽视香山知县对澳门的管治问题研究的状况，进一步揭示1849年以前澳门主权和管治权的归属情况。

---

① 《清高宗实录》卷三一七，乾隆十三年（1748）六月己卯。

② 章文钦：《澳门历史文化》，中华书局1999年版，第211页。

③ 印光任、张汝霖著，赵春晨校注：《澳门记略校注》上卷《官守篇》，澳门文化司署1992年版，第75页。

一、香山知县在澳门的管治范围

清代，知县为县之主官。"正七品。掌一县治理，决讼断辟，劝农赈贫，讨猾除奸，兴养立教。凡贡士、读法、养老、祀神，靡所不综。……初制，县置知县一人。顺治十二年，谕吏部参酌州、县制，区三等。先是台谏需人，依明往例，行取知县。圣祖亲政，以亲民官须谙利弊，命督、抚举贤能。"[①]自明朝万历初年开始，澳门半岛的部分地方一直为葡人租居，由于澳门地属香山，因而作为亲民之官的香山知县，在管理居澳民蕃方面，被赋予非常广泛的权力。雍正二年（1724），香山知县更是成为"海疆题调繁疲难要缺"[②]。章文钦先生在《一部关于清代澳门的珍贵历史纪录——葡萄牙东波塔档案馆藏清代澳门中文档案述要》一文中，曾对当时香山知县在管理澳门民蕃方面的职权作过具体论述，"从编查民蕃的保甲户口，核准澳中房舍的修建拆毁、征收澳内村民田赋及蕃人地租、审理民蕃之间的民事及刑事案件、发布各项行政命令、缉解内地潜逃人犯、剿捕骚扰附近海域的海盗、查验出入澳门港口的民蕃船只，到护送入京供职的西洋教士，等等。无论专责或兼管，其直接管辖权力并不因澳门同知及香山县丞的设置而有所削弱。乾隆《香山县志》所谓'县行拘提则牌仰理事官'，正是突出香山知县对澳门事务的管辖权力"。[③]

二、香山知县对澳门行使管治权的具体情况

（一）征收地租

从万历初年葡萄牙人租居澳门以来，葡人每年向中国政府交纳地租银五百两。五百两地租说明，中国政府是以租赁的形式，把澳门半岛的一部分租给葡人作为居留地。在这里，葡人的身份是租地以事商贸的交租纳税者。这是中国政府在澳门拥有领土所有权的主要体现，说明中国政府从未

---

① 赵尔巽等：《清史稿》卷一百十六《职官三》，中华书局1976年版，第3357—3358页。
② ［清］祝淮：《新修香山县志》卷三《职官表》，道光七年刊本。
③ 章文钦：《澳门历史文化》，中华书局1999年版，第211—212页。

放弃过对澳门土地的主权。"从最初直到一八四九年总管哑吗嘞事件发生为止，澳门的葡萄牙人一直向香山县完纳地租，这正是对于领土主权的完全承认。"①

康熙二十三年（1684）春，清政府下令开放已禁闭二十余年的海外贸易，撤销迁界令。康熙特命工部尚书杜臻与内阁学士石柱为钦差大臣，由两广总督吴兴祚、广东巡抚李士桢陪同，巡视澳门。杜臻在其所作《粤闽巡视纪略》中说："初至时，每岁纳地税五百金。本朝弘柔远人之德，谓国家富有四海，何较太仓一粟，特与蠲免，夷亦感慕。"②这是中文文献中较早关于澳葡交纳地租的记载。杜臻所言"初至时"，葡人即交纳地租五百金，由于他认为葡人入澳在万历时，因而在他看来，交纳地租银也是始于万历年间。

据《澳门记略》记载："其澳地岁租银五百两，则自香山县征之。考《明史》载濠镜岁输课二万，其输租五百，不知所缘起，国朝载入《赋役全书》。《全书》故以万历刊书为准，然则澳有地租，大约不离乎万历中者近是。"③认为葡人所纳五百两地租，在清代载入顺治朝《广东赋役全书》，由于此书以万历刊书为准，因而可以推断此项地租大约缘起于万历年间（1573—1620）。

徐萨斯则认为，居澳葡人最初每年向广东海道副使缴纳五百两银子的贿赂，到明隆庆六年（1572）或万历元年（1573），海道受贿事为其他官吏所知，于是改为地租，收归国库。④

关于地租的始征年代和地租额的前后变化，文献记载中是有差异的。

---

① ［美］马士著，张汇文等译：《中华帝国对外关系史》第一卷，上海书店出版社2000年版，第47—48页。

② ［清］杜臻：《粤闽巡视纪略》卷二，孔氏岳雪楼影钞本，台北文海出版社1983年版。

③ 印光任、张汝霖著，赵春晨校注：《澳门记略校注》上卷《官守篇》，澳门文化司署1992年版，第106页。

④ 徐萨斯著，黄鸿钊、李保平译：《历史上的澳门》，澳门基金会2000年版，第25页。

《新修香山县志》中说，"濠镜澳，雍正八年册呈，岁输租银五百两。"[1]乾隆十年（1745），分巡广南韶连道薛韫巡视澳门，撰写《澳门记》一文，文中对澳葡交纳地租的情况也有所述及。"澳夷西洋族，自嘉靖三十年来此，岁输廛缗五百一十有五，孳育蕃息，迄今二百有余年矣。"[2]认为葡人交租是从嘉靖年间开始的，交纳数额则为五百一十五两。乾隆十二年（1747），时任香山知县的张汝霖在查封唐人庙时，曾谕知澳葡理事官，"况查此项租银，不过五百余两，在天朝之意，不过因既准尔等寄居澳地，若不少纳租银，尔等必怀不安，故令尔纳租耳。方今天朝之大，国家之富，何有尔此区区？况现奉皇恩，将中国钱粮普行蠲免，不下千万，尚何爱尔五百余两之租乎？"[3]由此可知其时澳葡所纳地租额应为五百余两。

龙思泰认为，租额最初是每年一千两，从1691年开始，"每年不超过600两，约定俗成的每年500两，加上一些杂项征收，仍不能免。这500两在每年的岁首，由议事会的理事官交给香山知县，由他给回一份经广东藩司签署的回执"。[4]说明地租是由香山县负责征收，收租有一定的程序。

中文文献对此也有记载。据民国《香山县志续编》中《知县张璟槃查复葡萄牙欠缴澳门地租原委禀》："澳门为西洋人所住，始自前明嘉靖年间，载在县志，每年仅纳地租银五百两。向于十一月冬至前后照会洋官，由县派拨书差前往澳门征收，附入地丁项内批解藩库投纳，递年列入地丁钱粮奏销。道光二十八年以前，均已征收完解清楚。"[5]

清初除征收地租五百两外，另征十五两火耗银，所以实际征收数额为五百一十五两。雍正元年（1723）实行摊丁入亩、二年（1724）设立各直省文员养廉银之后，五百两地租并入地丁项内征收，十五两火耗银则主要

---

① ［清］祝淮：《新修香山县志》卷三《经政·田赋·榷税》，道光七年（1827）刊本。

② 印光任、张汝霖著，赵春晨校注：《澳门记略校注》上卷《形势篇》，澳门文化司署1992年版，第26页。

③ ［清］暴煜：乾隆《香山县志》卷八《濠镜澳》，乾隆十五年（1750）刊本。

④ ［瑞典］龙思泰著，吴义雄等译：《早期澳门史》，东方出版社1997年版，第93页。

⑤ 厉式金：《香山县志续编》卷六《海防》，民国十二年（1923）刻本。

用于官吏养廉，是为院、司养廉银。

地租的征收由香山知县负责，《清代澳门中文档案汇编》中收录的32件"催纳地租银公文"、12件"完纳地租银库收单"和9件"补纳地租短平银公文"，就全部是由知县下发的。①根据《清代澳门中文档案汇编》，香山知县催纳地租的情况持续到道光二十八年（1848），最后一件是第185号，道光二十八年《署香山知县郭超凡为催纳地租银事致理事官照会》。②到道光二十九年（1849），由于澳葡总督亚玛勒（João Maria Ferrira do Amamal）蓄意破坏，开始拒绝交纳地租，此年的地租收纳情况，可见陈沂在《澳门》中的记载：

> 查道光二十九年，香山县郭令（按：指署香山知县郭超凡）迭次照会西洋理事追租，不敢移复，可为承认租地之铁据。迨郭令升任，大吏委南海令监盘交代，会禀请将澳门无征地租，照民欠银米摊抵，遂搁追讨。然地主所有权及债主权，固仍在我也。特将禀稿附录于后。
>
> 查有濠镜澳地租一项，递年应征正耗共银五百一十五两，系征自西洋彝人，批解藩库，附入地丁正项报销汇解。溯查道光二十八年以前，均经各前令征（收？），该彝依限完解清楚。惟二十九年前项地租，先经郭升令照会西洋理事官，未据完纳。旋值卸事，卑职抵任后，复经迭次照会，饬差赍投。随据差禀，该彝官不收照会，并不明说等情。……伏查二十九年分此项租银，系郭升令经征应行先解之项，今郭升令既不肯补交还垫，迭催该彝，又抗不完纳，故于合算交代之时，卑职等公同熟商，议将此项租银将遇奏销，仍由现任之员照数垫解。倘该彝嗣后不肯完纳，遇有交代，即查照民欠银米三抵一摊章程，将垫解濠镜澳地租正耗各费，按照垫解年

---

① 刘芳辑，章文钦校：《清代澳门中文档案汇编》上册，澳门基金会1999年版，第88—107页。

② 刘芳辑，章文钦校：《清代澳门中文档案汇编》上册，澳门基金会1999年版，第99页。

分，三年全抵。①

　　道光二十九年（1849）以前，每年冬至前后，澳葡理事官应备足银两，呈交香山县，《清代澳门中文档案汇编》中收录的"催纳地租银公文"，就是理事官届期未纳，知县的催交公文，此项地租不容任何的延迟和讨价还价，充分说明清政府是把澳葡当成在其管治下的普通地方民人来看待的，甚至对其实行了比一般民众更为严厉的管治措施。第164—166件，是嘉庆七年（1802）香山知县许乃来三次为催纳地租银事下发给理事官的谕令，尤其是第166件，嘉庆七年十二月十七日（1803年1月10日），《香山知县许乃来为再催纳地租银事下理事官谕》，其中提到纹银成色不足的问题：

　　照得濠镜澳地租，递年均系冬至输纳。本年应纳租银，前经谕饬办纳日久，未据禀报。

　　查此项银两向系倾销足色纹银，用部颁法码兑收，批解藩库，附入地丁项内报销，难容短少。尔等向来用番银洋平兑纳，仍照时价补足纹银水色及平头之项，近年因纹番并用，故不令尔补水，只着将平头银补解。

　　兹本年纹银价值高昂，以番银易换，每两补水至六七分不等，未便仍以番银输纳，致代赔解。合谕饬遵。谕到该夷目，立即遵照备足纹银，用部颁法码兑足五百一十五两，禀报本县，以凭差委吏书赴收。毋再迟违。速速。特谕。②

　　在此之前催纳地租的谕令中，没有提到过纹银成色不足的问题，也是交纳五百一十五两，其中十五两的院、司养廉银，如《清代澳门中文档

---

　　① 陈沂：《澳门》，民国五年（1916）刻本，收入中国第一历史档案馆、澳门基金会、暨南大学古籍研究所合编：《明清时期澳门问题档案文献汇编》第六册，人民出版社1999年版，第531—532页。
　　② 刘芳辑，章文钦校：《清代澳门中文档案汇编》上册，澳门基金会1999年版，第92页。

案汇编》中收录的乾隆年间、嘉庆七年（1802）以前的"完纳地租银库收单"，也是要交五百一十五两，说明除个别年份存在免租①或加租的现象外，五百一十五两的地租额应是较为普遍的征收数额。

乾隆十一年（1746）八月初二日，两广总督策楞、广东巡抚准泰等上疏朝廷，奏请蠲免澳葡丁卯年应纳地租：

> 兹查广州府属香山县澳门地方，自前明嘉靖年间西洋人来中国贸易船泊澳门后，遂认地建房，携眷居住，每年纳地租银五百两，由香山县征解。因向来造册奏销时，惟于地丁省总内开有香山县澳地租银一款，而不列于香山县地丁项下，是以不便入于蠲免通省地丁之内。伏念我皇上恩周六合，德教覃敷，海隅日出之乡，靡不向风慕义，梯航重译而来。今天下各省地丁钱粮既荷殊恩通免一次，所有澳门夷人丁卯年应完地租银五百两，租出于地，原与地粮无异，可否仰恳圣主一视同仁，免其输纳，以彰天朝宽大之恩，则不特兆姓之蒙庥，欢声雷动，而远夷之戴德，亦喜气云蒸矣。②

然而，乾隆皇帝的御批却是："此可不必"。由此可进一步看出其时

---

① 徐萨斯《历史上的澳门》：1650年，清军围攻广州，大兵压境下的明朝臣子试图与葡人结盟，顺治帝为稳住葡人，免除了澳门的地租。后来在1714和1718年，又两次罢免地租（第84—85页）。龙思泰《早期澳门史》：1651年，澳门的葡萄牙人获悉，当时实际上的最高统治者大清皇室的第一位皇帝顺治，高兴地蠲免了三年的地租（第92页）。但黄文宽认为，"免租事在中国文献上未见记载。当时事或有之，然仅为一时之事。"见《澳门史钩沉》卷四《清初作为中国通商口岸时代之澳门》，澳门星光出版社1987年版，第127页。其实，中国文献中除杜臻在其《粤闽巡视纪略》中提到免租一事外，李士桢《抚粤政略》卷二《嶴门关闸请设专官管辖疏》中亦载，"自康熙元年迁界而后，以嶴门为外地，遂置租税不收，并无专官管辖。"见中国第一历史档案馆、澳门基金会、暨南大学古籍研究所合编：《明清时期澳门问题档案文献汇编》第六册，人民出版社1999年版，第337页。

② 中国第一历史档案馆、澳门基金会、暨南大学古籍研究所合编：《明清时期澳门问题档案文献汇编》第一册，《两广总督策楞等奏请蠲免住澳葡人丁卯年应完地租银折》，人民出版社1999年版，第217—218页。

对澳葡管治之严格，真正应了黄文宽所说的，免租一事即使曾经发生过，也仅是"一时之事"，在绝大多数时间里，澳葡是必须按时交纳地租的。

《清代澳门中文档案汇编》第191件，收录的是乾隆四十一年十二月初四日（1777年1月12日），《香山知县杨椿给发完纳地租银库收单》：

现据西洋理事官唛嚹哆等完解后项银两前来。除兑收贮库外，合给库收遵照，须至库收者。

计实收濠镜澳乾隆四十一年分地租额银五百两正。院、司养廉银一十五两正。

右库收给夷目唛嚹哆收执。[①]

而第166件之前的谕令，只说备足当年濠镜澳地租钱粮银两，呈报香山知县，以凭差委吏书赴收，解充兵饷等等，却不提具体数额。如嘉庆六年十一月十三日（1801年12月18日），《香山知县许乃来为催纳地租银事行理事官牌》：

案照濠镜澳地租钱粮银两，系批解司库，附入地丁册内报销，难容迟缓。查前项银两，递年于冬至前后纳清。

兹嘉庆六年分澳租已经届期，未据完纳。合行饬催。为此，牌仰西洋理事官唛嚹哆，即便遵照，文到立将嘉庆六年分濠镜澳地租钱粮银两，刻日备办齐足，呈报本县，以凭差委吏书赴收，解充兵饷。毋得迟违。速速。须牌。

右牌仰夷目唛嚹哆准此。[②]

而在此之后的谕令，明确提出地租银五百一十五两，且应是足色纹

---

① 刘芳辑，章文钦校：《清代澳门中文档案汇编》上册，澳门基金会1999年版，第101页。
② 刘芳辑，章文钦校：《清代澳门中文档案汇编》上册，澳门基金会1999年版，第91页。

银，说明当时广东地方政府已经认识到澳葡所用洋银成色不足的问题。嘉庆十七年十二月十四日（1813年1月16日），署香山知县郑承雯为催纳地租银事下谕澳葡理事官：

照得濠镜澳地租银五百一十五两，系征解藩宪，附入地丁钱粮项内报销，例应倾销足色纹银，用部颁法码兑收，难以短少，节经谕饬遵照。

兹嘉庆十七年分租银，业经叠饬该夷目办纳在案。除差委吏书、银匠，携带法码，前赴兑收外，合谕遵照。谕到该夷目，即将应纳嘉庆十七年分澳地租银，务备足色纹银，照例遵用法码弹兑足数，即交吏书赍回转解，毋得仍用花银洋平兑交，以致缺少饬补，有误解期。毋违。特谕。[①]

地租银向来用蕃银交纳，因蕃银成色不足，所以必须再交一定的短少平头银。也就是说，如果是用蕃银交纳，葡人实际应交数额是不止五百一十五两的。所以香山知县谕令理事官，"务备足色纹银，毋得仍用花银洋平兑交"。在《清代澳门中文档案汇编》中，还收录着由知县发给理事官的谕令，要求补纳地租短平银。如第204件，嘉庆八年十二月初十日（1804年1月22日），《香山知县金毓奇为补纳地租短平等银事下理事官谕》：

照得濠镜澳地租正耗银五百一十五两，向系倾销足色纹银，用部颁法码兑收，批解藩库，附入地丁项内报销，难容短少。

本年分银两先经本县饬令照数备具足色纹银完纳去后，兹尔等仍以洋平输纳番银五百一十五两，现用部颁法码弹兑，实得银五百零九两六钱九分，计短少平头银五两三钱一分，另需补足纹银水色。合就谕知。谕到该夷目，即便遵照，速将短少平头银五两三钱一分，另补水银两，即日照数

---

① 刘芳辑，章文钦校：《清代澳门中文档案汇编》上册，澳门基金会1999年版，第96—97页。

补缴本县，以凭批解。毋得迟违。速速。特谕。①

从明代开始，直到清道光二十八年（1848），澳葡当局每年都要向香山县交纳地租银五百一十五两，纳入司库，作为地丁正项。这一举动表明，中国政府一直拥有对澳门的领土主权，葡人仅仅是交租纳税的居住者，主从关系是非常明显的。"一八四三年，当着英对澳门许给某些更多的特权的时候，也曾向他要求取消每年的地租，但他却断然拒绝。"②《清代澳门中文档案汇编》中大量乾嘉道时期历任香山知县发给澳葡理事官催纳地租的谕令、牌示，发给葡方已完纳地租入库的收单，要求葡人补纳短少平头银的谕令，都是这种关系的具体体现。

（二）对户籍、房屋的管理

香山知县持续履行着对居澳华洋人等监管核查的职能。这一职能具体到户籍、人口管理方面，则是对居澳华人，"县丞编立保甲，细加查察"。③香山知县和县丞时常查点，自然不会放松对其户籍的管理。至于澳葡和其他外夷，香山知县也要准确掌握其户口的具体情况，经常发布谕令，要求理事官清查居澳夷人丁口。《清代澳门中文档案汇编》第22件，就是嘉庆十三年十二月十一日（1809年1月26日），《香山知县彭昭麟为奉宪饬查造澳蕃烟户丁口册事下理事官谕》：

照得尔等荷蒙天朝怀柔厚恩，给予澳门，建房居住，食毛践土，与齐民无异。

前奉大宪清查烟户丁口，业据开报男妇三千五百余名。第历年久，生齿自必日繁，所有户口，合饬查造。谕到该夷目，立将澳夷烟户若干，男

---

① 刘芳辑，章文钦校：《清代澳门中文档案汇编》上册，澳门基金会1999年版，第106页。

② ［美］马士著，张汇文等译：《中华帝国对外关系史》第一卷，上海书店出版社2000年版，第48页。

③ 印光任、张汝霖著，赵春晨校注：《澳门记略校注》上卷《官守篇》，澳门文化司署1992年版，第79页。

妇丁口若干，逐一查明，限三日内据实禀复本县，以凭察核。毋得迟违。
速速。①

嘉庆十四年（1809），两广总督百龄等奏定《民夷交易章程》，其中第三条规定，"澳内华夷宜分别稽查也。……惟澳内为地无多，华夷杂处，若不定以限制，恐日致蔓延，应将西洋人现有房屋若干、户口若干，逐一查明，造册申报，已添房屋，姑免拆毁，不许再行添造寸椽。华人挈眷在澳居住者，亦令查明户口造册存案，止准迁移出澳，不许再有增添。"②此一章程颁布之后，香山知县更是加紧了对澳葡户籍、房屋的核查与管理。嘉庆二十二年（1817）二月初六日，署香山知县舒懋官在饬令理事官清查蕃户丁口、房屋的上谕中，就曾提及章程中的此项规定：

照得澳门夷居向有一定章程，先经百制宪檄饬查造在案。

兹本县奉制宪面谕，饬令清查，合就谕知。谕到该夷目，立将现在夷居房屋实有若干，逐一分别原建，抑或续建字样，并将男妇名口注明列册，即日呈缴本县，以凭定期于本月十二日亲临查点。毋稍讳匿稽延，致干未便。速速。特谕。③

根据嘉庆二十三年（1818），澳葡理事官上呈香山县丞的禀帖所载，葡萄牙人在澳门的租居范围，"东至三巴门、水坑尾门，西至海边，南至妈祖阁，北至沙梨头，历绘图形，呈送各宪在案"。④由此可以明确，其时葡人在澳居留地，只限于澳门半岛南部及中部部分地方。"广东澳门，为

———————————

① 刘芳辑，章文钦校：《清代澳门中文档案汇编》上册，澳门基金会1999年版，第15页。

② ［清］梁廷枏辑：《粤海关志》卷二十八《夷商三》，台北成文出版社1968年版，第2026—2027页。

③ 刘芳辑，章文钦校：《清代澳门中文档案汇编》上册，澳门基金会1999年版，第17页。

④ 刘芳辑，章文钦校：《清代澳门中文档案汇编》上册，澳门基金会1999年版，第29页。

葡萄牙人所管之旧址，仅三巴及新关水坑地。"①他们不得扩大租地，在租居范围内，亦不得随便增建房屋。乾隆十四年（1749），张汝霖与香山知县暴煜订立的《澳夷善后事宜条议》，第七条明确规定，"禁擅兴土木。澳夷房屋、庙宇，除将现在者逐一勘查，分别造册存案外，嗣后止许修葺坏烂，不得于旧有之外添建一椽一石，违者以违制律论罪，房屋、庙宇仍行毁拆，变价入官。"②防止葡人在澳居留地的扩大，也是中国政府对澳门施行管治权的一项重要内容。明朝万历年间，广东海道副使俞安性就曾制订禁约，禁止澳葡擅自新建房屋、添造亭舍。③

《清代澳门中文档案汇编》中收录的乾嘉两朝历任香山知县下发澳葡理事官的谕令，督饬他们速将葡人私自添建的房屋尽行拆毁，就是执行上述这些规定的举措。如第57件，嘉庆十二年正月十三日（1807年2月19日），《香山知县彭昭麟为饬将蕃兵在关部前新搭葵寮拆毁事下理事官谕》：

> 惟查关部前右侧贴近居民，为船只聚集之所，此处设立夷兵，安炮搭寮，殊属无谓。且民人出入，在所必经，倘遇风雨，船只湾泊，大属妨碍，未便违例任由擅搭，合谕拆毁。谕到该夷目，立将新搭关部前右侧一所浮台刻即速行拆毁，免碍船只行人。仍将拆毁日期禀复本县，以凭察核。倘敢抗违，定即禀明大宪封拆，变价入官。均毋缓延，致干未便。速速。特谕。④

葡萄牙人不得在澳门买卖土地，未经中国政府批准，不能在澳门私自

① 陆保璇辑：《满清稗史·满清兴亡史》卷下《澳门界务之争执》，台北文海出版社1970年版，第141页。
② 印光任、张汝霖著，赵春晨校注：《澳门记略校注》上卷《官守篇》，澳门文化司署1992年版，第93—94页。
③ 印光任、张汝霖著，赵春晨校注：《澳门记略校注》上卷《官守篇》，澳门文化司署1992年版，第70页。
④ 刘芳辑，章文钦校：《清代澳门中文档案汇编》上册，澳门基金会1999年版，第35页。

建造、改建或扩建房屋。各项法令条例的颁行，是要澳葡明确其租居者的身份，这是中国政府加强对澳门管治的表现。对此种种规定，香山知县一概认真执行。嘉庆五年（1800），澳葡理事官以防御海盗为名，禀请修复大井头闸门。为此，香山知县许乃来明确晓谕澳葡，"澳门一区为华夷杂处之地，所有围墙屋宇，遇有损坏，止许修葺，不准添建"，澳葡所请有违定制，未便准行。①十一年（1806）六月，香山知县彭昭麟在下发澳葡理事官的谕令中，再次重申澳夷修建房屋应遵定例。他要求理事官"传谕澳内夷人，嗣后凡有房屋、庙宇坏烂，务须向该夷目告知，开明工程做法，雇请工匠姓名人数，禀明澳门军民府存查。如有改换之处，许于禀内声明，以便稽查。倘有违例添建，即行提究，并将屋宇拆毁。其各衙门差役一切规费，永远禁革"。②

（三）对民事问题、刑事案件的处理

在澳门这样一个华夷杂处的商业城市，贸易、市政问题尤显突出。在这一问题的处理过程中，一件值得注意的事就是，不管是贸易场所的安排与分配，还是民夷之间债务纠纷的裁决和审判，无论是处理铺屋租赁纠纷，还是解决民夷交易造成的争执，香山知县始终处在第一线的位置上，与澳门同知和香山县丞一起，为解决华洋冲突、维护澳门正常的贸易往来、保证澳门居民的日常生活，履行着自己的职责。

乾隆八年（1743）十二月，澳门商人陈辉千被葡人晏些嚧戮伤致死，香山县丞在查验尸体、审讯凶犯后，要求澳葡当局将罪犯送交中国官府收禁，多次交涉均遭拒绝后，两广总督策楞亲自过问此案，批令香山知县王之正将罪犯"照例审拟招解"，王之正递次催令，澳葡却一再拒绝，坚持在澳审理。策楞等人考虑到如果因澳葡不肯交出凶犯，便"径行搜拿，追

---

① 刘芳辑，章文钦校：《清代澳门中文档案汇编》上册，澳门基金会1999年版，第413页。

② 刘芳辑，章文钦校：《清代澳门中文档案汇编》上册，澳门基金会1999年版，第405页。

出监禁，恐致夷情疑惧，别滋事端"①，最终同意了葡人的请求，由广州知府督同香山知县前往澳门，会同澳葡当局，按照《大清律例》中的规定，将凶犯处以绞刑。

《新修香山县志》关于王之正的传记中，有对于此事的简略记载："（王之正）甫到任，澳门夷殴毙汉人，匿凶不献，檄饬之，不应。之正单骑驰谕，执法愈坚，诸夷慑其威且廉也，卒献正凶抵法。"②

乾隆五十二年（1787），黑奴醉倒营地街，不服澳葡官员管束，葡官迁怒于卖酒的华人店主，竟带领黑奴强行拆毁营地街上百间的华人店铺，并纵容黑奴到望厦村寻衅滋事，妄图赶走望厦村民。事发之后，香山知县彭翥立即上报广东督抚衙门，于是官府以缉捕台匪为名，调香山协官兵进驻澳门，并饬令广州知府张道源赴澳封闭关闸，切断对澳门粮食等生活必需品的供应。面对蔓延中的饥荒，葡人只得罢免生事的理事官，补修拆毁的铺棚，答应仍旧服从中国政府的管辖，才得以"复开市贸易"③。

乾隆五十六年十二月二十八日（1792年1月21日），香山知县许敦元就专门下谕澳葡理事官，要求其"务须凛遵天朝之法，约束夷众，勿以赈目口角细故，辄与华人争闹，滋生事端。黑夷、水手生性凶顽，尤宜严加稽查，不许酗酒行凶，并私带刀剑出入，以致酿事犯法。一切货物按照则例输税，不可走漏私售及擅买违禁物件，洋船出口回澳，及夷人上下省城，报明各衙门给照查验，不得偷越。其余事宜俱遵向定章程妥协办理"。④

嘉庆四年（1799），居澳葡人以加租等为手段，企图将租赁"蕉园围"的中国居民赶走，遭到拒绝后，在澳葡当局的支持下，葡人派奴役强行拆毁村民房屋，香山知县李德舆根据华人控告，责令澳葡理事官禁止，澳葡当局却拒不服从。后来新任县令许乃来通知澳葡官员，如不停止逼

---

① 印光任、张汝霖著，赵春晨校注：《澳门记略校注》上卷《官守篇》，澳门文化司署1992年版，第89页。

② ［清］祝淮：《新修香山县志》卷五《宦绩》，道光七年（1827）刊本。

③ ［清］祝淮：《新修香山县志》卷四《海防·附澳门》，道光七年（1827）刊本。

④ 刘芳辑，章文钦校：《清代澳门中文档案汇编》上册，《香山知县许敦元为蕃书混用书启有违体制等事下理事官谕》，澳门基金会1999年版，第357页。

迁，就将采取封关措施，在此种情况下，葡人才被迫表示服从。

嘉庆十二年（1807），因澳夷擅自扣留渔户冯高财船只并对看守船只之幼童严刑拷打，香山知县彭昭麟严饬澳葡理事官，下谕责问，"渔户等口角争闹，与该夷目有何干涉？辄敢纵容夷兵擅自捉拿，将幼童冼金福刑讯。天朝民事，岂容外夷干预？实属大违功令。除移戎厅查复外，合饬查禀。谕到该夷目，迅将所押前项船只立即交还原主，并将因何擅受刑讯缘由据实禀复本县，以凭核夺，毋得含混率复，致干未便。"①对于关涉到华人的案件，只有中国官员才有权裁理，香山知县代表中国政府，将对澳门的司法管治权牢牢掌握在自己手中，不容许澳葡有任何超越本分的逾矩行为。

（四）对宗教的管治

1723年，雍正帝采纳浙闽总督满保的建议，开始明令禁止在华传播天主教，此后历经乾嘉道三朝，天主教也一直处于被查禁的地位，直到鸦片战争后才得以弛禁。禁教期间，居澳葡人自奉其教不禁，澳内华民信教或内地民人入澳进教则被严行禁止。而且乾隆、嘉庆年间，作为其时中国唯一的传教据点，澳门逐渐成为接引联络潜入内地传教之西洋教士的桥梁，中国内地的天主教徒是通过澳门接引这些传教士，然后辗转进入内地传教的，因而对于澳门一地的宗教管治问题，比别处更显重要而特殊。

对朝廷的禁教命令，香山知县总是严格执行。其中最值得一提的一件事就是，乾隆十一年（1746），念及澳门唐人庙专引内地民人入教，有违朝廷禁教谕旨，亦对风俗民心造成严重危害，时任香山知县而又"权同知事"的张汝霖，于是年十一月初六日，"密揭台院"，请求查封唐人庙。

得到朝廷允准后，次年（1747）二月，"张汝霖奉督抚檄，委香山司巡检顾麟，集殷商蔡泰观、蔡宝观等，会同县丞顾嵩封唐人庙。夷目初奉檄，蕃僧以为事近灭教，忽中变。张汝霖复遣顾麟往谕，随亲临督封，数

---

① 刘芳辑，章文钦校：《清代澳门中文档案汇编》上册，《香山知县彭昭麟为蕃官擅将渔户冯高财船只押留刑讯事下理事官谕》，澳门基金会1999年版，第361页。

以初奉终违之罪，夷人不敢抗，且迎送惟谨"。[①]唐人庙被查封，不准内地民人赴澳门进教，亦不许寓居澳门之西洋教士，引诱内地民人赴澳进教。

（五）对澳门其他事务的管理

根据《清代澳门中文档案汇编》中的资料，可以清楚地看出香山知县在澳门充分行使管治权的情况。除前文已经述及的对行政、司法、宗教等方面的管治外，在对外贸易、军事等方面，香山知县同样拥有繁多而重要的职守，发挥着关键而特殊的作用。

如《清代澳门中文档案汇编》第334—337件，香山知县对澳门贸易额船的管理；第232—234件，香山知县对鸦片的查禁以及第881—892、925—930件，香山知县为剿捕海盗对澳葡地方武装的征调等等。凡此种种，均充分体现了香山知县对澳门管治权力的广泛和其职任之重要。

清朝沿袭明制，继续按照明代嘉靖年间提出的"建城设官而县治之"[②]的政策管理澳门。随着香山县丞移驻澳门和澳门同知的设立，清朝政府对澳门的管理体制逐步达到完备的程度，对其管治范围和权力也不断地加强。这一方面是因为清政府逐渐增强了对澳门的重视，另一方面也是因为澳葡日益暴露出的野心和其逐渐的不安分，使得清政府加强了警惕。这一状况一直持续到1849年，清政府丧失对澳管治权为止。在这一过程中，香山知县一如既往地管理居澳民蕃事务，事无巨细，其对澳门的管治权力，并没有因香山县丞和澳门同知的设立而有丝毫减弱。从香山知县在澳门行使的广泛职权中，可以进一步看出，1849年之前，澳门的主权和管治权都是牢牢掌握在中国政府手中的。

---

① ［清］祝淮：《新修香山县志》卷四《海防·附澳门》，道光七年（1827）刊本。

② ［清］卢坤等：《广东海防汇览》卷三《舆地二·险要二》，清道光刊本。

第二节

香山县丞对澳门的管治

作为有清一代唯一兼管外事的县丞，香山县丞拥有远离县城进驻澳门半岛的独立衙门和特别专门铸造的印信。作为代表中国政府行使对澳门实际、具体管治权的主要官员之一，与广东其他地方官员相比，香山县丞距离居澳葡人最近，最便于向澳葡发布政令、施行管治，因而可以说是澳葡当局最直接的顶头上司。

一、专责澳务，进驻澳门

清朝初年，作为知县的副职，香山县丞也曾参与管理过澳门的民政事务，后因经常出缺，管治不得力，而于康熙四十三年（1704）被正式裁撤。直到雍正八年（1730），两广总督郝玉麟等考虑到澳门民蕃日众，且与香山县城之间的距离十分遥远，"县令远难兼顾，虽附近前山、关闸设有都司、千把驻守，但武员不便管理民事"，所以奏请朝廷添设香山县县丞一员，驻扎前山寨，"就近点查澳内居民保甲，稽查奸匪，盘验船只"①。经朝廷允准，香山县丞于次年（1731）进驻前山，"察理民夷，以专责成"②。因为该县丞专门负责管治澳门地方，所以又被称为"澳门县丞"或"分防澳门县丞"。将县丞衙门移设澳门关闸以北的前山寨，香山县丞成为专门管理澳门行政事务的前线长官。

---

① 中国第一历史档案馆编：《雍正朝汉文朱批奏折汇编》第18册，江苏古籍出版社1991年版，第307页；［清］郝玉麟：雍正《广东通志》卷六二《艺文志四·议改营制十三条事宜疏》，文渊阁四库全书本。

② 印光任、张汝霖著，赵春晨校注：《澳门记略校注》上卷《官守篇》，澳门文化司署1992年版，第74页。

乾隆九年（1744）①，清朝政府在前山寨设立澳门同知衙署，县丞衙署被迁至关闸以南的望厦村，"以按察使潘思榘、总督策楞议移县丞驻望厦村，设海防军民同知于前山寨"。②香山县丞成为同知的直辖下属，"专司稽查，属该同知管辖。""所有在澳民夷一切词讼，责令移驻县丞稽查，仍详报该同知办理"。③十年（1745），广州将军、署广东巡抚策楞还上奏朝廷，请求给香山县丞颁发印信。"香山县之澳门，为番人市舶之所，县丞驻扎其地，专司弹压稽查，凡有在澳民番词讼斗殴之事，亦令该县丞查明详报，听海防同知审理，原有地方责成，非附县佐贰之比，应请照例铸给钤记，以昭信守。其印文，谨拟为'香山县分防澳门县丞钤记'。"④这样，拥有了独立衙署和专门印信的香山县丞，其职权范围已远远超出知县副手一职，此一职位的重要性和特殊性也显然有别于内地其他县丞。

后来因房屋倾圮，香山县丞衙署又一度移驻前山寨以北的翠微书院。"历任各官居于翠微，以致离澳弯远"，不便办理公事，乾隆末年，县丞欲于澳内营地街修葺公馆，以便随时至澳驻扎、就近处理民蕃事务，却遭到澳葡反对，屡次禀请拆毁。为此，香山知县许敦元特谕理事官：

澳门地方原系中华边壤，从前尔等番舶贸易远来，多在澳旁湾泊，

① 广东地方官员奏请设立澳门同知的时间是乾隆七年七月（1742年8月），《广东按察使潘思榘奏请于澳门地方移驻同知一员专理夷务折》；八年八月（1743年9月），《广州将军策楞等奏请移同知驻扎澳门前山寨以重海防折》。参见中国第一历史档案馆、澳门基金会、暨南大学古籍研究所合编：《明清时期澳门问题档案文献汇编》第一册，人民出版社1999年版，第192、196页。但朝廷批复及实际执行时间是在乾隆九年（1744）。
② ［清］祝淮：《新修香山县志》卷四《海防·附澳门》，道光七年（1827）刊本。
③ 印光任、张汝霖著，赵春晨校注：《澳门记略校注》上卷《官守篇》，澳门文化司署1992年版，第76页。
④ 中国第一历史档案馆、澳门基金会、暨南大学古籍研究所合编：《明清时期澳门问题档案文献汇编》第一册，乾隆十年五月十九日（1745年6月18日），《广州将军策楞题请广州海口紧要香山县丞驻扎澳门相应铸给钤记本》，人民出版社1999年版，第209页。

嗣以风涛不测，难于久驻，即在澳内筑室寄住，并岁纳地租，以舒忧悯，积久相沿，遂为尔等世居之所。我圣朝抚驭天下，怀柔远人，不忍因中国地方久为外夷盘踞，一旦驱逐廓清，致尔等流离失所，是以准照旧例，听尔住居。而华夷究有攸分，又不便任尔外夷占侵内地，复经申明禁令，澳内夷房，止许修葺坏烂，不得于旧有之外再行添建，盖于体恤之中，示以限制之意，勒碑议事亭外，彰彰可考。是尔等现建房屋处所，皆我天朝之地，其余空旷处所，更与尔等无涉，不应越分占管，想尔等所宜深悉者也。今戎厅以中华职官，在本管地方盖建房屋，原非尔等夷人所宜阻止，且营地铺地方本属空闲官地，又系就旧有会馆略为修葺增添，该处并无夷房，彼此干碍，更非尔等所可藉口混争。[1]

是次只是将营地街旧有会馆修葺并旁建一间厢房，以为香山县丞遇事临澳稍驻办公之便。至嘉庆五年（1800），香山县丞还曾至澳门暂时租赁民房驻扎，为此，香山县丞吴兆晋还专门下谕理事官。"照得澳门一区，民夷杂处。是以前宪奏定章程，设立本分县衙署，分驻澳门，方足以资弹压，后缘衙署倒塌，暂移翠微书院。经今三十余年，房屋将就倾圮，急须修整。且近日海洋未靖，一切堵御防范，督率稽查，昼夜不容稍暇。是以暂赁民房，权时驻足，俟洋面稍清，房屋修理完毕，仍回翠微公署，但尚须时日，恐该夷目等多所惊疑，特行详悉谕知。"[2]因县丞衙署曾在澳内驻扎，直到今天，其地尚有"佐堂栏尾"之称。正如方志所载，"乾隆八年移香山县丞分防澳门，设海防军民同知于前山，县丞归其专辖，至今三巴门外、租界内，尚有左堂街地名可据，自道光二十九年葡人滋事之后，将该县丞逐出关闸，遂移居前山城内。"[3]道光二十九年（1849），澳葡当局

---

① 刘芳辑，章文钦校：《清代澳门中文档案汇编》上册，乾隆五十七年正月二十五日（1792年2月17日），《香山知县许敦元为县丞在澳内修葺公馆驻扎事下理事官谕》，澳门基金会1999年版，第396页。

② 刘芳辑，章文钦校：《清代澳门中文档案汇编》上册，嘉庆五年二月二十三日（1800年3月18日），《香山县丞吴兆晋为在澳地暂赁民房驻扎事下理事官谕》，澳门基金会1999年版，第399页。

③ 厉式金：《香山县志续编》卷六《海防》，民国十二年（1923）刻本。

派兵捣毁香山县丞衙署，县丞汪政被驱逐出澳。从此直到清朝末年，县丞衙署仍旧驻扎前山寨，但香山县丞专理民夷之责，已被迫结束。

二、治澳法规中对香山县丞职任的规定

对于内地其他县丞来说，因为是知县的副职，所以其主要职任当为协助知县处理好一县事务，"分掌粮马、征税、户籍、缉捕诸职"。[1]然而，作为专管澳门事务的官员，香山县丞的职任显然已不止这些方面。从清朝政府为管治澳夷制订的诸项法规中，我们可以大致了解其时香山县丞在澳门的管治范围。乾隆九年（1744），首任海防军民同知印光任订立《管理番舶及澳夷章程》七条。其中第二、三、四、五、六条均与县丞职任有关。如第二条规定："洋船进口，必得内地民人带引水道，最为紧要。请责县丞将能充引水之人详加甄别，如果殷实良民，取具保甲亲邻结状，县丞加结申送，查验无异，给发腰牌执照准充，仍列册通报查考。至期出口等候，限每船给引水二名，一上船引入，一星驰禀报县丞，申报海防衙门，据文通报，并移行虎门协及南海、番禺，一体稽查防范。其有私出接引者，照私渡关津律从重治罪。"[2]按照中国政府的规定，外国贸易船只要进入广州黄埔，必须由内地民人充当引水员，而对于引水员的选择和管理，是由香山县丞来完成的。

第三条则要求香山县丞对澳内华民加强管理，防止华人与居澳葡人暗相勾结。"澳内民夷杂处，致有奸民潜入其教，并违犯禁令之人窜匿潜藏，宜设法查禁，听海防衙门出示晓谕。凡贸易民人，悉在澳夷墙外空地搭篷市卖，毋许私入澳内，并不许携带妻室入澳。责令县丞编立保甲，细加查察。其从前潜入夷教民人，并窜匿在澳者，勒限一年，准其首报回籍。"[3]不允许华人任意到澳葡租赁区贸易，以防止华夷之间的非法贸易

① 赵尔巽等：《清史稿》卷一百十六《职官三》，中华书局1976年版，第3357页。
② 印光任、张汝霖著，赵春晨校注：《澳门记略校注》上卷《官守篇》，澳门文化司署1992年版，第79页。
③ 印光任、张汝霖著，赵春晨校注：《澳门记略校注》上卷《官守篇》，澳门文化司署1992年版，第79页。

往来。

第四条是对澳门夷目遇事呈禀时应遵守的程序做出的规定。"澳门夷目遇有恩恳上宪之事，每自缮禀，浼熟识商民赴辕投递，殊为亵越。请饬该夷目，凡有呈禀，应由澳门县丞申报海防衙门，据词通禀。如有应具详者，具详请示，用昭体统。"①正是因为此项规定，所以乾隆五十八年六月十七日（1793年7月24日），香山县丞朱鸣和为澳葡理事官呈禀有违定例，下谕申斥：

> 案照向来定例，该夷目遇有呈禀上宪事件，必先禀本分县，以凭转禀。定例如此，相沿已久。乃本月初三日，夷船出洋捕盗一事，该夷目只禀军民府宪暨本县，而本分县衙署并无只字禀闻，殊违定例。
>
> 现奉府宪将本分县大加申饬，该夷目即将因何不行具禀本分县之处，据实明白禀复。并此后该夷目倘有呈禀上宪事件，务遵定例，先行禀知本分县，以凭据情转禀，慎毋再蹈前辙，匿不具禀，致本分县茫然不知，上干宪檄严饬，代人受过也。特谕。②

此一规定也从侧面反映出香山县丞的具体职责所在。澳葡理事官遇事要先禀知香山县丞，再由县丞根据事情的轻重缓急报告给澳门同知以至更上一级的官员，所以由此看来，在处理有关于澳夷的事务时，香山县丞总是处在第一线的位置上，其职责的重要性是不言而喻的。

澳门夷目无视香山县丞，越级上报，有违定制，理应受到严斥，而对于澳夷在呈禀时出现的其他问题，香山县丞也不会有丝毫姑息纵容。《清代澳门中文档案汇编》第815件，即为嘉庆四年五月初七日（1799年6月9日），《署香山县丞迟为饬禀陈事件遵用副禀事下理事官谕》："照得该夷目陈禀事件，向例遵用副禀，以便批发。兹查近年各唛嚟哆并不遵照此

---

① 印光任、张汝霖著，赵春晨校注：《澳门记略校注》上卷《官守篇》，澳门文化司署1992年版，第79页。

② 刘芳辑，章文钦校：《清代澳门中文档案汇编》上册，澳门基金会1999年版，第411—412页。

例，以致所禀之事有批无发，则事之准行与否，及如何办理之处，该夷目无由而知，殊属不成事体。合行谕知，谕到该夷目，嗣后陈禀事件及遵报夷船出入等事，一体遵用副禀，以便批发，慎毋仍前忽略。特谕。"①从这些谕令中，可以进一步看出香山县丞对澳葡管治之全面与细致。

《管理番舶及澳夷章程》第五条关涉到对澳夷额船的管理。"夷人采买钉铁、木石各料，在澳修船，令该夷目将船身丈尺数目、船匠姓名开列，呈报海防衙门，即传唤该匠，估计实需铁斤数目，取具甘结，然后给与印照，并报关部衙门，给发照票，在省买运回澳，经由沿途地方汛弁，验照放行。仍知照在澳县丞，查明如有余剩，缴官存贮。倘该船所用无几，故为多报买运，希图夹带等弊，即严提夷目、船匠人等讯究。"②第六条则与香山县丞对内地工匠的管理有关。"夷人寄寓澳门，凡成造船只房屋，必资内地匠作，恐有不肖奸匠，贪利教诱为非，请令在澳各色匠作，交县丞亲查造册，编甲约束，取具连环保结备案。如有违犯，甲邻连坐。递年岁底，列册通缴查核。如有事故新添，即于册内声明。"③对于在澳门造船建屋的内地工匠，香山县丞也应加强管理，以杜绝华夷之中不法行为的发生。

乾隆十四年（1749），为规范清朝政府对澳门的法权管理程序，澳门同知张汝霖与香山知县暴煜共同订立《澳夷善后事宜条议》十二条，得到果阿特使庇利那（Antonio Pereira de Silva）的认可，后经广东督抚奏准，将此《条议》用中葡两种文字刻成石碑，以示长期保存、共同遵守。其中葡文石碑立于议事亭，而中文石碑就立于香山县丞衙署内。

《条议》第四款中的规定即关系到香山县丞的职任，"犯夜解究。嗣后在澳华人，遇夜提灯行走，夷兵不得故意扯灭灯笼，诬指犯夜。其或

---

① 刘芳辑，章文钦校：《清代澳门中文档案汇编》上册，澳门基金会1999年版，第413页。

② 印光任、张汝霖著，赵春晨校注：《澳门记略校注》上卷《官守篇》，澳门文化司署1992年版，第79页。

③ 印光任、张汝霖著，赵春晨校注：《澳门记略校注》上卷《官守篇》，澳门文化司署1992年版，第79页。

事急仓猝，不及提笼，与初到不知夷禁，冒昧误犯，及原系奸民，出外奸盗，致被夷兵捉获者，立即交送地保，转解地方官，讯明犯夜情由，分别究惩，不得羁留片刻并擅自拷打，违者照会该国王严处。"① 《清代澳门中文档案汇编》第649件，收录的是嘉庆二年四月十六日（1797年5月12日），《理事官为捕获案贼事呈香山县丞禀稿》，其中澳葡理事官禀请香山县丞，将蕃兵夜间拿获贼匪吴阿三等。"饬差拘拿，从重究治，驱逐出澳，免后来滋生患害，庶贼匪知有所儆，合澳沾〔恩矣〕。为此，禀赴太爷〔台前〕，〔恩〕准施行。"② 就是在执行此项规定。第五款是对如何审讯、发落夷犯做出的规定："夷犯分别解讯。嗣后澳夷除犯命盗罪应斩绞者，照乾隆九年定例，于相验时讯供确切，将夷犯就近饬交县丞，协同夷目，于该地严密处所加谨看守，取县丞钤记，收管备案，免其交禁解勘，一面申详大宪，详加复核，情罪允当，即饬地方官眼同夷目依法办理……"③ 对于外夷之间的民刑事案件，允许澳葡理事官依据本国法律自行处理，香山县丞一般不作干预，但是如果案件牵扯到华人，则一律由香山县丞裁定或上报，澳葡所能做的只是羁押看管夷犯、遵从旨令办理而已。此项条令根据夷人所犯罪行的轻重分别做出不同的处理规定，从中可以看出其时中国政府对澳夷的司法管治已日益具体化、制度化，管治程序也更加合理。

道光九年（1829），两广总督李鸿宾等议定严禁官银出洋及私货入口章程，其中一项内容为"香山县澳门地方，向许内地民人与各国夷商交易，与省城皆归行商者不同，难以逐一稽查。现责成澳门同知，督率县丞，随时稽查。凡与夷人买物，不许使用官银，亦不许将官银换给夷人，违者即行拘拿治罪。如该同知、县丞漫无查察，别经发觉，即行严参"。④

---

① 印光任、张汝霖著，赵春晨校注：《澳门记略校注》上卷《官守篇》，澳门文化司署1992年版，第93页。

② 刘芳辑，章文钦校：《清代澳门中文档案汇编》上册，澳门基金会1999年版，第354页。

③ 印光任、张汝霖著，赵春晨校注：《澳门记略校注》上卷《官守篇》，澳门文化司署1992年版，第93页。

④ 《清宣宗实录》卷一五八，道光九年（1829）七月己亥。

针对澳门地位的特殊性，特别对澳门同知和香山县丞提出要求，严密稽查华夷之间的交易往来，禁止将官银流通给夷人。

三、香山县丞在澳行使管治权的具体情况

（一）行政方面

对于居澳华民，是由香山县丞通过保甲制度进行管理的。保甲制度不仅是要管理居住在澳门的中国人，其更重要的目的，是要防止华人与居澳葡人勾结，所以重点管治的对象还是葡萄牙人。

由于澳内华民完全处于中国政府的管辖之下，所以只有中国官员拥有对澳门华民发布告示的权力。据《清代澳门中文档案汇编》第8件，嘉庆十年十月初六日（1805年11月26日），《香山县丞吴兆晋为清厘营地墟亭积弊晓谕各行人等告示》[①]，要求营地墟亭各行人等，摆卖自遵定处，篷寮尽行拆毁，差役不得勒索规利等等，即是香山县丞管理澳门华民的重要反映。

对于居澳葡人及其他外夷，香山县丞会要求澳葡理事官定期呈报其户口的具体情况，以便掌握在澳夷人的详细状况并加强对澳夷户籍的管理。《清代澳门中文档案汇编》第23件，即是嘉庆十三年十二月十一日（1809年1月26日），署香山县丞郑为查造澳蕃烟户丁口册一事，下发理事官的谕令：

照得澳门一地，华夷杂处，烟户稠杂，现奉大宪饬行，毋论唐番，一体查造烟册，挨邻聚户，以便稽查，合行谕饬查造。谕到该夷目，即便遵照，立将尔等澳夷每户丁口姓名年貌，妻室子女若干名口，并将各户生业注明备列，查造烟册。仍于册尾内开出管下若干户，男女若干口，逐一分晰开明。其别国寄寓夷人，一体查造，另列一册。限三日内缴齐，听候查

---

① 刘芳辑，章文钦校：《清代澳门中文档案汇编》上册，澳门基金会1999年版，第5页。

核。毋得稽延玩视，大干未便。毋违。特谕。①

香山县丞职秩并不高，绝大多数情况下，他没有最终的决策权而只是遵奉上级官员的命令行事，然而，也正是因为如此，他是代表清朝政府最直接地对澳葡施行管治的一级中国官员，上情下达，许多具体的涉及澳门民蕃的事务都是由香山县丞来完成的。

清朝政府对葡人在澳门的租居地有严格的限制，不仅不允许葡人擅自扩大租居范围，即使在租居地以内，也不得随意增建房屋，"擅兴土木"。对此规定，香山县丞一向是认真执行，不容许澳葡有丝毫的僭越。嘉庆十三年（1808），因澳夷在山水园地方私造房屋，署澳门同知熊邦翰专门下谕申饬，香山县丞吴兆晋随即谕令澳葡理事官，"即便遵照，立即查明山水园地方系何夷人违例起筑墙垣，希图私造房屋，逐一明白禀复本分县，以凭申复究办。"②随后他又亲自带同弓丈手、画匠人等，会同理事官到夷人私造房屋处"眼同丈明，绘图注说"，③最终饬令澳夷将房屋拆毁。

（二）司法方面

对于澳门华夷之间的钱债、借贷纠纷，一律首先经由香山县丞裁理。如果是"夷欠华款"，华人控告澳夷，应该首先具呈至县丞衙署，并缴交契约文书，经县丞审核立案后，牌行理事官传唤有关夷人，至县丞衙门听候审讯。而如果是"华欠夷款"，澳夷控告华人，则应首先诉之澳葡理事官，再由理事官根据投诉情节，写成禀稿上呈县丞衙门，个别情况下，也有夷人直接向县丞衙署具禀申诉的情形。不管怎样，在这一过程中，代表中国政府的香山县丞掌握对澳门的具体管治权，而澳葡理事官所能做的，

---

① 刘芳辑，章文钦校：《清代澳门中文档案汇编》上册，澳门基金会1999年版，第15页。

② 刘芳辑，章文钦校：《清代澳门中文档案汇编》上册，嘉庆十三年正月二十九日（1808年2月25日），《香山县丞吴兆晋为饬查山水园蕃人私建房屋事下理事官谕》，澳门基金会1999年版，第49页。

③ 刘芳辑，章文钦校：《清代澳门中文档案汇编》上册，澳门基金会1999年版，第50页。

只是遵谕传唤澳夷或协助中国官员收集证据、严格执行中方判决而已。

居澳华民租赁夷人铺屋，如遇有损坏，一般是由租户自行修整。"如有迁移，后住之人，另偿修费，名为顶手，其数较租额二三倍不等。"[①]而夷人也应按照旧额收租，不可随意加增。虽然向例如此，但澳夷却时常寻找借口加租迫迁，每每被香山知县、香山县丞等下谕申斥。嘉庆九年（1804），因民人王岱宗租赁澳夷房屋，墙圮修整，澳夷趁机逼令搬迁，香山知县狄尚絅下谕申饬，澳夷却搬出"西洋规例"，认为"不拘何人租赁房屋，后来原主要还自居或翻盖情事，即当给还原主"，请求允准将王岱宗迁出。为此，继任香山知县彭昭麟、县丞吴兆晋多次谕饬理事官，明确指出：

> 澳门一区，向例于旧有房屋，只许修葺，不准添建，其余隙地，我民〔人〕与尔租赁盖屋，或尔等起造，赁与民人永远居住，止许尔等夷人出租，毋许逼迁拆毁，历经谕饬遵照在案。今民人王岱宗租赁铺屋历年久远，既未欠租，又无过犯，相安无事。现因〔倾〕跌后墙兴修，并无不合。夷人瘦鬼拒阻，辄令搬迁另召。于理于情，均欠通顺。该夷目以夷例加于华人，所请亦属未协，……谕到该夷目，即便转饬夷人瘦鬼，照旧收租，毋得拒修逼迁，……若欲逼令迁居，断不可行，该夷目仍将遵办缘由禀复察核。[②]

《清代澳门中文档案汇编》中收录着十余件香山县丞因即赴澳门要求澳葡理事官预备公馆的谕令，其中既有县丞上任伊始即亲临澳门，对当地进行查勘检阅的情形，也有县丞为查案缉匪、加强监管，临澳公干的情形。如第789件，即为嘉庆六年正月初六日（1801年2月18日），《香山县丞王为临澳公干饬备公馆事下理事官谕》，谕令中明确指出，该县丞将

---

① 刘芳辑，章文钦校：《清代澳门中文档案汇编》上册，澳门基金会1999年版，第258页。
② 刘芳辑，章文钦校：《清代澳门中文档案汇编》上册，澳门基金会1999年版，第266页。

于次日亲自临澳，"会同武营查勘吓喊黑奴等被抢被窃各案处所"，饬令澳葡预备公馆，做好接待事宜。①而第792件，则是嘉庆九年五月初九日（1804年6月16日），署香山县丞李凌翰为临澳稽查"盐船勾通烂匪，在澳索诈，逞凶滋事"一事要求理事官提前备好公馆、以待其赴澳公干的谕令。②是年九月十三日（1804年10月16日），香山县丞李凌翰再次谕令理事官，因"新会、鹤山各县，现有匪徒持械放炮抢劫，横行滋事，业经严饬查拿多犯在案。……澳门乃鹤山、江门渡船往来之所，恐有前项匪徒逃窜潜匿"，所以亲临澳门，"严密堵缉解究"，要求澳葡遵谕提前备办公馆。③从这些档案中可以看出，虽然香山县丞衙署没能在澳葡租居地内长期驻扎，但因香山县丞是对澳门实施直接管治再加之其广泛职权所在，所以在处理澳门很多民蕃事务时，香山县丞都会亲临澳门，或查阅当地情形，或督同理事官缉捕剿匪，亲力亲为，一些小的事件如小额的贸易纠纷等县丞就可自行处理，如果事情较大或是情节较为严重复杂的案件，也是由县丞先作初步审理，再详报上级官员定夺，所以，只要是涉及居澳民蕃的事件，除向澳葡征收地租一项归香山知县专管之外，其余各项事务，都在香山县丞的管治范围之内。

对于澳门华夷之间的刑事案件，如斗殴伤害、杀人命案等，香山县丞认真履行自己稽查"所有在澳民夷一切词讼"的职责，对此类案件均要受理。嘉庆十七年（1812），因澳葡以偷窃为由擅自拘禁华民郭亚有并私刑拷打，为此，香山县丞潘世纶下谕理事官，严厉斥责。"本分县讯得郭亚有并无偷窃情形，系属过路劝事之人，当饬地保收领约束在案。惟查该夷目于夷兵获捉郭亚有报交时，其是否偷窃，自应解送地方官讯明追究，乃竟不问是否其人，擅敢辄令黑奴将亚有手掌私刑痛打，实属目无法纪。本

---

① 刘芳辑，章文钦校：《清代澳门中文档案汇编》上册，澳门基金会1999年版，第400页。

② 刘芳辑，章文钦校：《清代澳门中文档案汇编》上册，澳门基金会1999年版，第401页。

③ 刘芳辑，章文钦校：《清代澳门中文档案汇编》上册，澳门基金会1999年版，第401页。

分县莅任斯土，统辖华夷事务，未便任由藐法。"饬令澳门夷目"即便遵照，嗣后遇有华人果系滋事者被获，即应禀解地方官讯办"，并立即查明本案滋事之夷兵，逐名解赴县丞衙署，以凭讯问。[①]

乾隆五十九年（1794），为蕃人戳伤民人梁亚纪一事，香山县丞贾奕曾谕令理事官，即速查明凶夷身份及犯案原因，据实禀复，以凭察核，并要求其"即便遵照，一体留心稽察，督饬通事、夷兵等昼夜加谨巡查，务使民夷相安，地方宁谧"。[②]

而道光五年十二月十二日（1826年1月19日），《香山县丞葛景熊为梁亚相等串同黑奴图窃事下理事官谕》中提到，因华民梁亚相等勾结夷人咪吧黑奴，图谋窃取其夷楼货物，结果，除将匪徒梁亚相等人严行究办外，香山县丞还要求理事官立即转饬夷人查明该黑奴。"如果有串同匪徒开门为盗情事，着即送至该夷目处，照夷例从严究办，以儆效尤。并转饬澳内各夷人，严加约束黑奴，以免串匪滋事，庶地方得以安静，匪徒无所奢望。仍将查办缘由禀复本分县，以凭察核。该夷目务须认真办理，切勿视为具文也。"[③]华人匪徒由中国地方官员自行处理，夷人黑奴却交由夷目照夷例究办。乾隆十四年（1749）订立的《澳夷善后事宜条议》中"禁黑奴行窃"一条，即有对此问题的相关规定："禁黑奴行窃。嗣后遇有黑奴勾引华人行窃夷物，即将华人指名呈禀地方官查究驱逐，黑奴照夷法重处，不得混指华人串窃，擅捉拷打。如黑奴偷窃华人器物，该夷目严加查究，其有应行质讯者，仍将黑奴送出讯明定拟，发回该夷目发落，不得庇匿不解，如违即将该夷目惩究。"[④]

① 刘芳辑，章文钦校：《清代澳门中文档案汇编》上册，嘉庆十七年五月初七日（1812年6月15日），《香山县丞潘世纶为郭亚有被私刑痛打事下理事官谕》，澳门基金会1999年版，第362页。

② 刘芳辑，章文钦校：《清代澳门中文档案汇编》上册，澳门基金会1999年版，第320页。

③ 刘芳辑，章文钦校：《清代澳门中文档案汇编》上册，澳门基金会1999年版，第319页。

④ 印光任、张汝霖著，赵春晨校注：《澳门记略校注》上卷《官守篇》，澳门文化司署1992年版，第94页。

（三）对澳门其他事务的管理

《清代澳门中文档案汇编》中收录有自乾隆三十二年至道光三年（1767—1823），香山县丞为管理澳葡贸易额船及处理相关事宜，下发澳葡理事官的谕令、牌示等四十余件，其中既有催报额船开行日期的，也有饬查额船所载炮械货物的，既有关于船只修造、顶补额缺事宜的，也有禁止三板驳货进澳以防走私漏税的。各项内容表明，香山县丞对澳葡贸易额船以至外贸事务的管治，是充分而具体的。

在海盗肆虐的嘉庆年间，香山县丞与澳门同知、香山知县一起，为剿捕海盗、保障澳门及其周围地区的安全，做了大量的工作。《清代澳门中文档案汇编》中收录的香山县丞为借用澳蕃炮位火药、调派武装船只而下发澳葡理事官的谕令，即是香山县丞在军事方面对澳门施行有效管治的证明。

雍正年间设立香山县丞的原因之一是考虑到知县"远难兼顾"，而县丞移驻前山进而入驻澳门，因为他们距澳甚近加之其职任所在，一方面便于近距离处理民蕃事务。每每澳夷有不法行为发生，香山县丞总是最先掌握情况，采取应急措施，遇到重大案件时，也总是县丞第一个赶到现场，调查取证，待县令或同知到达后再做定夺。另一方面，香山县丞移驻澳门，也可以对澳夷形成一种震慑，在中国的土地上，中国人可以建立衙署，可以施行各方面的管理，而葡人的身份只是交租纳税的赁居者。

香山县丞遇事要向澳门同知、香山知县等上级官员禀报，多数情况下并没有最终决策权，只是上级官员命令的具体执行者。但是与其他县丞相比，香山县丞专理澳门民夷事务，管治范围广泛而具体。对于居澳华人，他认真履行自己在缉捕、诉讼、征税、户籍管理等各方面的职能，兢兢业业，是百姓的父母官。对于居澳夷人，他代表中国政府，在行政、司法、贸易、军事等各个方面充分行使在澳门的管治权。他是澳葡当局与清朝政府之间沟通的首要渠道，是清政府最早派驻澳门的一级文官。他专司稽查"所有在澳民夷一切词讼"的职能，是1849年以前中国政府牢牢掌握对澳管治权的有力证明。

澳门同知对澳门的管治

乾隆九年（1744），为进一步加强对澳门事务的管理，清政府设置职秩五品的"澳门海防军民同知"，驻扎前山寨，专责管理澳门民蕃事务。香山县丞作为他的下属，移驻关闸以南的望厦村。这样，海防军民同知和香山知县、香山县丞，实际上就成为清朝广东地方政府管理澳门的指定长官，成为澳葡当局的顶头上司，为确保清朝政府在澳门充分行使主权和管治权，发挥着各自的职能。澳门同知设立之后，清政府对澳门的管理更加正规和制度化。

明代设立的海防同知主要掌管贸易征税事宜，而清代澳门海防军民同知则全面管理澳门事务，虽然乾隆年间广东地方官员奏请设立该职时，将其职任拟定为"专司海防，查验出口、进口海船，兼管在澳民蕃"，但在其实际施行管理时，却是事无巨细、全面而具体，他代表中国政府，在行政、贸易、军事、司法、宗教等各方面充分行使对澳管治权，同时由于职秩较高，与香山知县和县丞相比，澳门同知对许多事务拥有一定的决策权，在代表清朝政府管理居澳民蕃的过程中发挥了重要作用。这种状况一直持续到1849年，由于其时澳葡当局抢占了对澳门的管治权，澳门同知实际已经无法继续行使管治澳门的权力。

一、设立同知，坐镇前山

海防同知一职，实设于明朝，是为加强对澳门的管理而设立。清代澳门海防军民同知，又称广州府海防同知，就是仿照明代之制而设。嘉靖四十三年（1564），庞尚鹏在《抚处濠镜澳夷疏》中建议"将澳以上、雍麦以下山径险要处设一关城，添设府佐官一员驻扎其间，委以重权，时加讥察，使华人不得擅入，夷人不得擅出，惟抽盘之后，验执官票者听其交易而取平焉，是亦一道也"①，这里所说的"府佐官"即是知府的副职同知。明代广州海防同知，设于万历元年（1573），负有协助广州知府管治澳门之责。万历四十五年（1617），田生金《条陈海防疏》中说，"查得广州府海防同知设于万历元年，原驻雍陌，后因税监以市舶事体相临，辞回省城，今议仍以本官专驻其地，会同钦总官训练军兵，严加讥察。水路则核酒米之载运，稽番舶之往来，不许夹带一倭，陆路则谨塘基环一线之关，每月只许开放二次，而夷商入广，限以人数，皆须香山验明给票，方许泊五羊河下"。②

康熙二十二年（1683）正月，广东巡抚李士桢上疏朝廷，建议仿照明代之制，在澳门添设海防同知一员，专门负责贸易征税事宜，兼管督捕海防：

香山嶴关闸界口陆路贸易乃皇上柔远通商之德，遐迩俱已感戴。今西洋国货物运至嶴门，彝人至界口陆路贸易。此地至嶴门仅三里，必需专官把守，稽察盘验，给票照运至省。旧例：提举司一税，至太平关一税，防其隐漏之弊。其内地商人货物，旧例：太平关一税，至省提举司一税，领票前行关闸界口贸易，亦必须稽察官盘验，防其夹带之私。如此内外咽喉之地，唐彝交易之所，当设专官管理，今但随时委用，无以任责成而资弹压也。

今且税务渐增，必得添设部选同知一员，驻扎关内前山寨，稽查税务，兼理海防。凡界口唐洋货物出入之数，与盘诘违禁之物，俱责成之。所需俸食有限，有济于公者甚多。今广州府虽有贴堂同知一员，管理十六

---

① 顾炎武：《天下郡国利病书》第二十八册，《广东中·抚处濠镜澳夷疏（庞尚鹏）》，四库全书存目丛书本。

② ［明］田生金：《按粤疏稿》卷三《条陈海防疏》，收入中国第一历史档案馆、澳门基金会、暨南大学古籍研究所合编：《明清时期澳门问题档案文献汇编》第五册，人民出版社1999年版，第309页。

州县之捕盗、军屯，防卫民社，驻扎省城，距嚣三百余里，恐鞭长不及，难以兼摄也。①

明代海防同知的设立"主要是加强对澳门的管理……海防同知除负责澳门水陆两路的稽察工作外，还要协助管理澳门的税务工作"。②据万历《广东通志》记载，"隆庆间，始议抽银，檄委海防同知、市舶提举及香山正官，三面往同丈量估验"。③后来海防同知还兼理市舶事务，清朝初年，由于此一职位已经裁撤，在李士桢看来，以澳门地位的重要性来说，应该在此地设立专官掌管稽查征税事宜，而依照明代之例，这"稽查税务，兼理海防"的职任正是由海防同知来完成的。雍正八年（1730），署广东巡抚傅泰在巡视澳门后，鉴于前山寨只有香山协都司、守备驻扎防守，而其地"系西洋人及内地之人往来隘口，关系紧要，距县甚遥，其在澳贸易民人或有作奸走漏等弊，武员止司防守，不能弹压"的状况，建议在此处添设同知或通判一员，"与武职协同稽察，遇有争殴、偷窃、漏税、赌博等事，便可就近发落，而文武互相牵制，其巡查亦必倍加勤慎"。④经过与新任两广总督郝玉麟斟酌筹划，由于郝玉麟并不赞同在前山寨添设同知或通判，⑤数日之后，督抚二人再次上疏朝廷，针对澳门"离县城一百二十余里，地居滨海，汉彝杂处，县令远难兼顾，虽附近前山、关闸设有都司、千把驻守，但武员不便管理民事"的情况，奏请"添设香山县县丞一员，驻扎前山寨城，就近点查澳内居民保甲，稽查奸匪，盘验船

① 李士桢：《抚粤政略》卷二《澳门关闸请设专官管辖疏》，收入中国第一历史档案馆、澳门基金会、暨南大学古籍研究所合编：《明清时期澳门问题档案文献汇编》第六册，人民出版社1999年版，第336—337页。

② 汤开建：《明朝在澳门设立的有关职官考证》，载《澳门开埠初期史研究》，中华书局1999年版，第185页。

③ ［明］郭棐：万历《广东通志》卷六九《外志三·番夷》，四库全书存目丛书本。

④ 中国第一历史档案馆编：《雍正朝汉文朱批奏折汇编》第18册，江苏古籍出版社1991年版，第202页。

⑤ 费成康：《澳门：葡萄牙人逐步占领的历史回顾》，上海社会科学院出版社2004年版，第98页。

只"①。经清政府允准，香山县丞于次年入驻前山。至于此时朝廷没有在前山寨添设同知或通判而只是设立一员正八品的县丞的具体原因，史书中并未见有记载，大概雍正时期澳葡尚属恭顺，在清朝统治者和广东大吏看来，一员小小的县丞就足以制服澳夷并承担起就近管理居澳民蕃事务的责任。对于此一结果，最初就曾倡议在前山寨增设文官的广东布政使王士俊并不满意。在香山县丞进驻前山的同年，念及香山县丞"究属官职卑微，不能整饬"，他再次提出增设海防同知的建议，"似应仍于澳地添设海防同知一员，凡洋船在澳出口，责令该同知稽查夹带，以严中外。"②

直至乾隆七年（1742）七月，随着澳门形势的日益复杂，广东按察使潘思榘又向朝廷建议，仿照在广东设理瑶抚黎同知之例，移驻府佐一员，"专理澳夷事务，兼管督捕海防，宣布朝廷之德意，申明国家之典章，凡驻澳民夷，编查有法，洋船出入，盘验以时，遇有奸匪窜匿唆诱、民夷斗争盗窃，及贩买人口、私运禁物等事，悉归查察办理、通报查核"。③八年（1743）八月，广州将军、署两广总督策楞也上疏朝廷，鉴于澳门为"夷人聚居之地，海洋出入，防范不可不周。……惟洋船出口进口之时，稽查盘诘，文员未有专属……现驻县丞一员，实不足以弹压"④的状况，同时"添设官吏，未免又增经费"，于是奏请将广东肇庆府同知移驻前山寨，"专司海防，查验出口、进口海船，兼管在澳民蕃"。⑤根据此一建议，清廷将肇庆府同知改为澳门海防军民同知，移驻前山寨，而香山县丞则进驻澳门望厦村，成为澳门同知的下属。

① 中国第一历史档案馆编：《雍正朝汉文朱批奏折汇编》第18册，江苏古籍出版社1991年版，第307页。
② 中国第一历史档案馆编：《雍正朝汉文朱批奏折汇编》第20册，江苏古籍出版社1991年版，第336页。
③ 印光任、张汝霖著，赵春晨校注：《澳门记略校注》上卷《官守篇》，澳门文化司署1992年版，第75页。
④ 中国第一历史档案馆、澳门基金会、暨南大学古籍研究所合编：《明清时期澳门问题档案文献汇编》第一册，人民出版社1999年版，第196—197页。
⑤ 印光任、张汝霖著，赵春晨校注：《澳门记略校注》上卷《官守篇》，澳门文化司署1992年版，第76页。

澳门同知的管辖范围包括首邑番禺，支邑东莞、顺德、香山三县。"广州府为边海要地，各属捕务向系佛山同知及广粮通判兼辖。今府属香山县之前山寨，添驻海防同知，所有香山、顺德、东莞、番禺等四县，均属相连，其捕务应改归海防同知就近管理。"①他可以设置独立的衙署，拥有专门的印信，"谨拟为'广州府海防同知关防'字样"，②同时还配有一定的兵力，"增设左右哨把总，马步兵凡一百名，桨橹哨船四舵，马十骑，于香、虎二协改拨，别为海防营，直隶督标。……一切香、虎各营春秋巡洋，及轮防老万山官兵沿海汛守机宜，皆得关白办理"。③"给与把总二员、兵丁一百名，统于香山、虎门两协内各半抽拨，并酌拨哨桨船只，以资巡缉之用。"④

乾隆十三年（1748），两广总督策楞的奏请得到朝廷允准，"嗣后澳内地方，以同知、县丞为专管，广州府香山县为兼辖。其进口出口与内洋事件，则以专守汛口与驾船巡哨之把总为专管，同知为兼辖。至番、东、顺、香四县捕务，仍令该同知照旧兼辖"。⑤

由于澳门同知有防海抚夷之责，其缺甚为紧要，必须是熟悉当地情势之人才可以胜任，为此，清政府还特意将该职位由部选之缺改为要缺，"嗣后缺出，令该督抚于现任属员内拣选调补。……所有在澳民夷一切词讼，责令移驻县丞稽查，仍详报该同知办理"。⑥澳门同知肩负全面管理澳门之职，责任重大，因而清朝政府对担任此项职位的官员，要求也比较严格。乾隆年间署任香山知县的张甄陶在其《制驭澳夷论》一文中，曾对

① 《清高宗实录》卷二四四，乾隆十年（1745）七月辛未。
② 中国第一历史档案馆、澳门基金会、暨南大学古籍研究所合编：《明清时期澳门问题档案文献汇编》第一册，人民出版社1999年版，第197页。
③ 印光任、张汝霖著，赵春晨校注：《澳门记略校注》上卷《官守篇》，澳门文化司署1992年版，第74页。
④ 中国第一历史档案馆、澳门基金会、暨南大学古籍研究所合编：《明清时期澳门问题档案文献汇编》第一册，人民出版社1999年版，第197页。
⑤ 《清高宗实录》卷三一七，乾隆十三年（1748）六月己卯。
⑥ 印光任、张汝霖著，赵春晨校注：《澳门记略校注》上卷《官守篇》，澳门文化司署1992年版，第76页。

澳门同知管治不力的状况予以揭示，从侧面反映出澳门同知职任的重要和清政府对澳门管治的愈加重视。"澳门设有海防同知，专司弹压番夷，规制颇为郑重，其实事权不属，夷性桀骜如初。且未设此官之前，该地离香城窎远，一切小事可已，夷汉各不生心。自设此官，专司澳务，其内地之法，不得行于夷；夷人之事皆得责于我，转滋多事。又其驻扎衙门在前山寨内，离澳地十三里，凡事不闻不见，不过委之驻澳县丞，此官几于虚设。虽有标兵一百，把总二员，稽查夷船出入。其实夷船皆由关部稽查，同知兵役从不登船查验，不过照依关部禀报具文而已。"有鉴于此，他建议"将税关委员改用同知料理，则一切番舶出入，皆听同知之稽查，而一切情形，无不了于同知之意内，而又视其欲恶为之调剂，则其心弥复归向"。①

乾隆二十五年（1760），两广总督李侍尧在参劾澳门同知许良臣怠玩公务、请予革职的题本中明确指出，"窃照广州府海防同知，分驻附近澳门之前山寨地方，专司海防，稽查出入洋艘，管理民夷事件，兼理香山等四县捕务，且统辖海防营，有训练弁兵之责，务在精明强干，实心任事，斯无忝于厥任，不致贻误地方"。②许良臣因玩忽职守、不能实心任事，以致贻误海防要务被参奏，说明澳门同知在管治澳门的过程中负有全面而重要的责任，因而在澳门同知的人选上，朝廷向来是比较慎重的。"广州府海防同知为全省咽喉，民番杂处之区，抚辑商夷，巡缉透漏等事，全在得人，始于要地有裨。"③

应该说，澳门同知虽然隶属于广州府，但自其设立之日起，就拥有远比其他同知更为重要而特殊的权柄，从其职权范围来看，真正称得上是

---

① 张甄陶：《制驭澳夷论》，《小方壶斋舆地丛钞》第九帙。

② 中国第一历史档案馆、澳门基金会、暨南大学古籍研究所合编：《明清时期澳门问题档案文献汇编》第一册，人民出版社1999年版，第345页。

③ 中国第一历史档案馆、澳门基金会、暨南大学古籍研究所合编：《明清时期澳门问题档案文献汇编》第一册，乾隆二十六年五月十五日（1761年6月17日），《广东巡抚托恩多题请由图尔兵阿升署广州府海防同知等情本》，人民出版社1999年版，第353页。

"体貌崇而厥任綦巨"①。

二、澳门同知行使管治权的具体情况

澳门同知的管治范围非常广泛，"集澳门行政、司法、军事、海关管理事务于一身，为专设的管理澳门官吏。"②

（一）制订法令条例

乾隆九年（1744），首任同知印光任订立《管理番舶及澳夷章程》七条，除第六条外，其余六条均涉及澳门同知的职任。该章程规定所有洋船到岸或开行，必须申报海防同知衙门，听候盘验；"澳内民夷杂处，致有奸民潜入其教，并违犯禁令之人窜匿潜藏，宜设法查禁，听海防衙门出示晓谕"；澳门夷目如有呈禀，应由香山县丞申报海防衙门，据词通禀；葡人在澳修造船只，采买钉铁、木石各料及雇用匠作人等，必须将船身丈尺数目、船匠姓名及所需物料数额呈报海防衙门；海防同知衙门"派拨弁兵，弹压蕃商，稽查奸匪，所有海防机宜，均应与各协营一体联络，相度缓急，会同办理"等等。③乾隆十四年（1749），澳门同知张汝霖与香山知县暴煜订立《澳夷善后事宜条议》十二条。该条议规定，从前犯案匪类，一概解回原籍安插；在澳船艇确查造册，不许私泊他处；澳夷违犯中国法律、罪应斩绞者，于相验时讯供确切，详加复核，情罪允当，即由中国地方官会同澳葡夷目，在澳处决，罪应流徒杖笞者，由夷目羁禁收保、照拟发落；犯有私擅凌虐、贩卖子女及窝藏匪类等罪行的华夷人等，依照中国法律讯明定拟；澳夷房屋、庙宇，"嗣后止许修葺坏烂，不得于旧有之外添建一椽一石，违者以违制律论罪"；澳夷不许擅自出澳，并不得在澳设

---

① 印光任、张汝霖著，赵春晨校注：《澳门记略校注》上卷《官守篇》，澳门文化司署1992年版，第74页。

② 万明：《中葡早期关系史》，社会科学文献出版社2001年版，第237页。

③ 印光任、张汝霖著，赵春晨校注：《澳门记略校注》上卷《官守篇》，澳门文化司署1992年版，第78—80页。

教传教和引诱华人入教等。①由印光任、张汝霖两位同知等制订的规章条例，确立了澳门同知的职权范围，在较长时期内成为清朝政府管治澳门的制度依据。

《清代澳门中文档案汇编》第826、827件，是道光六年二月（1826年3月），澳门同知冯晋恩在上任伊始，为维持澳门治安特制定的禁约及为此而下发澳葡理事官的谕令。禁约共有八条，内容包括澳内民夷当以彼此相安为主，不可轻起衅端；在澳铺户及小贩生理者，当与夷人公平交易，不可高抬市价；查澳兵役加意防范，缉匪安良；在澳民夷，无论居家开铺，均须早作夜息，不准深夜游荡；澳中地保街老，当协同兵役，留心查访滋事民人及唆讼地棍，解赴地方官，从严惩治；民人、夷人往来街市，均须照常安业，不可执持凶器，致有争狠，违者查究等等。②此项禁约着眼于澳内民夷日常事务，规范了民夷日常行为，维护了民夷之间的正常交往。

（二）行使各项管治权

澳门同知管理澳门贸易事务，负责洋船出入的稽查、登记，船只的修造及引水、买办的派拨与聘用等事宜。《管理番舶及澳夷章程》中第一、二条规定均与承充引水之人有关："洋船到日，海防衙门拨给引水之人，引入虎门，湾泊黄埔。一经投行，即着行主、通事报明。至货齐回船时，亦令将某日开行预报，听候盘验出口。如有违禁夹带，查明详究。"③外国商船要进入广州黄埔，须在澳门附近停泊，由海防同知衙门拨给引水之人，"至期出口等候，限每船给引水二名，一上船引入，一星驰禀报县丞，申报海防衙门，据文通报，并移行虎门协及南海、番禺，一体稽查防

---

① 印光任、张汝霖著，赵春晨校注：《澳门记略校注》上卷《官守篇》，澳门文化司署1992年版，第92—94页。

② 刘芳辑，章文钦校：《清代澳门中文档案汇编》上册，澳门基金会1999年版，第424—425页。

③ 印光任、张汝霖著，赵春晨校注：《澳门记略校注》上卷《官守篇》，澳门文化司署1992年版，第78页。

范。"①对买办的管理之权亦属澳门同知所有，据《粤海关志》载，"所有夷商买办之人，由澳门同知选择，取具保结承充，给予印照。在澳门者，由该同知稽查，在黄埔者，即由番禺县就近稽查。如代买违禁货物及勾通代雇民人服役，查出治罪，失察地方官查参"。②

嘉庆十四年（1809），两广总督百龄等人订立的《民夷交易章程》中，重申了澳门同知对引水、买办的管理。"夷船引水人等，宜责令澳门同知给发牌照也。……嗣后夷船到口，即令引水先报澳门同知，给予印照，注明引水船户姓名，由守口营弁验照放行，仍将印照移回同知衙门缴销。……嗣后夷商买办，应令澳门同知就近选择土著殷实之人，取具族长保邻切结，始准承充，给与腰牌印照。"③道光十五年（1835），两广总督卢坤等人制订《防范外夷增易规条》，再次重申了"夷船引水、买办由澳门同知给发牌照，不准私雇"④的规定。

由于澳门同知拥有管理澳门额船的职能，如额船坏烂需要修补，经船主禀请理事官具报，也要由澳门同知衙门发给牌照，经香山县丞转给后，才可以采买油铁物料。

澳内修复闸门、炮台及围墙等地，必须禀明澳门同知批准后才能兴修。据《清代澳门中文档案汇编》第39件，嘉庆三年八月初十日（1798年9月19日），《香山县丞吴兆晋为禀请修复沙环仔等处闸门事下理事官谕》，在澳葡理事官提出修复澳内沙环仔、大井头小闸门的请求后，吴兆晋做出谕示，"查修复该处闸门，必须禀明军民府宪允准，方能兴修。本分县难以专主，是以致稽时日。先据该夷目具禀，业经据情禀奉批示，谕

① 印光任、张汝霖著，赵春晨校注：《澳门记略校注》上卷《官守篇》，澳门文化司署1992年版，第79页。
② ［清］梁廷楠辑：《粤海关志》卷十七《禁令一》，台北成文出版社1968年版，第1206页。
③ ［清］梁廷楠辑：《粤海关志》卷二十八《夷商三》，台北成文出版社1968年版，第2028—2030页。
④ 《清宣宗实录》卷二六四，道光十五年（1835）三月癸酉。

饬遵照在案"。①该谕令明确昭示出澳门同知与香山县丞之间的职权分工，印证了"所有在澳民夷一切词讼，责令移驻县丞稽查，仍详报该同知办理"的规定。

严格限制澳门葡人的居住范围、防止澳葡擅自扩大居留地面积，清查澳内蕃户丁口、控制澳门城市规模，是澳门同知的重要职任。嘉庆十三年（1808）正月，署澳门同知熊邦翰下谕理事官，对澳夷于澳内山水园地方私自建造房屋的违例行为严加斥责，"兹山水园白地私造房屋，实属违例。合亟谕查，谕到该夷目，即便遵照，立即查明山水园白地是何夷人私造房屋？因何违例私筑？从速确查明白，禀复本分府，以凭核办。"②

十四年（1809）正月，熊邦翰又下谕理事官，要求查明澳内蕃户丁口、炮位、蕃兵及各国蕃商名数，以凭察核转报。"谕到该夷目，即便遵照，刻日查明澳内夷人男妇若干名口？黑奴若干名？统计烟户共若干？炮台六处，每处安炮若干？铜炮若干？铁炮若干？每炮大者若干斤？小者若干斤？每炮台配兵若干〔名〕？防守澳内兵若干？统计通澳夷兵共若干名？又红毛夷人住澳共若干名？限二日内逐一查明，分晰禀复，毋稍稽延干咎。"③

《清代澳门中文档案汇编》第579件，是嘉庆十八年十二月二十八日（1814年1月19日），《署澳门同知李沄为复禀追育婴庙被窃银器事行理事官札》，因育婴庙被贼匪入内偷去银器，澳门同知札饬理事官。"仰候饬香山县查勘，勒限严缉具报在案。除行香山县查勘勒缉，并行驻澳县丞，饬差严密查缉，务获本案赃贼究办外，合行札知。札到该夷目，即便遵照。毋违。特札。"④案件由香山县地方官员办理，由县丞具体负责，而

---

① 刘芳辑，章文钦校：《清代澳门中文档案汇编》上册，澳门基金会1999年版，第24页。

② 刘芳辑，章文钦校：《清代澳门中文档案汇编》上册，第75件，澳门基金会1999年版，第49页。

③ 刘芳辑，章文钦校：《清代澳门中文档案汇编》上册，第25件，澳门基金会1999年版，第16页。

④ 刘芳辑，章文钦校：《清代澳门中文档案汇编》上册，澳门基金会1999年版，第317页。

澳葡所能做的只是"即便遵照",通过这条澳门同知行使司法管治权的札令,进一步体现出澳门同知事权之重。

嘉庆十二年(1807),澳葡理事官向广东地方政府提出添建房屋、添设额船、上省置货、协力捕盗等要求,被澳门同知王衷驳回。同时澳葡又要求严惩澳关违例征税;禁止盐船驶入澳港内;拆毁关前、草堆各处篷寮,设立摆卖墟亭为贩卖之所等,王衷也一一予以答复。[①]十七年(1812)五月,理事官又禀请澳门同知马滮,声称澳葡兵头拟欲添拨夷兵,巡逻街道,而"澳有夷兵巡守,壮丁、差役尽可省裁",为此,马滮札饬澳葡,"查澳门滨(濒)临海洋,民夷杂处,巡缉地方,系该县丞专责,该夷目何得以自有夷兵,即请将丁役裁去,且夷兵只可稽查夷人,其内地民人非夷兵所得稽查。据请裁省丁役之处,殊属错误"。[②]面对葡萄牙人提出的种种无理要求,澳门同知遵照向例、认真处理,没有给澳葡任何扩大自治权的机会,为有效维护中国政府在澳门的管治权做出了积极的努力。

拥有防海抚夷之责的澳门同知,全面而具体地处理居澳民蕃事务,对澳门各类案件的审理、对天主教传教活动的禁限、对外商往来澳门事务的处理以及对澳门的军事防御等各项事宜,均在其职权范围之内,同时由于事权较重,得以制订一系列规范澳门管理的规章条例,并在许多事务的处理上拥有一定决策权,从而保证了中国政府对澳门管治权的充分行使。

1849年之后,随着清朝政府丧失对澳门的管治权,澳门同知的职权范围与之前相比大为缩减,但是仍然身处中葡交涉的前线,以"前山同知"的身份,肩负起防止澳葡随意扩界的职能。光绪十三年(1887),时任两广总督的张之洞就曾对前山同知提出明确要求。"澳门一带,罕有官吏亲到,于是澳门侨居之葡人,逐渐侵占三巴门等处围墙界外之地,开马路,筑炮台,勒收旺厦等七村地租、灯费,并越占隔水之潭仔、过路环各村岛,勒收渔栏规费,该处民人或勉应诛求,或力与抗拒,或移徙他处,无

① 刘芳辑,章文钦校:《清代澳门中文档案汇编》上册,第819件,澳门基金会1999年版,第415—416页。
② 刘芳辑,章文钦校:《清代澳门中文档案汇编》上册,第848件,澳门基金会1999年版,第434页。

非距省太远，官民阔疏，无从控朔之故。现在葡人议立新约，先清界址。该处距香山县城较远，该同知责职尤重，亟应责成该同知修明职守，抚绥巡查，不得无故进省，亦不得安坐衙斋，并会同香山县前山都司，将保甲、团练、水陆捕盗缉私，及一切应办事宜认真整顿，务期镇静周密，以系民情，而杜隐患。"①

清代澳门同知的设立，体现出清政府对澳门管理的越发重视，是加强对澳管治权的重要举措。可以说，在澳门同知进驻前山、香山县丞进驻澳门望厦以后，清政府对澳门的管理体制已渐趋完善，先是由澳关委员、前山将领、香山县丞及香山知县、澳门同知共同构成在贸易、军事、行政、司法、宗教等各方面具体处理澳门事务的管理体制，再至粤海关监督、广州知府、广东巡抚及两广总督等，形成广东地方政府在各个方面对澳门的管辖层次，遇有重大事件，广东督抚还应上报朝廷，根据朝廷旨令进行处置，这样的管理体制为充分确保清朝政府在澳门的管治权，发挥了重要作用。

除此之外，广东地方官员还经常到澳门巡视，遇有要事还会亲至澳门处理。"各省封疆大吏，守土是其专责，遇有关涉外夷之事，尤当立时亲往勘办，务臻妥协，方为无忝厥职。"②同时，朝廷也会经常派出官员巡阅澳门，宣布朝廷恩威、传达政府法令，代表中央政府在澳门行使监管核查的职能。而每当清朝官员赴澳巡阅，澳葡当局均会以恭敬的态度和隆重的仪式予以接待。"凡天朝官如澳，判事官以降皆迎于三巴门外，三巴炮台燃大炮，蕃兵肃队，一人鸣鼓，一人飐旗，队长为帕首靴裤状，舞枪前导，及送亦如之。入谒则左右列坐。如登炮台，则蕃兵毕陈，吹角演阵，犒之牛酒。其燃炮率以三或五发、七发，致敬也。"③直到道光十九年（1839）七月，即鸦片战争爆发前夕，钦差大臣林则徐还亲往澳门巡阅，

① 《澳门专档》第1辑，光绪十三年八月二十二日（1887年10月8日），《两广总督张之洞等为饬修明职守抚绥巡查事致前山同知萧丙堃札文》。

② 《清仁宗实录》卷二一〇，嘉庆十四年（1809）四月戊午。

③ 印光任、张汝霖著，赵春晨校注：《澳门记略校注》下卷《澳蕃篇》，澳门文化司署1992年版，第153页。

会见澳葡官员，点查澳内华夷户口。凡此种种，均说明清政府一直以来对居澳葡人的严格监管和对澳门问题的特别重视，亦说明在澳门这块天朝国土之上，清政府是可以持续有效行使管治权的。

对外贸易在澳门经济中居于重要地位。清代的澳门，与明朝时一样，仍然是东西方国家国际贸易的重要中转港，而且一直纳入以广州为中心的中国对外贸易的海关管理体系之中。[①]1849年以前，中国政府一直在澳门充分行使海关主权和管理权。粤海关建立后，清朝政府在贸易方面对澳门的管治更加强化，而乾隆年间澳门海防军民同知设立之后，职司海防，加之香山县丞移驻澳门，使得清朝政府在澳门海关的管理体系更加严密。澳门正税总口是仅次于虎门的第二大关税舶口，在粤海关中占有特殊而重要的地位。《粤海关志》中说："自海禁既开，帆樯鳞集，瞻星戴斗，咸望虎门而来，是口岸以虎门为最重，而濠镜一澳，杂处诸番，百货流通，定则征税，故澳门次之。"[②]

清朝建立之初，沿袭明代约束与防范澳门葡萄牙人的政策，限制澳葡从事对外贸易的活动。顺治初年，两广总督佟养甲建议仍旧准许葡萄牙"番舶通市"，经户部议复并上报朝廷批准，澳葡对外贸易得以恢复，只是仍在一定程度上受到限制，即禁止葡人进入广州贸易。据《清世祖实录》记载，顺治四年（1647）八月，"户部议复两广总督佟养甲疏言，

---

①　黄启臣：《16—19世纪中叶中国政府对澳门海关的管理》，《文化杂志》第34期，1998年春季中文版，澳门文化司署出版，第54—55页。

②　[清]梁廷枏辑：《粤海关志》卷五《口岸一》，台北成文出版社1968年版，第215页。

佛朗西国人寓居濠镜澳，以其携来番岛货物与粤商互市，盖已有年，后深入省会，至于激变，遂行禁止。今督臣以通商裕国为请，然前事可鉴，应仍照故明崇祯十三年禁其入省之例，止令商人载货下澳贸易可也。"①于是"自后每岁通市不绝，惟禁入省会"。②

---

①　《清世祖实录》卷三三，顺治四年（1647）八月丁丑。

②　［清］王之春撰，赵春晨点校：《清朝柔远记》卷一，中华书局1989年版，第8页。

清初迁海与南洋之禁

　　清朝初年，为切断郑成功反清势力与内地的联系，有效打击郑成功领导的海上抗清力量，清朝政府先后数次颁行禁海令，并在顺治末年、康熙朝初期强制施行了迁海政策，[①]凡有商民船只私行出海或与海外擅自贸易的，均将受到严厉处置。

　　顺治十二年（1655）六月，浙闽总督屯泰"沿海省分（份），应立严禁，无许片帆入海，违者立置重典"[②]的建议，得到顺治帝批准。次年，顺治即下令"各该督抚镇，着申饬沿海一带文武各官，严禁商民船只，私自出海。有将一切粮食货物等项，与逆贼贸易者，或地方官察出，或被人告发，即将贸易之人，不论官民，俱行奏闻正法，货物入官。本犯家产，尽给告发之人。其该管地方文武各官，不行盘诘擒缉，皆革职，从重治罪。地方保甲，通同容隐，不行举首，皆论死"[③]。

　　但是顺治十三年（1656）的迁海禁令并没有取得预期的效果，所以在顺治十八年（1661），朝廷再次下谕，重申禁令，要求"将山东、江、浙、闽、广海滨居民尽迁于内地，设界防守，片板不许下水，粒货不许越疆"[④]，于是年开始强制推行残酷的迁海政策，将沿海地区人民内迁。正如

---

　　① 据《清圣祖实录》卷四，顺治十八年（1661）八月己未条，"前因江南、浙江、福建、广东濒海地方逼近贼巢，海逆不时侵犯，以致生民不获宁宇，故尽令迁移内地"，可见，清初迁海还有防止海盗劫掠的目的在其中，但从根本而言，打击郑成功反清势力、巩固清朝的统治是其最终的目的。

　　② 《清世祖实录》卷九二，顺治十二年（1655）六月壬申。

　　③ 《清世祖实录》卷一〇二，顺治十三年（1656）六月癸巳。

　　④ 夏琳：《闽海纪要》卷上，台湾大通书局1987年版，第28页。

《清朝柔远记》中所载，"（顺治十八年），诏沿海居民三十里界外尽徙内地，禁渔舟、商舟出海，以杜勾通"①。

迁海政策的实行，不仅给沿海地区人民的生活带来巨大的破坏，致使大量沿海居民生计日蹙、流离失所，就像蓝鼎元在其《鹿洲初集》中所说，"既禁以后，百货不通，民生日蹙，居者苦艺能之罔用，行者叹致远之无方，故有以四五千金所造之洋艘，系维朽蠹于断港荒岸之间。……一船之敝，废中人数百家之产，其惨目伤心，可胜道耶。沿海居民，萧索岑寂、穷困不聊之状，皆因洋禁。其深知水性、惯熟船务之舵工、水手，不能肩担背负，以博一朝之食，或走险海中，为贼驾船，图目前糊口之计。其游手无赖，更靡所之，群趋台湾，或为犯乱。……今禁南洋，有害而无利，但能使沿海居民，富者贫，贫者困，驱工商为游手，驱游手为盗贼耳"②。而且对清政府的对外贸易、财政收入也有相当程度的影响。"自一禁海之后，而此等银钱，绝迹不见一文，即此而言，是塞财源之明验也，可知未禁之日，岁进若干之银，既禁之后，岁减若干之利，揆此二十年来，所坐弃之金钱，不可以亿万计，真重可惜也。"③

清廷颁行迁海令，作为天朝国土的澳门，因地属香山，理应在内迁之列，然而，澳门最终却得以免迁。徐萨斯认为，澳门免于迁徙，是在清廷供职的汤若望等传教士向清政府多方斡旋的结果。"他们要求葡萄牙人也要遵守禁海令，假如不是一个名叫汤若望（Jeam Adam Schall von Bell）的耶稣会教士的说情，澳门是很难幸免于难的。"④周景濂在《中葡外交史》一书中也说："迁海令实行之结果，沿海居民，生计大受打击……惟澳门既藉汤若望之斡旋，得免于迁徙之苦，又因葡商之多方贿赂，贸易仍得照

---

① ［清］王之春撰，赵春晨点校：《清朝柔远记》卷一，中华书局1989年版，第15页。

② 蓝鼎元：《鹿洲初集》卷三《论南洋事宜书》，台北文海出版社1977年版，第3—4页。

③ 贺长龄辑：《皇朝经世文编》卷二十六《请开海禁疏（慕天颜）》，台北文海出版社1972年版。

④ 徐萨斯著，黄鸿钊、李保平译：《历史上的澳门》，澳门基金会2000年版，第78页。

常进行，故其所蒙之影响，亦较其他沿海各省为轻也。"①以汤若望当时在朝廷的声望和在康熙帝心目中的地位，澳门葡萄牙人委托他在皇帝面前说情以使澳门免于迁徙的说法，也是较为合理的。但是，在当时的情形下，这并不是澳门得以免迁的唯一原因。

从尹源进的《平南王元功垂范》一书中，可以找到对这一问题进一步的解释。

康熙元年，王（尚可喜——引注）勘界至香山濠镜噢，公议以前山界闸口为边，置噢彝于界外。王以为既奉泛海之禁，则噢彝之船不许出海贸易；界内之米，不敢私运出边。内地既不便安插，彼不知耕种，又别无营运，是坐而待毙也。恐非朝廷柔远至意。乃与将军督抚会题请命。

论曰：彝亦人也，居吾之地，亦吾民也，岂无罪而置之死地哉。天无不覆，地无不载。朝廷之体，不宜自小于天地。则王之为噢彝请命，亦不第为噢彝计也。②

而时任广东巡抚的王来任在其奏疏中也提到："香山外原有澳彝，以其言语难晓，不可耕种，内地既无聚扎之地，况驻香山数百年，迁之更难，昨已奉命免迁矣。"③可见，澳门免于内迁，也是源自平南王尚可喜及广东地方官员等人的奏请，考虑到澳葡言语不通，又不懂耕种，倘若迁至内地，无处安插，只能是坐以待毙，再加上尚可喜等人试图借澳门特殊的地理环境大肆发展其海上走私贸易，因而也会极力上奏以确保澳门免于迁徙。所以，正是因为对澳葡的怜悯之心加之传教士的斡旋之功、葡人对广东地方官员的巨额贿赂④以及地方官员的极力奏请，澳门最终得免于内迁。

① 周景濂编著：《中葡外交史》，商务印书馆1991年影印本，第124页。
② ［清］尹源进：《平南王元功垂范》卷下《请定噢彝去留》，收入中国第一历史档案馆、澳门基金会、暨南大学古籍研究所合编：《明清时期澳门问题档案文献汇编》第六册，人民出版社1999年版，第583—584页。
③ ［清］江日昇：《台湾外记》卷六，福建人民出版社1983年版，第202页。
④ 参见汤开建：《康熙初年的澳门迁界及两广总督卢兴祖澳门诈贿案》，《文化杂志》第34期，1998年春季中文版，第73—85页。

澳门虽然得以免迁，但自从迁海政策实行以来，清政府就进一步加强了对澳门及其周围地区的防范。这一时期，除在军事上增加前山驻军、提高领将级别以增强澳门的防御力量外，又将原来经常开放的关闸改为每月开启六次，进而改为每月两次，严格控制运出关闸的粮食，"计口而授"，开关时文武官员一起到场，"会同验收"等等。同时，还像禁止中国居民"片板下水"一样，亦禁止葡人出海贸易。"贸易仍在禁止之例，当时有十艘葡船因违反禁令而被焚毁。"[1]这样严格的措施使得澳门的商业大受打击，无奈之下，澳葡当局只得求助于本国政府，康熙九年（1670）与十七年（1678）葡萄牙人的两次遣使入华，就均与请宽海禁有关。康熙十八年（1679），朝廷下令开放广州与澳门之间的陆路运输贸易，但出洋贸易却仍在禁止之列。据李士桢《请除市舶嶴门旱路税银疏》记载："自康熙元年禁海，嶴门迁置界外，船饷停征。续因西洋国进贡正使本多·白勒拉，见嶴彝禁海困苦，赴部呈控。……（康熙十八年十二月）奉旨依议，旱路准其贸易。其水路贸易，俟灭海贼之日，着该督抚题请。"[2]当然，其时开放对澳门的陆路贸易，并不只是葡国贡使"赴部呈控"的结果，早在康熙七年（1668）时，广东巡抚王来任就在其奏疏中详陈澳葡窘境，建议撤除迁海时为防范澳夷而设于香山横石矶的关闸，以"使其人得贸易于内，以通有无。惟于澳内设兵，防其通海接济，庶民彝可以长活"[3]。而且，清政府准许澳葡陆路贸易，也有靠其增加财政收入的考虑。所以，即使在迁海时期，经康熙帝批准，广东地方政府仍会定期供应澳门所需的柴米蔬果等生活资料。[4]据《康熙起居注》二十二年（1683）八月乙

① 徐萨斯著，黄鸿钊、李保平译：《历史上的澳门》，澳门基金会2000年版，第79页。

② 李士桢：《抚粤政略》卷二《请除市舶嶴门旱路税银疏》，收入中国第一历史档案馆、澳门基金会、暨南大学古籍研究所合编：《明清时期澳门问题档案文献汇编》第六册，人民出版社1999年版，第338页。

③ ［清］江日昇：《台湾外记》卷六，福建人民出版社1983年版，第203页。

④ 据梁廷枏《夷氛闻记》卷一："许买食内地米石，计口而授。月两启放，内货随之，得航出大黄、茶叶如故。转缘禁海得独专其利。"见邵循正点校，中华书局1959年版，第1页。

卯载，当时外国船舶仍可进出于澳门，其载来的货物，亦可由陆路进入前山寨。[①]

康熙二十三年（1684），清政府废除海禁，实行开海贸易，并分别于广东、福建、浙江、江南等地设立粤、闽、浙、江四海关，[②]以征收进出口关税、有效管理海上贸易。在明令开海的第二年，即康熙二十四年（1685），清朝政府就宣布在粤海关下设立澳门总口，下设娘妈阁、南湾、大马头、关闸四个小口，负责对进入澳门的外国商船的稽查、征税事宜。

开海之后，因大量百姓出海贸易，久滞不归，为限制盗米出洋、私贩洋船现象的发生，更为防止汉人在海外聚集对抗清王朝，[③]康熙五十六年（1717），清政府下令禁止东南五省沿海人民往南洋贸易，规定"凡商船照旧东洋贸易外，其南洋吕宋、噶啰吧等处，不许商船前往贸易，于南澳等地方截住，令广东、福建沿海一带水师各营巡查，违禁者严拿治罪。其外国夹板船照旧准来贸易，令地方文武官严加防范。嗣后洋船初造时，报明海关监督，地方官亲验印烙，取船户甘结，并将船只丈尺、客商姓名、货物往某处贸易，填给船单，令沿海口岸文武官照单严查，按月册报督抚存案。每日各人准带食米一升并余米一升，以防风阻。如有越额之米，

---

① 中国第一历史档案馆整理：《康熙起居注》第二册，中华书局1984年版，第1048页。

② 康熙年间开放海禁时设立四海关的地点，据王之春《清朝柔远记》卷二："设粤海、闽海、浙海、江海榷关四，于广州之澳门、福建之漳州、浙江之宁波府、江南之云台山，署吏以莅之。"（第36页）。夏燮《中西纪事》卷三《互市档案》："设榷关四，在于粤东之澳门、福建之漳州府、浙江之宁波府、江南之云台山。"（岳麓书社1988年版，第40页）。王士禛《北归志》："江南驻松江，浙江驻宁波，福建驻泉州，广东驻广州。"（首都图书馆藏清康熙刻本）。梁廷枏《夷氛闻记》卷一："南洋开禁，置江、浙、闽、粤四海关。江之云台山，浙之宁波，闽之厦门，粤之黄埔，并为市地，各设监督，司榷政。"（中华书局1959年版，第1页）。各处记载略有出入。

③ 据《清圣祖实录》卷二七〇，康熙五十五年十月壬子条："海外有吕宋、噶喇吧等处，常留汉人，自明代以来有之，此即海贼之薮也。""海外如西洋等国，千百年后，中国恐受其累，此朕逆料之言。"

查出入官，船户、商人一并治罪。至于小船偷载米粮，剥运大船者，严拿治罪。如将船卖与外国者，造船与卖船之人皆立斩。所去之人留在外国，将知情同去之人枷号三月。该督行文外国，将留下之人令其解回立斩。沿海文武官，如遇私卖船只、多带米粮、偷越禁地等事，隐匿不报，从重治罪"①。此项禁令本是针对中国商船，外国商船只并不在此限，但澳门是"天朝地界"，属清政府管辖，所以居澳葡人理应在禁例之内。同年，广东地方政府传令澳葡当局："澳门船只可以在帝国五省和东部海域航行及贸易，但禁止其在南部海域航行"②。获此禁令，澳葡大为惊恐，立即派代表至广州请愿，后因得耶稣会士李若瑟（Joseph Pereira）多方斡旋，最终成功说服两广总督杨琳。康熙五十七年（1718），杨琳代为向清政府奏请允许葡人前往南洋贸易，经兵部议复，依其所请，"复准澳门夷船往南洋贸易及内地商船往安南贸易，准其行走，不在禁例"③。但同时亦要求"严饬地方文武巡查，如有澳门夷人夹带中国之人，并内地商人，偷往别国贸易者，查出照例治罪。如该管官盘查不实，徇情疏纵，从重治罪"④。这也就是《澳门记略》中所说的"康熙五十六年，禁商船出贸南洋。明年，复以澳夷及红毛诸国非华商可比，听其自往吕宋、噶啰吧，但不得夹带华人，违者治罪"⑤。康熙禁止南洋贸易的真正目的是防止到海外谋生的汉人聚集起来对抗清王朝，而不是存心要切断与南洋的贸易联系，因而，才会依托澳门这个特殊的出海口，以便既能维持与南洋的贸易，又能对进出口船只严加控制。而且，在康熙皇帝看来，能够保留澳门作为对外贸易的通道，特许各国商船仍可出入于澳门，继续维持海外贸易，也是符合清朝政府的根本利益的。

---

① 《清圣祖实录》卷二七一，康熙五十六年（1717）正月庚辰。
② 施白蒂：《澳门编年史》，澳门基金会1995年版，第92页，转引自陈文源：《清中期澳门贸易额船问题》，载《中国经济史研究》2003年第4期，第112页。
③ ［清］卢坤等：《广东海防汇览》卷三七《方略二六·驭夷二》，清道光刊本。
④ 《清圣祖实录》卷二七七，康熙五十七年（1718）二月戊戌。
⑤ 印光任、张汝霖著，赵春晨校注：《澳门记略校注》上卷《官守篇》，澳门文化司署1992年版，第72页。

　　禁通南洋之后，得到朝廷特殊优待的澳门，可以不受出海贸易的限制，"因系夷人不禁，独占其利"①，"澳门西洋人非贸易无以资生，不在禁内，独占贩洋之利"②。一时之间，澳门垄断了中国与南洋国家之间的转口贸易，加之清政府对澳葡采取的优惠税收政策，使得其对外贸易又重新活跃起来。"由澳门至马尼拉及巴达维亚之船只，出入频繁，澳门关税达二万两。澳门市贸既盛，人口之日增，自在意中。"③但是，也正因为如此，广东地方政府加强了对澳门的管理和巡查。雍正初年梁文科"宜设一弁员在澳门弹压"和孔毓珣"请定澳门夷船额数"的奏请就是在此背景下出现的。

---

　　①　[清]王之春撰，赵春晨点校：《清朝柔远记》卷三，中华书局1989年版，第58页。

　　②　中国第一历史档案馆编：《雍正朝汉文朱批奏折汇编》第3册，江苏古籍出版社1991年版，第905页。

　　③　周景濂编著：《中葡外交史》，商务印书馆1991年影印本，第137页。

第二节

对澳葡贸易额船的管理

雍正二年（1724），通政司右通政梁文科上疏朝廷，请求在军事上增强澳门一地的防御力量。"查香山县澳门地方，明季嘉靖间租与红毛居住，屡年来户口日增，居心未必善良，不可不严加防范，以杜隐忧。今宜设一弁员在澳门弹压，凡外洋人往来贸易，不许久留，并不许内地奸民勾通为匪，则地方安静，庶不致有意外之虞。"①两广总督孔毓珣经细访筹计，认为澳门的防御体系已较完备，因而无需另行安设，只是康熙年间实行南洋之禁以后，在中国商船无法至南洋贸易的情况下，澳葡得以独占贩洋之利，大量添造商船。而且葡人还常常利用其在贸易上享有的优惠待遇，将悬挂葡国国旗的商船出租给别国运货，或者亲自驾驶本国商船，为别国运货入口，偷漏税金，谋取私利。为此，明令禁止再带外国之人容留居住，无故来澳门之人，令其随船离去，不许居留，以对澳门人口数量进行控制。是年，孔毓珣专门上《酌陈澳门等事疏》，奏请将澳门船只限定为二十五艘，不许擅自添置，并建议将这些船只"令地方官编列字号，刊刻印烙，各给验票一张，将船户、舵工、水手及商贩夷人、该管头目姓名，俱逐一填注票内，出口之时于沿海该管营汛验明挂号，申报督抚存案。如有夹带违禁货物，并将中国人偷载出洋者，一经查出，将该管头目、商贩夷人并船户舵水人等，俱照通贼之例治罪。若地方官不实力盘查，徇情疏纵，事发之日俱照讳盗例题参革职。此夷船二十五只题定之后，如有实在朽坏、不堪修补者，报明该地方官查验明白，出具印甘各

---

① ［清］王之春撰，赵春晨点校：《清朝柔远记》卷三，中华书局1989年版，第58页。

结，申报督抚，准其补造，仍用原编字号。倘有敢偷造船只者，将头目、工匠亦俱照通贼例治罪。地方官失于觉察者，亦俱照讳盗例革职。其西洋人头目遇有事故，由该国发来更换者，应听其更换。其无故前来之西洋人，一概不许容留居住。每年于夷船出口、入口之时，守口各官俱照票将各船人数、姓名逐一验明通报。倘有将无故前来之人夹带入口及容留居住者，将守口各官并该管之地方文武各官照失察例议处，舵工、水手及头目人等俱照窝盗例治罪。"① 对澳葡船只的管理做出细致而严格的规定。

早在康熙四十二年（1703），清廷为加强对东西洋贸易的管理，准许商贾船只使用双桅。"造船时先具呈该州县，取供严查确系殷实良民，亲身出洋船户，取具澳里甲各族长并邻右当堂画押保结，然后准其成造，造完，该州县亲验梁头等项，不得过限多带，并将舵工水手一一验查，具澳甲长邻右船户当堂画押保结，并将船身烙号刊名，然后给照，照内将在船之人详开年貌、履历、籍贯，以备汛口查验。"② 孔毓珣提出的限定澳门夷船额数、对澳葡额船进行管理的建议，大概就是从此方法借鉴而来。由此也可以看出，清朝政府不仅对中国商船施行严格的管理，对澳葡商船同样有着较为规范的管理体系，甚至还将管理中国商船的措施移植于澳门葡商并且更加地具体化。这是中国政府加强对澳门贸易管治的重要表现。

二十五艘商船的数量限定以后，澳葡必须严格遵谕执行，不许随意添置。嘉庆十二年（1807），澳葡理事官禀请在二十五号洋船之外再添二十五号，遭到澳门同知王衰的严词拒绝。③ 而广东地方官员对澳葡贸易的管理，正是围绕这二十五只额船进行的。

对于额船的管理，清政府有一套完整的制度。凡额船出洋，必须由理事官向澳门同知等呈报开行日期，并呈上报单、甘结。报单开列船上商

---

① 印光任、张汝霖著，赵春晨校注：《澳门记略校注》上卷《官守篇》，澳门文化司署1992年版，第73—74页。

② ［清］阮元：道光《广东通志》卷一二四《海防略二》，道光二年（1822）刻本。

③ 刘芳辑，章文钦校：《清代澳门中文档案汇编》上册，澳门基金会1999年版，第415页。

梢、炮械、货物等实数，甘结具报该船果系开往所报国度，并无别往，亦无夹带违禁货物及附搭华商等弊。额船回澳，亦须禀明进口日期，复呈报单、甘结。报单开列船上商梢、炮械实数，务必与前报名数相符，进口货物或单独开列具报，以凭查验。甘结具报该船装载各项货物，并无以多报少、夹带违禁货物及搭回华人等弊。如具报错漏迟缓，前后不符，或甘结式样不符，则由地方官行文申饬，发回另报。额船经丈量输钞、具报甘结后，由粤海关监督发给出口船牌，牌内填注随带防船火炮器械，交船商收执，作为前往外国贸易的凭证，"如遇关津要隘汛防处所，验即放行，不得重征税饷，留难阻滞"①。

《清代澳门中文档案汇编》中收藏了大量为加强对澳葡额船的管理，广东地方官员与澳葡理事官之间的往来文书，内容涉及具报甘结、丈量输钞、顶补额缺、三板驳货及船只修造等多个方面。其中既有香山县丞为催报额船开行日期、饬查额船回澳不报事下发澳葡理事官的谕令，也有理事官开列的额船回澳货物清单，既有澳关委员严饬额船完纳船钞、带回小船顶补照例输钞、禁止三板私驳外洋船货进澳销售等的谕令，也有理事官为船只修理事上报澳门同知的呈禀。根据这些档案文书可以看出，清朝政府是将对澳葡船只的管理纳入到整个对澳门管治的体系之中的。

《清代澳门中文档案汇编》第336-338件，是乾隆五十六年十二月十六日（1792年1月9日）至五十七年正月十五日（1792年2月7日），为第二十号船之前未报进口，今却忽报出口事，香山知县许敦元、县丞贾奕曾连续下发澳葡理事官的谕令，②从中可以看出，当时广东地方政府对澳葡的航运贸易和活动动向，采取的是严格监管的方针。而第339件，是乾隆五十七年二月二十日（1792年3月12日），《粤海关监督盛佳③为饬蕃船出入务须报

---

① 刘芳辑，章文钦校：《清代澳门中文档案汇编》上册，澳门基金会1999年版，第244页。

② 刘芳辑，章文钦校：《清代澳门中文档案汇编》上册，澳门基金会1999年版，第191—192页。

③ 据梁廷枏《粤海关志》卷七《设官·职官表》及中国第一历史档案馆、澳门基金会、暨南大学古籍研究所合编《明清时期澳门问题档案文献汇编》第一册第323、337件（第510、528页）可知，此处所谓"盛佳"，当为"盛住"之误。

明关口查验事下理事官谕》：

照得夷船来广贸易，须按旧定章程办理。除应归大关者，自应进黄埔湾泊。如系澳船，准其进澳生理。原不许寄碇外海，擅用三板出入，致启私越偷漏之弊。

合行谕饬。谕到该夷目遵照，嗣后凡有船只进出，务须报明该处税口，查验明白，方准放行，毋许擅自驾驶来往，任从己便。倘该夷目业已报明，而该口不行转禀者，罪归税口。如未禀报，咎在夷目。一经拿获，定即分别严行究办，决不宽宥。毋违。特谕。①

谕令理事官查报澳船开行日期，补报船上所载商梢、炮械数额，补缴具报额船甘结以及因洋船回澳不报或具报延迟、所缴甘结与旧式不符、不报回澳船只所载货物等对理事官的申斥，凡此种种，均是涉及澳夷额船管理方面的事宜，而这些事宜，都是由中国官员来完成的，澳葡所能做的，只是遵谕执行而已。

从《清代澳门中文档案汇编》第344件，乾隆五十七年（1792），香山知县许敦元为每年具报额船进出口事而下达理事官的谕令中可以看出，当时澳夷船只在每年呈报进出口事宜时，应遵循这样的程序：

照得澳额夷船，每遇载货出口入口，据该夷目禀报到县，均经据禀转报。其入口船只，仍于每年十一月内汇造总册，申缴大宪核咨，久经办理在案。

今造册一项，现奉大宪檄行：澳夷出口船只，务于三月内；入口船只，务于八月内造册，申缴核转。等因。到县。

奉此，合亟谕知。谕到该夷目，即便遵照，嗣后澳额夷船出口，务于三月十五日以前具报；入口船只，务于八月十五日以前具报到县，以凭造

① 刘芳辑，章文钦校：《清代澳门中文档案汇编》上册，澳门基金会1999年版，第192—193页。

册缴报。均毋迟违。特谕。①

　　而平时额船出澳、回澳，按照规定，澳葡理事官也应立即向地方官员禀报，中国官员有权掌握每一澳葡船只的出行、返回情况，不让澳葡有任何走私漏税的机会。《清代澳门中文档案汇编》第364件，收录的是嘉庆十七年八月二十八日（1812年10月3日），《署香山县丞顾远承为额船到澳应随时禀报事行理事官札》，其中提到：

　　照得澳门额设二十五号洋船，递年往趁出口及回帆日期，并大小西洋、吕宋船只来澳顶额营生，向由该夷目禀报本分县，转报军民府通报。遇有船只到澳，该夷目自应随时禀报，毋得稽延。

　　兹现据禀报，本月二十日有大西洋船一只来澳，顶补第十号额缺营生，至二十六日始行禀报，殊属迟延。除转报外，合行申饬。札到该夷目，即便遵照，嗣后如有洋船回澳，应即随时禀报本分县，以凭核转，毋得玩延。速速。特札。②

　　关于额船的顶补，孔毓珣在奏疏中也做出具体的规定，即额船"如有实在朽坏、不堪修补者，报明该地方官查验明白，出具印甘各结，申报督抚，准其补造，仍用原编字号"。如额船坏烂需要修补，经船主禀请理事官具报，由澳门同知衙门发给牌照，经香山县丞转给，采买油铁物料。即使渗漏粘补，亦须具报，方许雇匠承修。而如果原额船已朽坏不堪修补，或开往别国贸易不复回澳，澳葡往往从国外购回新船，或以来澳贸易之小吕宋及大小西洋船只顶补原船额缺，照新船例丈量输钞。嘉庆九年

---

　　① 刘芳辑，章文钦校：《清代澳门中文档案汇编》上册，澳门基金会1999年版，第194页。
　　② 刘芳辑，章文钦校：《清代澳门中文档案汇编》上册，澳门基金会1999年版，第202页。

（1804），为饬令三号船所带回小船应照例顶额输钞，澳关委员金源四次[①]下谕澳葡理事官，明确指出："夷船进口，分别新旧顶额丈输，向有定例。从前偶有小驳船来澳，亦从未有不照例丈输。澳船定额二十五号，如有外来船只，向例顶额输钞营生。澳额第三号由小吕宋回澳夷船带来小驳船一只，该船既收澳港，是应照例顶额。如船身坏烂，不堪复驾，亦应照例拆毁，有船无钞，故违天朝禁令。"

嘉庆十六年（1811），澳葡理事官禀请夷人三板驳货，海面巡船不得擅行拦截，盘诘滋事，为此，署香山知县郑承雯谕令理事官，"即便转饬各夷商，凛遵天朝禁令，守分贸易，毋许夹带违禁货物，走私漏税。倘有不法夷人，将违禁货物偷运出口入口，一经盘获，定即严拿解究，各宜凛遵"[②]。《清代澳门中文档案汇编》第430件，是嘉庆十八年十一月初五日（1813年11月27日），《香山知县彭昭麟为奉宪批额船限置三板五只驳货开行均应报明事行理事官札》，札令中遵奉上级官员指示，首次对三板船的使用和管理做出明确具体的规定。"查澳门额设洋船二十五号，听其趁洋贸易，出入港口，如遇重载，向于额船之外各置有三板船驳运，由来已久。若不定以限制，亦觉散漫难稽。嗣后夷人驳船，止许额设三板船五只，船旁用白粉书明号数，令其赴县丞衙门编烙，通详立案。如遇货物过重，出入港口，必需三板驳载者，务须将第几号三板船几只、载何货物，逐一报明，俾出入易于稽查。其夷船水手，或不识水道，必需添雇民人驾驶，应将所雇民人姓名，及载何项货物，先行列单，赴关报明，方许下货开行。如敢多设抗违，即行拿究。似此酌筹办理，庶出入港口易于稽查，而勾串走漏不杜自绝。"[③]至嘉庆年间，清朝政府对澳葡额船的管理规定已愈加详尽，甚至还设定了三板船的数额。这一方面是因为澳蕃屡用三板私

---

① 刘芳辑，章文钦校：《清代澳门中文档案汇编》上册，第399—402件，澳门基金会1999年版，第220—221页。

② 刘芳辑，章文钦校：《清代澳门中文档案汇编》上册，第807件，澳门基金会1999年版，第407页。

③ 刘芳辑，章文钦校：《清代澳门中文档案汇编》上册，澳门基金会1999年版，第235—236页。

驳货物进澳，或民人擅用三板私驳湾泊澳外洋面船只中的货物，以致走私偷漏之事时有发生；另一方面也说明英军侵澳之后，清政府对澳门海防更加地重视。乾隆十四年（1749）订立的《澳夷善后事宜条议》，其中第二条就是对澳门船艇的管理规定："稽察船艇。一切在澳快艇、果艇，及各项蛋（疍）户、罟船，通行确查造册，发县编烙，取各连环保结，交保长管束，许在税厂前大马头湾泊，不许私泊他处，致有偷运违禁货物、藏匿匪窃、往来诱卖人口，及载送华人进教拜庙、夷人往省买卖等弊。每日派拨兵役四名，分路巡查，遇有潜泊他处船艇，即时禀报查拿，按律究治。失察之地保，一并连坐。兵役受贿故纵，与犯同罪。"[①]为加强对澳葡船只的管理，广东地方政府用严格的保甲制度对在澳华人船户进行约束，至嘉庆时更是连葡人所用三板船也予以详细限定，从中可见其重视程度。而且从嘉庆初年开始，清政府不断加大了对澳葡及其他外夷私贩鸦片的查缴力度，此时对驳货三板船做出限制性规定，对于进一步查禁以澳门为基地的鸦片走私贸易，无疑是有很大帮助的。

---

① 印光任、张汝霖著，赵春晨校注：《澳门记略校注》上卷《官守篇》，澳门文化司署1992年版，第93页。

粤海关澳门关部行台的设立与关税的征收

　　清朝初年，在澳门设立正式的海关机构以前，"香山澳税隶于市舶司，而稽察盘验责于香山县"①。关税事宜由广州市舶司委托香山县负责管理。康熙二十三年（1684），清政府设立粤海关，总部设于广州，统管对外贸易征税事宜。

　　粤海关下设总口七处，以省城大关为总汇，负责稽查城外十三洋行及进入黄埔的各国夷船的进出口货物，同时又以"澳门为夷人聚集重地，稽查进澳夷船往回贸易，盘诘奸宄出没，均关紧要"②，因而澳门总口处于与大关总口同等重要的地位，负责稽查进入澳门的外国商船的往返贸易。康熙二十七年（1688），清政府又派海关监督成克大在澳门总口设立正式的澳门海关，即粤海关澳门关部行台，一方面作为征收关税的机关，另一方面也是澳门总口委员的驻扎地和监督临澳巡阅时的驻跸场所。据《粤海关志》记载，粤海关"廨舍在广东外城五仙门内，康熙二十四年，以旧盐政署改建。又有行廨在香山县澳门，监督时出稽查，则居之"③。

　　"天下海关，在福建者辖以将军，在浙江、江苏者辖以巡抚，惟广东粤海，专设监督，诚重其任也。至分司其事，大关、澳门则设防御，其余

---

　　① ［清］张嗣衍：乾隆《广州府志》卷五三《艺文五·罢采珠池盐铁澳税疏（李侍问）》，清乾隆刊本，收入中国第一历史档案馆、澳门基金会、暨南大学古籍研究所合编：《明清时期澳门问题档案文献汇编》第五册，人民出版社1999年版，第192页。

　　② ［清］梁廷枏辑：《粤海关志》卷七《设官》，台北成文出版社1968年版，第436页。

　　③ ［清］梁廷枏辑：《粤海关志》卷七《设官》，台北成文出版社1968年版，第435页。

五大总口并置委员。"①"是以向设立旗员防御两员,一驻大关总口,一驻澳门总口。每年请将军衙门选员前往弹压。一切关税事务于大关、澳门两总口,又分为附省十小口,向由监督及奉旨兼管关务之督抚分派家人带同书役管理。"②粤海关各总口中惟有大关与澳门以旗员为关部委员,由此可见澳门总口的重要地位。

澳门关部行台设立之后,清政府即委派专门的官员吏役长期驻扎澳门,其职责之一,是对各国来华商人、商船及商货,在入境之初就进行初步的也是必要的稽查审核,成为保证正常贸易往来、维持良好社会治安的一道坚固屏障。外国商船进入澳门,必须向粤海关澳门关部行台领取清朝政府发给的部票,凡是到澳门贸易的外国商船,必须向中国政府办理申报手续,向澳门海关缴纳关税。澳门总口下设娘妈阁、大马头、关闸、南湾四个税口,"大马头距澳门总口一里,南湾距澳门总口二里,关闸距澳门总口五里,娘妈阁距澳门总口一里,并在香山县,均系稽查口"③,具体管理澳门的对外贸易事务,负责稽查与征收商税事宜。四个税口,均有税馆,职能各有侧重,"一主抽税,小税馆三,主讥察曰南环税馆,专稽察夷民登岸,及探望番舶出入;曰娘妈角税馆,专稽察广东、福建二省寄港商渔船只,防透漏,杜奸匪。"④大马头税馆专门负责征税事宜,关闸税馆专门从事内地与澳门之间陆路贸易的稽查,南湾税馆专事稽查乘小艇登岸的澳夷、探察番舶出入情况,后来还负责征收到澳门的外国人的出入境税及办理引水等事宜,⑤娘妈阁税馆则负责稽查驶抵澳门内港的福建、广东的寄泊船只。

---

① [清]梁廷楠辑:《粤海关志》卷七《设官》,台北成文出版社1968年版,第430页。

② [清]梁廷楠辑:《粤海关志》卷七《设官》,台北成文出版社1968年版,第436—437页。

③ [清]梁廷楠辑:《粤海关志》卷五《口岸一》,台北成文出版社1968年版,第272页。

④ 张甄陶:《澳门图说》,载《小方壶斋舆地丛钞》第九帙。

⑤ [瑞典]龙思泰著,吴义雄等译:《早期澳门史》,东方出版社1997年版,第107页。

　　澳门关部行台设有旗员防御一名，总书一名，柜书一名，家人二名，巡役五名，水手十五名，火夫二名，其中旗员防御为关部行台的长官。[①]乾隆五十一年（1786）七月，两广总督孙士毅与粤海关监督穆腾额等人上疏朝廷，认为"除大关澳门两总口及分隶附省之十小口，夷船货物，在经由其黄埔澳门两处，均与洋行逼近。民夷交涉，最易藏奸，一切出入点验货物及防范走私短报各弊，有必需家丁驱遣往来，不能尽委之书役者，监督及奉旨兼管关务之督抚就近分派平素亲随老成之家丁管理"[②]，提出应加强澳门总口的巡缉与防御。而《清代澳门中文档案汇编》第834件，正是乾隆五十九年十二月初三日（1794年12月24日），香山知县为派拨差役家人巡查澳门一事下发澳葡理事官的谕令。谕令中特别强调澳门"民夷杂处，奸匪最易潜藏"，因而不仅派拨差役并饬家人前赴巡查，还要求澳门夷目"一体拨兵昼夜协查"[③]，由此可见对澳门总口的重视。

　　作为粤海关属下业务最繁重、地位最重要的总口之一，澳门总口在澳门各水陆要冲均设有税口，具体负责征收关税和缉拿走私、监管船只进出和人员往来的职任。而澳关委员分驻澳门总口，成为清朝政府在澳门行使海关管理权的具体体现。

　　清代对外贸易税收分为船钞、货税两部分。清政府对澳门蕃商实行优待，只征船钞而不征货税，但其他国家的商船除缴纳船舶税之外，还应缴纳货税，数额为葡船数倍之多，二者之间相差甚远。正如龙思泰所说，"在康熙三十七年十二月初二日（1699年1月2日），颁布了规则，规定澳门的船钞按福建、浙江和其他东路航线的税率征收。按此办法，澳门的船只分为三等，停泊税开始按各自的负载物并按比例征收。不管这个数字是多少，一艘船在被丈量后，通常豁免原来数目的2/3。除在中国登记注册的

---

　　① ［清］梁廷枏辑：《粤海关志》卷七《设官》，台北成文出版社1968年版，第452、455—456、461—462页。

　　② ［清］梁廷枏辑：《粤海关志》卷七《设官》，台北成文出版社1968年版，第437—438页。

　　③ 刘芳辑，章文钦校：《清代澳门中文档案汇编》上册，澳门基金会1999年版，第428页。

澳门船只外，其他欧洲船只都得不到这种恩惠。"①《澳门记略》中也说：
"加恩澳夷尤渥。凡船回澳，止征船税，丈其货物而籍记之，货入于夷
室，俟华商懋迁出澳，始纳税。"②从以上两条记载也可以看出，清朝海关
不向葡商征收货税，却并不表示葡商完全不必缴纳货税，只是所纳货税较
轻且不必在入口时随即缴纳而已。

据《香山县乡土志》记载，开放海禁之后，"蕃舶来粤，牙行主之，
所谓十三行也。皆起楼榭，为夷人居停"，在贸易方式上，他国商人只能
是"所货守舶中，货尽限日出境"，而澳夷却可以"无来去期，自与香山
县牙行互市"。③从乾隆年间开始，澳夷之船可直接回泊澳门进行贸易，
其他国家商船则必须停泊于附近海面，向澳门同知衙门请领引水和买办，
经查验之后方能驶入广州黄埔。对此种种区别，乾隆十五年（1750），署
香山知县张甄陶在其《制驭澳夷论》一文中有更为详细的分析比较："凡
关部之例，各番船俱由东莞虎门入口，即时赴关上税，每番舶一只，上税
二三万金不等。惟澳夷之舶，则由十字门入口，收泊澳门，并不向关上
税。先将货搬入澳，自行抽收，以充番官番兵俸饷，又有羡余，则解回本
国。至十三行商人赴澳承买，然后赴关上税，是所科乃商人之税，与澳夷
无与。又则例甚轻，每一舶不过收税三四千金不等。故澳夷得住澳之后，
震夸诸国，以澳门地图为宝。"④由此可以得知，澳门额船所纳货税，一是
由葡商上缴，由澳葡当局自行征收；再者就是由成交该船货物的十三行行

---

① ［瑞典］龙思泰著，吴义雄等译：《早期澳门史》，东方出版社1997年版，第
106页。

② 印光任、张汝霖著，赵春晨校注：《澳门记略校注》上卷《官守篇》，澳门文
化司署1992年版，第106页。

③ 《香山县乡土志》卷三《兵事录·澳门交涉附》，收入中国第一历史档案馆、
澳门基金会、暨南大学古籍研究所合编：《明清时期澳门问题档案文献汇编》第六册，
人民出版社1999年版，第277页。

④ 张甄陶：《制驭澳夷论》，载《小方壶斋舆地丛钞》第九帙。据《粤海关志》
卷二十六《夷商一》第1846—1847页："自乾隆年间，嘆咭唎屡至澳门呈递夷禀，实非
敢有意滋事，不过艳羡西洋之坐享厚利，希冀效尤。……我皇上又申命疆臣，严行约
束，即于澳夷，亦每事防范，诚以地方安危系乎市易，而市易利害在于夷商，杜渐防微
之道，固不可不详且慎也。"

商缴纳，由粤海关征收。但不管怎样，比较而言，澳葡商人所纳货税还是非常轻微的。

澳门正税口，"每年约征银二万九千六百两零"[1]，主要征自船钞，其征收程序为"年年洋船到澳，该管官具报香山县，通详布政司并海道俱批。市舶司会同香山县诣船丈抽，照例算饷，详报司道批回该司，照征饷银；各彝办纳饷银，驾船来省，经香山县盘明造册，报道及关，报该司照数收完饷银贮库"[2]。清承明制，按丈抽之制向外国商船征收关税，并将船只分为西洋船九等和东洋船四等，按等征收船钞。根据粤海关规定，洋船进口之后，分别新旧船只，依照梁头丈尺，按等输钞，其丈尺等第为：

澳夷洋船，如新船顶额，即照东洋船例丈量，长阔相乘至一十五丈四尺以上，作为头等，每尺钞银六两二钱二分二厘二毫二丝二忽；长阔相乘至一十五丈四尺以下，作为二等，每尺钞银五两七钱一分四厘二毫八丝五忽；长阔相乘至一十二丈二尺以下，作为三等，每尺钞银四两，并无四等船例。另收澳例新船规银七十两。次年原船回澳，即照本港船例丈量，长阔相乘至一十六丈零，作为头等，每尺一两五钱；长阔相乘至一十四丈，作为二等，每尺一两三钱；长阔相乘至一十丈零，作为三等，每尺一两一钱；长阔相乘至八丈者，作为四等，每尺九钱。如相乘数目有不相近者，禀明以两等船例对报，另收旧船规银三十五两。如外来洋船，不论初来再来，俱照东洋船例输钞，另收澳例规银七十两。再澳例系收十字花银，应照库平兑收，每银一两，另补水银八分，历久遵行，递年由粤海关衙门入册报部在案，并无现增新例，毋庸另立章程。[3]

---

[1]　[清]梁廷栴辑：《粤海关志》卷十《税则三》，台北成文出版社1968年版，第736页。

[2]　《广东赋役全书·澳门税银》，转引自张维华：《明史欧洲四国传注释》，上海古籍出版社1982年版，第41页。

[3]　[清]梁廷栴辑：《粤海关志》卷二十九《夷商四》，台北成文出版社1968年版，第2037—2039页。

康熙三十七年（1698），西洋船只开始按照东洋船办法征税，税额较以往大为减少，此时为优待澳葡船只，准许在澳门登记的船舶较其他外国商船减低1/3的关税。嘉庆十二年（1807），澳葡理事官要求修改船钞例则，却未获允准，澳葡新船以东洋船例征收，旧船以本港洋船例征收，同样尺寸所征数额仅为别国商船船钞的1/4。

"凡澳门夷船，系本省发往外洋者，照本省洋船例科征；其外洋抵澳之西洋船，照外洋本条科征。"①澳门葡船被当作中国国内的洋船征收关税，而其他国家的来澳洋船却得不到如此优待，再加上澳葡船只回澳时"止征船税，丈其货物而籍记之，货入于夷室，俟华商愿迁出澳，始纳税"的原则，可知澳夷所纳之税，明显较他国为轻。澳葡商船不仅可以获得减收货税的特别照顾，即使在船钞的缴纳上，也可以享有比别国商船优惠得多的待遇。由澳葡理事官具体负责，葡萄牙也在澳门征收进口关税，当然征税对象仅限于葡萄牙船只，这项税收在鸦片战争以前是澳葡议事会的唯一正式的财政来源。

清朝政府对澳葡商船施行了明显不同于他国贸易船只的征税标准，澳葡在中国享有的特殊照顾有目共睹，嘉庆年间英军图占澳门也与此有一定关系，但清政府对澳葡与其他外夷态度是不同的。既然能够将居澳葡人的军事力量当作中国政府辖下的地方武装来看待，那么清政府按照与中国商船同样的方法管理澳葡船只、按照中国国内洋船的标准对其征收关税的举动，也就不难理解了。

《清代澳门中文档案汇编》中有多件澳关委员为夷船完纳船钞事下发给澳葡理事官的谕令，如第379件，乾隆四十一年十一月十一日（1776年12月21日），《澳关委员伊为遵奉宪谕严饬二十一号船完纳船钞事下理事官谕》：

> 查澳夷船只，分别新船、旧船，照依梁头丈尺，按则科征，此乃久定

---

① ［清］梁廷枏辑：《粤海关志》卷八《税则一》，台北成文出版社1968年版，第534—535页。

章程，从无因其船小，准予免钞之例。兹（二十一号夷船）既经趁洋遭风打碎，在哥斯达另行置船，载货回澳，自应照新船输钞。即或该夷船玩违不晓事体，而夷目嗲嚟哆系专管澳夷一切事务，凡有领牌完钞，亦属该夷目专司办理，乃并不剀切晓谕该夷船，照数输钞。任其屡次抗玩，殊属目无法纪。

谕到该夷目等遵照，立即严行勒追该夷，将应征船钞银两，刻日照数完缴，倘再违玩，即着（落）夷目嗲嚟哆照数完纳。如敢仍前推诿，所有现在各夷船，概不许请领船照出口，并一切转禀批行事件未便接收。该夷目等务须实力查办，毋得支饰延诿，致干禀究。①

船钞向例由澳门总口丈量征收。其顺带米石货船，及带小驳船回澳，亦须照例完纳船钞。待船钞完纳清楚后，才可以出货售卖。

为防止外国商船偷漏税款，中国海关总是对来华贸易的外商船只严格查验，《清代澳门中文档案汇编》第1371件，即为乾隆五十七年五月十九日（1792年7月7日），《香山知县许敦元为押令逗留澳外大井洋面外船进埔报验输税事行理事官牌》。因有洋船二只在澳门附近停泊，经粤海关查明，并不属澳葡二十五艘额船之内，所以必须将其押至黄埔报关输税，同时“严谕各国大班、行商、通事及守口人役等，嗣后夷船来广贸易，务须即行通报，押令进埔，报验输税。至满载回帆，亦须差押出口，毋许逗遛洋面，致违成例”。②

澳门作为粤海关辖下七处总口之一，与省城大关总口居于同等重要的地位。清朝前期澳门总口的设立是中国政府拥有对澳门海关管理权的重要表现，直到道光二十九年（1849），澳门总督亚玛勒派兵强行钉锁粤海关澳门关部行台的大门，推倒门前的中国旗帜，驱逐澳关委员出澳，才宣示着这一管理权的结束。

---

① 刘芳辑，章文钦校：《清代澳门中文档案汇编》上册，澳门基金会1999年版，第208—209页。

② 刘芳辑，章文钦校：《清代澳门中文档案汇编》下册，澳门基金会1999年版，第705页。

一口通商之后的澳门与管理外商条例的制订

乾隆《广州府志》中记载，"澳门者，东莞香山之障蔽也。虎门者，南香之咽喉也。二门皆番船所必经，舶进外洋由十字门而泊于澳境。舶进内地由虎门而泊于黄埔。"①粤海设关后，各国商舶可至黄埔贸易，为独占澳门贸易，葡萄牙人也禀请禁止本国以外的商船停泊澳门，②自康熙五十年（1711）开始，洋船多泊于黄埔，至雍正二年（1724）竟成定例，黄埔渐成新港。对于来华贸易的西方商船，清政府规定一律到广州黄埔港停泊，所带炮位需要起卸，离去时发还。除商人外，水手人员不许登岸，以示严加约束。正如两广总督孔毓珣所奏，"外来洋船向俱泊于近省黄埔地方，来回输纳关税。臣思，外洋感慕圣朝德化，赍本远来，原为图利。臣饬令洋船到日，止许正商数人与行客交易，其余水手人等俱在船上等候，不得登岸行走，拨兵防卫看守。仍饬行家公平交易，毋得欺骗。定于十一、十二两月内乘风信便利，将银货交清，尽发回国，不许误其风信，致令守候，则远人得公平交易而去，即无不感恩慕义而来，于关税有益，亦不致别生事端。"③

---

① ［清］张嗣衍：乾隆《广州府志》卷七《海防·附番舶说》，清乾隆刊本，收入中国第一历史档案馆、澳门基金会、暨南大学古籍研究所合编：《明清时期澳门问题档案文献汇编》第六册，人民出版社1999年版，第154页。

② 康熙二十五年（1686），澳葡理事官呈禀粤海关监督宜尔格图，澳门原设与西洋人居住，从无别类外国洋船入内混泊。经礼部复准，令外国商船改泊于虎门口外，后又移泊黄埔。［清］王之春撰，赵春晨点校：《清朝柔远记》卷四，中华书局1989年版，第85页。

③ 中国第一历史档案馆编：《雍正朝汉文朱批奏折汇编》第3册，江苏古籍出版社1991年版，第905—906页。

雍正十年（1732），广东右翼镇总兵李维扬奏称，停泊于黄埔的外国商船早晚演习大炮，使广州居民倍受惊恐，而且省会要地，不宜让外船逼近，奏请仍令外国商船在虎门海口湾泊。后经署理两广总督鄂弥达与广东巡抚杨永斌核查，认为虎门地处外洋，风涛甚险，其海口内外皆不宜长久泊船。"若现在夷船停泊之黄埔，逼近省城，一任洋商扬帆直入，早晚试炮毫无顾忌，未免骇人听闻。""香山县澳门河下，上至沙窝头，下至娘妈阁，地阔浪平，现今澳夷各洋船皆在此停泊，安稳无虞。"而且澳门本属内地，葡萄牙人不过是租赁而居，"岂容澳夷视为己物？如云澳门为西洋人之地，不便容别国洋艘停泊，岂黄埔内地顾可任其久停耶？"奏请自雍正十一年（1733）开始，各国商船仍旧在澳门海口拉青角地方，与澳夷船只同泊一地，所有往来货物用澳门小船搬运，由沿途营汛统一拨船护送，炮位、军器等皆不能私运至省。[①]这样，澳门逐渐成为洋船汇集之地，作为广州的外港，对广州港的对外贸易起到保护与中转的作用。乾隆初年澳门海防军民同知设立之后，职司海防，"至夷船到口，即令先报澳门同知，给与印照，注明船户姓名，守口员弁，验照放行，仍将印照移回缴销。如无印照，不准进口。所有夷商买办之人，由澳门同知选择，取具保结承充，给予印照。在澳门者，由该同知稽查。"[②]清朝政府对外商船只的管理措施更加具体和规范。

乾隆九年（1744），澳门同知印光任订立《管理番舶及澳夷章程》七条，针对"诸蕃恃巨舶大炮，然以舟大难转，遇浅沙即胶，或触礁且立破。每岁内地熟识海道之人，贪利出口接引，以致蕃舶出入漫无讥察，颇乖控制之宜"[③]的情况，该章程在第一、二、五、七条中对外商船只的管理做出具体规定，其中第一条即为对外国商船进出口实行严格管理的规定：

---

① ［清］王之春撰，赵春晨点校：《清朝柔远记》卷四，中华书局1989年版，第85页。

② ［清］梁廷枏辑：《粤海关志》卷十七《禁令一》，台北成文出版社1968年版，第1206页。

③ 印光任、张汝霖著，赵春晨校注：《澳门记略校注》上卷《官守篇》，澳门文化司署1992年版，第78页。

"洋船到日，海防衙门拨给引水之人，引入虎门，湾泊黄埔。一经投行，即着行主、通事报明。至货齐回船时，亦令将某日开行预报，听候盘验出口。如有违禁夹带，查明详究。"①而第二条又进一步要求对内地充当引水之人严加管理，需具保发给腰牌执照始准承充，以此杜绝私自交易。另外，葡人修船必须详细呈报海防同知，采买物料应知照香山县丞，如有剩余缴官存贮等等。可以说，此章程中一系列管理番舶的具体措施的制订，规范了外商船只在澳门以至进入内地后的行为，从而大大加强了对外国商船的控制和管理，这是清朝政府有效发挥对澳门的海关管理权的重要表现。

乾隆年间，因浙海关税比粤海为轻，外商遂有舍粤趋浙之形势，澳门商业也因此而受到影响。至乾隆二十二年（1757），闽浙总督喀尔吉善、两广总督杨应琚联衔奏请提高浙海关税，得到朝廷允准。此前，户部在议定二人所呈奏折时认为："向来洋船俱由广东收口，经粤海关稽察征税，其浙省之宁波不过偶然一至，近年奸牙勾串渔利，洋船至宁波者甚多。将来番船云集，留住日久，将又成一粤省之澳门矣。于海疆重地，民风土俗，均有关系，是以更定章程，视粤稍重，则洋商无所利而不来，以示限制，意并不在增税也。"②六月，英船复至宁波，因税率问题与中国地方政府之间产生争执，十一月，乾隆下令关闭浙海关，禁止英商来浙互市，集中贸易于广州。"将来止许在广东收泊交易，不得再赴宁波，如或再来，必令原船返棹至广，不准入浙江海口，豫令粤关传谕该商等知悉。"③自此之后，清政府宣布撤销江、浙、闽三海关，外商只能限定在广州贸易，原来的多口通商转变为独口通商。而澳门作为广州一口贸易的外港，所有进口商船都要在那里雇佣引水和买办、办理进出口手续，清政府于此时加紧

---

① 印光任、张汝霖著，赵春晨校注：《澳门记略校注》上卷《官守篇》，澳门文化司署1992年版，第78页。

② ［清］梁廷枬辑：《粤海关志》卷八《税则一》，台北成文出版社1968年版，第571—572页。

③ ［清］王之春撰，赵春晨点校：《清朝柔远记》卷五，中华书局1989年版，第103页。

了对外商的防范，将外商限制在澳门的做法被进一步强化，从两广总督李侍尧开始，陆续制订和颁布了一系列防范外商的措施。

由于英国东印度公司无视清政府的禁令，继续派船到宁波，并指使英商洪任辉状告粤海关澳门总口官员横征暴敛、肆意勒索，挑起对外贸易史上著名的洪任辉事件，因而乾隆二十四年（1759），两广总督李侍尧奏定《防范外夷章程》五条，明确规定：

> 嗣后粤东贸易夷船，应令于销货归本后，依期回国。若行货未清，愿暂留澳门居住者听。夷商到粤歇寓，责成官充行商，送寓居住，毋许出入汉奸，地方官留心查禁。夷商贸易凡应禁出洋之货，不得私行贩运。内地行店民人，有违禁借贷勾结者，照交接外国借贷诓骗财物例问拟，所借银入官。夷商不得雇内地民人役使，有贪财受雇者，地方官实力严禁。夷商不得藉词雇脚，致内地奸商，往来交结，令呈明地方官，酌量查办。西洋人寄住澳门，遇有公务转达钦天监，令夷目呈明海防同知，转详督臣，分别咨奏。夷船收泊，夷梢众多，向派外委一员，不足以资弹压，应拣派候补守备一员，专驻该处，督同稽查，并酌拨桨船，巡逻弹压。于夷船进口派往，出口撤回。[1]

清朝政府规定，各国来广州贸易的商人，每年春夏皆寓居澳门，待贸易季节开始后，因进出口货物须至省城与洋行交易，始移住省城商馆，"番船贸易完日，外国人员一并遣还，不许久留内地"[2]。在此过程中，外商家眷只能在澳门寓居，不许携带进省，否则将会受到严惩。"有夷船到澳，先令委员查明有无妇女在船，有则立将妇女先行就澳寓居，方准船只入口。若藏匿不遵，即报明押令该夷船另往他处贸易，不许进口。倘委员徇隐不报，任其携带番妇来省，行商故违接待，取悦夷人，除将委员严

---

① ［清］崑冈等修：《钦定大清会典事例》卷五一一，续修四库全书本。

② ［清］梁廷枏辑：《粤海关志》卷十七《禁令一》，台北成文出版社1968年版，第1216页。

参、行商重处外，定将夷人船货一并驱回本国，以为违犯禁令者戒。"①

虽然乾隆二十二年（1757）时，外商已在广州设立了洋行，但互市之期过后，即使洋货尚未售尽，外商也仍须回澳门居住，而不得逗留广州。澳门成为各国商人居留之所，至于外商家眷，向例不准进入广州，亦需在澳门赁屋而居。乾隆二十四年（1759）李侍尧呈奏的《防范外夷章程》，其中第一条就是"夷商在省住冬，应请永行禁止也"。经朝廷议复，同意该项请求，《清高宗实录》中记载此事云：

> 禁止夷商在省住冬。查粤东贸易夷船，自进口以至归棹，原有定期，本不许潜留内地。近因行商等或有挂欠未清，以致该夷商等藉词留寓省会，难免勾结生事。今该督请于销货归本后，依期回国。即有行欠未清，亦令在澳门居住，将货物交行代售，下年顺搭归国等语，系为立法制防起见，应如所请办理。②

自此之后，清政府将澳门作为来广州贸易的西方商人及其眷属在贸易季节结束之后的集中居住地，而澳门作为广州的外港，其安置外商、限制外商活动、防止外商扰乱的作用就被以法律条令的形式确定下来。澳门"在中国人的监督下，变成各国与广州间贸易的基地。一切进口船只都在那里雇用引水和买办，它们也从那里决定出发的方向；商人们在每季季末，都从广州商馆回到那里，并在那里等待下一季度的来临，使他们得以重新进入广州"。③嘉庆十四年（1809），两广总督百龄等人念及上年英夷擅自于澳门登岸，而前订防范外夷规条"日久玩生，致滋弊窦"，除重新申明例禁外，还应根据当前形势，相度增易，于是拟定《民夷交易章程》，主要内容为：

---

① ［清］卢坤等：《广东海防汇览》卷三七《方略二六·驭夷二》，清道光刊本。

② 《清高宗实录》卷六〇二，乾隆二十四年（1759）十二月戊子。

③ ［美］马士著，张汇文等译：《中华帝国对外关系史》第一卷，上海书店出版社2000年版，第50—51页。

一、应请嗣后各国货船到时，无论所带护货兵船大小，概不许擅入十字门及虎门各海口，如敢违例擅进，经守口员弁报明，即行驱逐，一面停止贸易。二、嗣后各夷商如销货归本后，令其依期随同原船归国，不得在澳逗遛。即有行欠未清，止准酌留司事者一二名在澳住冬清理，责令西洋夷目及洋行商人，将留澳夷人姓名造册申报总督及粤海关衙门存案，俟次年即令归国，亦申报查考，如敢任意久住或人数增多，查出立即驱逐。三、应将西洋人现有房屋若干、户口若干，逐一查明，造册申报，已添房屋，姑免拆毁，不许再行添造寸椽。华人挈眷在澳居住者，亦令查明户口造册存案，止准迁移出澳，不许再有增添。四、嗣后夷船到口，即令引水先报澳门同知给予印照，注明引水船户姓名，由守口营弁验照放行，仍将印照移回同知衙门缴销。如无印照，不准进口，庶免弊混。五、嗣后夷商买办，应令澳门同知就近选择土著殷实之人，取具族长保邻切结，始准承充，给与腰牌印照。在澳门者，由该同知稽查；如在黄埔，即交番禺县就近稽查。如敢于买办食物之外代买违禁货物，及勾通走私舞弊，并代雇华人服役，查出照例重治其罪，地方官徇纵，一并查参。六、嗣后夷货到时，由监督亲督洋行总商，于公司馆内秉公按股签掣，均匀分拨，不得任令乏商影射多买，亏欠夷帐，庶足以昭平允而杜争端。①

此项章程的制订和一系列防范外商的具体措施的实行，进一步加强了对澳门的管理。

清朝政府一向以天朝上国自居，把对外贸易看作是对外夷的怀柔和体恤，对来华贸易的外商采取种种限制政策。当然，即使是对居澳葡人也有这些限制，这是清政府加强对澳门管治的具体表现，但是，总体来说，对待澳葡与其他外夷，清政府的态度是有所不同的。

乾隆五十八年（1793），英国趁朝贡之机，在贸易方面对清政府提出

---

① ［清］梁廷枏辑：《粤海关志》卷二十八《夷商三》，台北成文出版社1968年版，第2024—2031页。

种种请求，不想却被乾隆帝一一驳回。他明确敕谕英国国王，向例西洋各国前来贸易，俱在澳门设有洋行，收发各货，由来已久，英使臣恳请向浙江宁波、珠山及直隶天津等地泊船贸易，或在京城另立一行，收贮货物发卖，皆不可行。至于所请拨给广东省城附近小地方一处，居住英国夷商，或准令澳门居住之人出入自便，亦不可行。向来西洋各国夷商居住澳门贸易，划定住址地界，不得逾越尺寸，其赴洋行发货夷商，亦不得擅入省城，自应仍照定例，在澳门居住方为妥善。而英国夷商自广东下澳门、由内河行走货物，或不上税，或少上税的请求，也同样不可行。夷商贸易往来，纳税皆有定则，西洋各国均属相同，此时既不能因英商船只较多，征收稍有溢额，亦不便将英商上税之例独为减少，惟应照例公平抽收，与别国一体办理。①

嘉庆十九年（1814），两广总督蒋攸铦等奏陈夷商贸易及酌筹整饬洋行事宜折，遵奉上谕。"嗣后所有各国护货兵船，仍遵旧制，不许驶近内洋，货船出口，亦不许逗留。如敢阑入禁地，即严加驱逐，倘敢抗拒，即行施放枪炮，慑以兵威，使知畏惧。所有该督等请严禁民人私为夷人服役，及洋行不得搭盖夷式房屋，铺户不得用夷字店号，及清查商欠，不得滥保身家浅薄之人承充洋商，并不准内地民人私往夷馆之处，均照所议行。"②

道光十一年（1831），两广总督李鸿宾、粤海关监督中祥等认为之前订立的防范外商章程已是法久弊生、渐形疏略，加之近年私带番妇住馆、偷运枪炮至省等事件的发生，有必要进一步加强对外商的管理与控制，于是拟定章程八条，主要内容包括：

一、夷商进口后泊船处所，应照旧派拨弁兵稽查，其住居行商馆内，即令行商约束，以免滋事。二、夷人私带番妇住馆及在省乘坐肩舆，均应

---

① ［清］王之春撰，赵春晨点校：《清朝柔远记》卷六，中华书局1989年版，第142—143页。

② ［清］王之春撰，赵春晨点校：《清朝柔远记》卷七，中华书局1989年版，第165页。

禁止。三、夷人偷运枪炮至省，应责成关口巡查弁兵严加禁遏。四、应请嗣后夷馆应需看货守门及挑水挑货人等，均由买办代为雇请民人，仍将姓名告知洋商，责成该管买办及洋商稽查管束。五、嗣后遇有事关紧要、必须赴总督衙门禀控者，应将禀词交总商或保商代递，不准夷人擅至城门口自投。其余寻常贸易事务，应赴粤海关衙门具禀。及寻常交涉地方事务，应赴澳门同知、香山县及香山县丞等衙门禀陈者，均仍准照常控理。六、借贷夷商银两，应杜拖欠弊端。七、嗣后夷商如果早抵省城，货物全销，仍令照旧按期返棹。倘迟至八九月间始行到粤，售货需时，应责成各行商将住省夷商认真稽查约束，一面公平售货，迅速兑价，不得拖欠掯延。各国夷商一俟货销事竣，不论何时，即行随船回国，或前往澳门居住，不得无故潜留。八、喋咭唎国公司船户驾艇往来，及夷商货船领牌出口，均应遵定制。①

此章程既有谨遵定制之处，亦有量为变通之法。但不管怎样，随着形势的发展，防范外商条例不断得以完善，内容已经越发细致而具体。

道光十五年（1835），两广总督卢坤、粤海关监督中祥等为防范贸易夷人，又酌增章程八条：

一、外夷护货兵船，不准驶入内洋。二、夷人偷运枪炮及私带番妇人等至省，责成行商一体稽查。三、夷船引水、买办由澳门同知给发牌照，不准私雇。四、夷馆雇用民人，应明定限制，严防勾串作奸等弊。五、夷人在内河应用无篷小船，禁止闲游。六、夷人具禀事件，一律由洋商转禀，以肃政体。七、洋商承保夷船，应认派兼用，以杜私弊。八、夷船在洋私卖税货，责成水师查拿，严禁偷漏。②

① ［清］梁廷枏辑：《粤海关志》卷二十九《夷商四》，台北成文出版社1968年版，第2071—2085页。

② 《清宣宗实录》卷二六四，道光十五年（1835）三月癸酉。

查禁鸦片走私贸易

　　葡萄牙人最早将鸦片从印度输入中国。在雍正年间，就有葡萄牙商人从印度果阿和达曼，将二百箱鸦片偷运至澳门销售并获得巨额利润。"开始流入中国的外国鸦片，是葡萄牙人从卧亚（Goa）和达曼（Daman）贩运来的，在一七二九年，即雍正发谕旨的那一年，外国鸦片输入的数量，一年不超过两百箱；直到一七七三年，鸦片的进口还都操在葡萄牙人手里，可是那时进口的数量已经增加到一千箱（一七六七年的进口数量）。"①澳葡当局力图将澳门变成葡人经营鸦片走私贸易的市场，在英国人1773年开始从印度向中国输入鸦片之前，鸦片的进口几乎全部操纵于葡萄牙人之手，进口的数量由二百箱增至一千箱。"一七七三年以前，葡萄牙人一直操纵着澳门港口的鸦片进口贸易。数量约为一千箱。每箱一百斤至一百二十斤。"②从乾隆末年至道光中期，澳门一直是中国沿海输入和囤藏鸦片的主要港口，是对华鸦片贸易的中心。"大西洋住居澳门，每于赴本国置货及赴别国贸易之时，回帆夹带鸦片，回粤偷销。"③清政府于嘉庆元年（1796）下令停止鸦片征税，严禁鸦片入口。广东地方政府以澳门为鸦片总汇之区，屡次进行查禁。

　　其实，早在雍正年间，清政府即已将鸦片列为违禁之物，严禁商人贩

---

　　① ［美］马士著，张汇文等译：《中华帝国对外关系史》第一卷，上海书店出版社2000年版，第198页。

　　② 黄文宽：《澳门史钩沉》卷四《清初作为中国通商口岸时代之澳门》，澳门星光出版社1987年版，第142页。

　　③ ［清］梁廷枏辑：《粤海关志》卷十八《禁令二》，台北成文出版社1968年版，第1294页。

卖私运。"雍正中，定兴贩鸦片烟者，照收买违禁货物例，枷号一月，发近边充军；私开鸦片烟馆引诱良家子弟者，照邪教惑众律，拟绞监候，为从，杖一百，流三千里，船户地保邻佑人等，俱杖一百，徒三年；兵役人等藉端需索，计赃照枉法律治罪；失察之汛口地方文武各官，并不行监察之海关监督，均交部严加议处。尚未及吸食者罪名。乾隆二十年税则，仍载鸦片一斤估价五钱，似征税如故也。"①很明显，嘉庆以前的禁令是对内而非对外的。

至嘉庆元年（1796），逐渐认识到鸦片流布之祸的嘉庆皇帝做出了停征鸦片税、禁止鸦片进口的决定，从此，清政府开始把禁烟矛头由对内转向对外。

《清代澳门中文档案汇编》第234件，是嘉庆十六年八月初一日（1811年9月18日），《署香山知县郑承雯为饬禀明蕃人三板私运鸦片烟泥事行理事官札》：

现据澳差禀称：七月二十九日卯刻，有夷人三板装载鸦片烟泥出口，在娘妈阁外被关口巡役盘查，夷人凫水逃避，在三板内起获鸦片烟泥，役闻知赶往查问，据巡役称说，起获烟泥五箱。合亟禀报。等情。到县。

据此，查鸦片烟泥有干例禁，节奉大宪示禁严拿。该夷目等何以任由夷人装运出口？其烟运往何处？必有奸商通同兴贩情事。本县现在通禀各宪，该夷目速即将私运鸦片烟泥之夷商是何姓名，据实禀明本县，以凭究办，毋稍捏饰，大干未便。速速。特札。②

嘉庆十九年（1814），居澳中国奸商朱梅官等人勾结蕃商，私贩鸦片，被两广总督蒋攸铦拿获。经审拟定罪，朱梅官被发往新疆，充当苦差。随后，针对澳门为葡人赁居、向来澳葡船只"赴别国贩货回澳，并不经关查验，即将货物运贮澳地，俟卖货时方行报验纳税，难保无夹带违禁

---

① ［清］李圭：《鸦片事略》卷上，上海书店1982年版，第185页。

② 刘芳辑，章文钦校：《清代澳门中文档案汇编》上册，澳门基金会1999年版，第129页。

货物"的情况，蒋攸铦奏请朝廷，"嗣后西洋船运货到澳，先令将所贩各货开单报明，逐件查验后始准卸载，仍俟售卖货物时纳税，以符旧制而绝弊端。……该管之员能将邻境兴贩首犯及鸦片烟一并拿获，应计其获烟斤数，给予议叙，……倘地方官及管关委员并守口员弁，胆敢得受陋规，徇情故纵，立即特参拿问；兵差人等挟嫌诬拿，即治以诬良之罪"[1]。

为此，嘉庆帝专门发出上谕，认为"鸦片烟一项，流毒甚炽，多由夷船夹带而来"，所以他一方面要求地方官认真查验西洋船只，"货船到澳，均须逐船查验，如一船带回鸦片，即将此一船货物全行驳回，不准贸易；若各船皆带有鸦片，亦必将各船货物全行驳回，俱不准其贸易，原船即逐回本国"。另一方面又谕令"有拿获鸦片烟之案，除查明地方委员等有得规故纵情事，应严参办理外，其仅止失察者，竟当概行宽免处分。至所请拿获兴贩烟斤，自二百斤至五千斤以上，分别记录加级，及送部引见，并军民人等拿获奖赏，以及诬良治罪之处，俱着照该督等所请行"[2]。

马士认为，蒋攸铦的查禁鸦片章程最先产生的作用是使澳葡当局开始对运进澳门的鸦片每箱征税四十元，作为对清朝官员的贿赂费用。另外，葡萄牙当局恢复了非葡船所运鸦片禁止在澳门上岸的旧例，这样，英国港脚商人只得将鸦片集中运往黄埔。[3]

《清代澳门中文档案汇编》中收录有多件禁烟期间两广总督、海关监督、澳门同知及香山知县等各级官员下发给澳葡理事官、判事官的谕令，其内容包括勒令澳葡当局将潜逃鸦片烟贩捉拿归案，重申鸦片禁令、要求严查夷人私藏私运鸦片烟泥问题，奉旨逐船查验所有到澳货船，如有夹带鸦片，应立即据实禀报，驳回货物，不准贸易，并将原船逐回本国，同时规定澳夷如敢违犯谕旨，希图就近牟利，必会重治其罪等等。同时也有澳

---

① 中国第一历史档案馆、澳门基金会、暨南大学古籍研究所合编：《明清时期澳门问题档案文献汇编》第二册，人民出版社1999年版，第44—45页。

② ［清］王之春撰，赵春晨点校：《清朝柔远记》卷七，中华书局1989年版，第166—167页。

③ ［美］马士著，区宗华译：《东印度公司对华贸易编年史（1635—1834年）》第三卷，中山大学出版社1991年版，第323页。

葡理事官上呈清朝地方官员的禀文，内容包括恳请发还于娘妈阁口缉获的蕃商载运出洋的鸦片，举报外夷洋船夹带鸦片湾泊鸡颈洋面，请求地方官员将其驱逐回国，以及强调澳葡所有的二十五艘额船，情况与其他外夷商船有所不同，请求宽免逐船查验等等。从这些往来文书的内容来看，嘉庆、道光年间，清朝地方官员在查禁鸦片方面，态度是非常明确的，在贯彻朝廷的禁烟旨令上也是较为坚决的。如第243件，即是嘉庆二十年六月初二日（1815年7月8日），澳关委员李璋遵奉圣谕，为逐船查验进口额船有无夹带鸦片事下发理事官的谕令：

> 谕到该夷目，即便遵照，听候将现报各船逐船眼同查验起卸。如无夹带鸦片，其货物听由起卸夷馆，仍照向例，俟内地客商销售时完纳税饷。如验有何船夹带鸦片，立即据实禀报，遵旨办理。嗣后澳船进口，均候本关就近查验禀报。[1]

道光年间，清政府进一步加强了查禁鸦片的力度，"为禁止鸦片生意，清朝官吏威胁要封锁澳门"。[2]

道光元年（1821），因查出澳门囤户叶恒澍夹带私售鸦片，朝廷再次申严禁令："凡洋艘至粤，先由行商出具所进黄埔货船并无鸦片甘结，方准开舱验货，其行商容隐，经事后查出者，加等治罪。"[3]而两广总督阮元按治叶恒澍，并请旨摘去徇隐外船携带鸦片之行商首领伍敦元的顶戴，也被看作是鸦片贸易发展之一大转折。"其后，鸦片贸易的中心转移到香港附近的零丁和澳门以北的金星门等处洋面。"[4]

道光二年（1822）二月，两广总督阮元遣员查获澳门贩卖鸦片烟人犯

---

① 刘芳辑，章文钦校：《清代澳门中文档案汇编》上册，澳门基金会1999年版，第138页。

② ［葡］施白蒂：《澳门编年史》，19世纪卷，第26页，转引自杜婉言：《清代香山县丞对澳门的管治》，《文化杂志》中文版第44期，2002年秋季刊，第39页。

③ ［清］王之春撰，赵春晨点校：《清朝柔远记》卷八，中华书局1989年版，第175页。

④ 章文钦：《澳门历史文化》，中华书局1999年版，第224页。

十六人，从重分别定拟。①

道光三年二月十二日（1823年3月24日），署香山知县冯晋恩谨遵谕旨，再次饬令澳葡理事官，禁止额船夹带私贩鸦片。

谕到该夷官唛嘧哆等，即便遵照，嗣后西洋夹板船进口，务须恪遵大皇帝谕旨，毋得仍前夹带鸦片，私自贩运各处。倘该夷船舵水人等复有携带牟利者，该夷官俟到澳之日，务即赴船询明，眼同勒令烧毁，或全行抛弃海中，以净根株。如敢阳奉阴违，仍复私自贩卖，该西洋船不过恃夷楼为藏身之固（以为向无官差查验，可免败露。不知私贩鸦片，大干例禁），为向屡经告诫，该夷人倘敢蔑犯王章，断难稍事姑容，惟有禀请大宪，奏明办理，仍行文该国王，恐该夷官不能膺此重咎也。②

道光十六年（1836），清廷议定食鸦片烟罪。③十九年（1839）三月，钦差大臣林则徐奉命至广东查禁鸦片，就任后立即采取一系列行动，不仅严令英美烟贩缴出鸦片两万多箱，在虎门当众销毁，而且还明确要求澳门同知、香山知县及香山县丞等官员，彻底查禁鸦片，清点居澳夷人户口，随时掌握澳夷的动向。他与两广总督邓廷桢联衔谕示澳门同知，着其转谕澳葡当局："该西洋住澳夷人，多有私将鸦片存贮夷楼，贩卖渔利，历次拿获烟匪，供指卖（买？）自澳夷，确有案据。叠经本大臣、本部堂谕饬该同知，转谕该夷目委（唛）嘧哆遵照，毋许奸夷囤贮售卖，并令将所存烟土呈缴。"④他明确谕令澳葡："限三日内开单尽数呈缴该同知收贮，听候本大臣、本部堂按临澳门亲督验收。……倘再执迷不悟，不肯尽数缴呈，妄思存留售卖，是其有心违抗，怙过不悛，虽以天朝柔远绥怀，亦不

———————

① 梁嘉彬：《广东十三行考》，转引自黄文宽：《澳门史钩沉》，澳门星光出版社1987年版，第164页。

② 刘芳辑，章文钦校：《清代澳门中文档案汇编》上册，第254件，澳门基金会1999年版，第146页。

③ ［清］王之春撰，赵春晨点校：《清朝柔远记》卷八，中华书局1989年版，第183页。

④ ［清］林则徐：《信及录》，上海书店1982年版，第52页。

能任其藐玩，惟有撤去买办，封澳挨查，从重惩创，恐该夷不能久居澳地也。"[1]在给道光帝的奏疏中，他说：

> 于四月间，檄委署佛山同知刘开域、署澳门同知蒋立昂、香山县知县三福、署香山县县丞彭邦晦，仿照编查保甲之法，将通澳华民一体按户编查，毋许遗漏，并督同该夷目搜查夷楼，有无囤贮鸦片。……惟该处华夷丛杂，最易夤缘为奸，应请于每年秋间，查照现在编查之法，檄饬澳门同知督同香山驻澳县丞，编查一次，造册通详，再由督抚两司分年轮替前往抽查。如有澳夷囤贩禁烟及庇匿别国卖烟奸夷等弊，即行随时惩办，以清弊薮而靖夷情，似于边徼防维不无裨益。[2]

早在雍正年间，葡萄牙人即已开始将鸦片从印度输入至澳门，鸦片的进口数量由两百箱逐渐增长至一千箱。到乾隆朝中期，英国人加入到贩运鸦片的行列之内，输入中国的鸦片数量自此开始逐年激增，到道光中期，年输入量竟跃升至三万余箱。"当时输入的鸦片，绝大多数都是经由在穗澳两地居停贸易的英国散商的船只或澳门葡人所有的'额船'夹带入口，澳门遂变为囤藏倾销鸦片的主要口岸。居住当地的中外不法分子，及番差人等，亦多有互相勾串结成团伙，或利用三板快艇在洋面接驳，或在澳门市面开设'窑口'转销。"[3]从乾隆末年以至道光中期，清朝政府不断加强查禁鸦片走私贸易的力度，虽然最终效果并不理想，但总体来说，清朝官方严禁鸦片的态度是一以贯之和较为坚决的。嘉庆元年，清廷下令禁止鸦片进口，并谕饬两广总督、粤海关监督等官员切实遵旨查禁。从《清代澳门中文档案汇编》所藏嘉庆、道光年间为查缴、严禁鸦片走私贸易，广东地方官员下发澳葡理事官的谕令中可以看出，尽管澳葡当局与别国烟商基于自身利益和立场的考虑，在中方查禁澳门鸦片走私贸易的过程中制造了

---

① ［清］林则徐：《信及录》，上海书店1982年版，第53页。

② 中山大学历史系中国近代现代史教研组、研究室编：《林则徐集·奏稿》中册，中华书局1965年版，第681—683页。

③ 韦庆远：《澳门史论稿》，广东人民出版社2005年版，第190页。

许多的障碍，但澳门同知、澳关委员、香山知县及县丞等地方官员在严格执行朝廷禁烟旨令、严厉查禁鸦片走私贸易、全力维持对澳海关管理权方面，是采取了坚定的立场并为之付出过巨大努力的。

1849年以前，对澳门的海关管理权一直掌握在中国政府手中。澳门在中外交通贸易中的特殊地位及其独特的地理位置，使得澳门在清初的迁海和康熙朝的南洋之禁中都幸免于难，成为唯一免迁和准许通南洋的口岸。在对澳葡额船的管理方式上，沿用管理中国船只的办法；在征收额船进出口关税时，也是施行一系列优惠措施，清政府对澳葡船只采取了不同于其他外夷商船的管理举措。粤海关建立之后，澳门总口与省城大关总口一样，成为粤海关属下地位最重要的总口之一，它下设四个小税口，分别履行稽查、征税和监管船只出入的职能，分工的细致，显示出管理体制的日益完备。粤海关在澳门设有海关监督行台，由澳关委员驻扎，就近处理有关事务。在当时的对外贸易中，根据"到粤洋船及内地商民货物，俱由海运直抵澳门，不复仍由旱路贸易"①的原则，澳葡和吕宋等国的商船，被允许进入澳门港口贸易。英美等其他西方国家的商船，则应首先停泊在澳门附近海面，向澳门同知衙门请领引水和买办，由澳门关部行台颁发部票，然后才可以驶入广州黄埔口岸，起卸货物贸易。清政府将澳门作为限制外商活动的理想场所，规定外商均须寓居澳门，待贸易季节开始后才可移至省城居住，所带家眷只能寄居澳门，不可随行入省等等。作为广州的外港，在广州成为中国对外贸易的唯一通商口岸之后，在当时只允许一口通商的情况下，澳门安置外商、限制外商活动的作用更是以法令条例的形式确定下来。随着一系列防范外商章程的制订，清朝政府对澳门的贸易管治不断加强。从乾隆末年至道光中期，在查禁以澳门为基地的鸦片走私贸易方面，清朝政府采取了坚决的措施并不断加强禁烟的力度，而这些正是中国政府在贸易方面拥有对澳门管治权的重要表现。

---

① 转引自黄启臣：《澳门通史》，广东教育出版社1999年版，第173页。

　　澳门海防的特殊性和重要性不言而喻，《新修香山县志》中一句"广州海防，以香山为要，而香山海防，尤以澳门为要"①，已是最好的证明。自清朝初年开始，清政府就一直在澳门西北面的前山寨驻有军队，随着形势的发展，还不断提高领将级别、增加驻守兵额，嘉庆时更是设立前山专营，以提高对澳门的控御能力。由此可知，清政府对澳门的军事防备是相当重视的。同时，清朝政府还允许居澳葡人在澳门设立炮台、驻有守兵，使其不仅可以实现在租居地内的自我保护，而且能够协助清军驱逐外夷和海盗，以夷制盗、以夷防夷，充分发挥其作为一支地方武装应有的作用。而这样利用澳葡守卫澳门的政策本身，也说明清政府在澳门是可以有效行使军事管治权的。

---

　　①　［清］祝淮：《新修香山县志》卷四《海防》，道光七年（1827）刊本。

以夷制盗——以剿抚张保仔海盗集团事件为例

　　清朝政府在拥有强大军事实力的前提下，因为天时地利人和等内外诸因素的配合，不仅自身能够完成对澳门的军事保护与控制，在有自主能力控夷保澳和御剿中外海盗的基础上，在某些情况下还允许澳夷参与助剿海盗。在此过程中，清朝政府对澳葡军事武装的征调、对澳葡参与剿抚行为的安排处置，均是其牢牢掌握对澳军事管治权的有力证明。在此，仅以嘉庆年间清朝政府剿抚张保仔海盗集团事件为例，论述清王朝在有足够能力控御澳门基础上的"以夷制盗"政策。

　　嘉庆十五年（1810）4月，活跃于珠江口一带的张保仔海盗集团在香山县被清政府招安。20日，①两广总督百龄亲至香山县芙蓉沙，受降仪式上，盗首张保仔被授以千总官衔，其他海盗或封官，或归里，"从此洗心革面，成为帝国忠诚的子民"②。这样，一场困扰清廷多年的海盗事件最终得以圆满解决。然而，张保仔海盗集团一直以来是以香港近海的大屿山为大本营的，最后却在香山县被招安，香山之所以能够成为朝廷剿抚海盗的主要力量，究其原因，这与香山特殊的地理位置及其在广东海防中的重要作用是分不开的。正如《新修香山县志》中所说："言粤东海防者，以广州为中路，而广州海防又以香山为中路，左则东莞、新安，右则新会、新宁，必犄角之形成，应援之势便，然后近足以严一县之锁钥，而远足以立一郡之藩篱。……天启初建前山寨，国朝改设海防同知，专立前山营制澳

---

　　① 据［美］穆黛安著，刘平译：《华南海盗（1790～1810）》，"海盗的正式投降时间是1810年4月20日"。中国社会科学出版社1997年版，第150页。

　　② ［瑞典］龙思泰著，吴义雄等译：《早期澳门史》，东方出版社1997年版，第136页。

夷。张保骚乱，各要隘设碉楼水栅，可谓筹之详矣。……要之，海防之防海寇也，地递变则忧递纾；海防之防澳夷也，时愈久则患愈迫。……故广州海防，以香山为要，而香山海防，尤以澳门为要。"①

"粤省左捍虎门，右扼香山。香山虽外护顺德、新会，亦全粤之要津，外海内河奸宄不少，况共域澳门，外防番船，与虎门为犄角，未可轻视。"②卢坤在《广东海防汇览》中也写道："他省海防止防海寇，粤省则兼防夷人，故就通省之形势论，则香山最要；就香山之情事论，则澳门最要。"③香山海防，既要"防海寇"，又要"防外夷"，因而比广东其他地区之海防更显责任重大。而对于此地的海防问题，明清政府均采取过"以夷制盗"这一较为稳妥的策略，即动用为香山县管治下的澳门葡人的武装力量，使其能够在实现限于澳门半岛范围内的自我保护的同时，可以协助中国军队剿捕海盗，发挥出一支地方武装应有的作用。

既然"香山海防，尤以澳门为要"，而澳门防守的重点又在其西北面的前山寨和澳门半岛本身，因而下面拟对此两地在嘉庆十五年（1810）前后的军事驻防情况作一分析探讨，以说明在张保仔海盗集团活动最为猖獗的时期，清政府是如何加强对澳门的防御及利用澳葡武装力量剿捕海盗的。

一、前山寨驻军的增减

> 广州诸舶口，最是澳门雄。
>
> 外国频挑衅，西洋久伏戎。
>
> 兵愁蛮器巧，食望鬼方空。
>
> 肘腋教无事，前山一将功。④

---

① ［清］祝淮：《新修香山县志》卷四《海防》，道光七年（1827）刊本。

② ［清］王之春撰，赵春晨点校：《清朝柔远记》卷二十《沿海形势略》，中华书局1989年版，第397页。

③ ［清］卢坤等：《广东海防汇览》卷三《舆地二·险要二》，清道光刊本。

④ ［清］屈大均：《翁山诗外》卷九《澳门》，引自印光任、张汝霖著，赵春晨校注：《澳门记略校注》上卷《形势篇》，澳门文化司署1992年版，第30页。屈大均在其《广东新语》卷二《地语·澳门》中还说："一寨在前，山巅有参将府，握其吭，与澳对峙。澳南而寨北，设此以御澳奸，亦所以防外寇也。"屈大均：《广东新语》（上），中华书局1985年版，第36页。

屈大均的这首诗，道出了澳门半岛的险要形势，也道出了诗人对前山驻军重要性的深切感受。

"大小横琴之东则蠔镜一澳，盘踞夷人，惟恃前山寨为关钥，特设同知，筑城以弹压之。又以关闸汛为咽喉，尤一邑之吭也。"① "邑人何准道曰：设险守国，昔人绸缪桑土，至计也。西洋种类附处濠镜澳，官兵驻前山以扼其吭，使不得为内地患，此寨所由设也。"② "窃查广州府属香山县，有澳门一区，袤延一十余里，三面环海，直接大洋，惟前山寨一线陆路通达县治，实海疆之要地，洋舶之襟喉也。"③从这一系列的引文中可以看出，提及前山寨，首先想到的是它对澳门的"扼吭之势"，是它自身地位的关键和特殊。有清一代，前山寨始终设有各种建制不同的驻军，在实现对澳门及其周围地区的有效安全防御方面，发挥了重要作用。

对于清朝初年前山寨的驻军情况，康熙《香山县志》中是这样记载的：

国朝顺治四年，本寨（按：即前山寨）额设官兵五百员名。两王入粤，改设官兵一千员名。康熙元年七月，内添拨抚标，奉裁官兵五百员名，入在寨额，驻防县城。国朝康熙三年以前，参将一员，左右营千总两员，把总四员，共官兵一千员名。康熙三年，内改设副总府衙门，添设左右营各都司一员，各守备一员，各千总一员，各把总二员，共添设官兵一千员名。本寨副总府一员，左右营共都司二员，守备二员，千总四员，把总八员。康熙三年五月，内勘海公疏，添兵五百名，共官兵二千员名。左营额设官兵一千员名，除陆续抽拨及逃故，奉文裁减，不准顶补，共缺

① ［清］张嗣衍：乾隆《广州府志》卷二《舆图·香山县图说》，清乾隆刊本，收入中国第一历史档案馆、澳门基金会、暨南大学古籍研究所合编：《明清时期澳门问题档案文献汇编》第六册，人民出版社1999年版，第152页。

② ［清］申良翰：康熙《香山县志》卷九《兵防·前山寨》，1958年广东省中山图书馆油印本。

③ 印光任、张汝霖著，赵春晨校注：《澳门记略校注》上卷《官守篇·为敬陈抚辑澳夷之宜以昭柔远以重海疆事（潘思榘）》，澳门文化司署1992年版，第74页。

额设兵七十二名，尚实官兵九百二十八员名。康熙八年八月，内奉行复勘海公疏，题定本营台汛七处。

右营于康熙四年内设立，原经制额设官兵一千员名，内除抽拨及逃故，奉文裁减，不准顶补，共缺额兵一百三十六名，实额官兵八百六十四员名。额设大小哨船二十五只。康熙七年，内奉行议，将本营大船裁撤，及别调另设，复六橹两橹及留原本营小船，共哨船二十五只。康熙八年，内更设营制，奉公疏，题定本营新添设防海口官兵四百零三员名，配驾船只防守。①

对此，《澳门记略》中有着大致相同却又更为简略的记载：

顺治四年，设前山寨，官兵五百名，参将领之如故。两王入粤，增设至一千名，辖左右营千总二、把总四。康熙元年，以抚标汰兵五百名增入寨额，分戍县城。三年改设副将，增置左右营都司、金书、守备，其千总、把总如故，共官兵二千名。时严洋禁，寨宿重兵，而莲花茎一闸岁放米若干石，每月六启，文武官会同验放毕，由广肇南韶道驰符封闭之。七年，副将以海氛故，请移保香山，留左营都司及千总守寨，分把总一哨戍闸。②

以上引文描述出顺治四年（1647）至康熙八年（1669），前山寨驻防的基本情况：

（1）顺治四年（1647），前山寨共设官兵五百名，由参将统率。两王入粤后，增至一千名。③

---

① ［清］申良翰：康熙《香山县志》卷九《兵防·前山寨》，1958年广东省中山图书馆油印本。

② 印光任、张汝霖著，赵春晨校注：《澳门记略校注》上卷《官守篇》，澳门文化司署1992年版，第72页。

③ 据《清世祖实录》卷五八，"顺治八年七月丙戌"条，"定广东官兵经制。……香山澳各设参将一员，水师一千名，中军守备一员，千总二员，把总四员"。

（2）康熙元年（1662），前山寨增兵五百，寨中兵额数达到一千五百名。

（3）康熙三年（1664），从二品的副将成为前山寨最高统帅，驻兵更是增至二千名。只是康熙《香山县志》中"添设左右营各都司一员，各守备一员，各千总一员，各把总二员"与《澳门记略》中"增置左右营都司、金书、守备，其千总、把总如故"，有记载不一致的地方，似应以康熙《香山县志》为准，因为暴煜的乾隆《香山县志》同样提到了康熙三年（1664）"添设左右营，都司二员，守备二员，千总二员，把总四员"①之事，可证明《澳门记略》所说"其千总、把总如故"之误。

从顺治朝开始，前山寨驻防兵额不断增加，最高时官兵数额达两千名，由副将统率。充分显示出在海氛未靖、国家尚未完全安定统一的形势下，清政府对澳门及其周围地区防御的重视。

（4）康熙七年（1668），"海贼从寨右海口登岸，攻劫附寨果福园村，杀掳甚多。副镇遂请移寓县城，以为城垣凭依，贼不敢犯，坐令扼塞之地，武备损威"。②这也就是《澳门记略》中所说的"（康熙）七年，副将以海氛故，请移保香山，留左营都司及千总守寨，分把总一哨戍闸"。可见此时前山驻兵有所减弱，一半的兵力被调去保护香山县城，而前山由于没有"城垣凭依"，其防御体系可以说还是较为薄弱的。

（5）康熙八年（1669），"更设营制，……添设防海口官兵四百零三员名"，当是在迁海政策实行之际，进一步顺应迁海之目的即打击郑成功海上武装力量而采取的适时举动。

康熙五十六年（1717），前山寨建土城，"周围四百七十五丈，高九尺，下厚三尺，上厚二尺，每城二十丈，增筑子城一丈，凡二十四丈。为门三：南曰前丰，东曰物阜，西曰晏清。北逼于山，故不门，起炮台兵房于西南二门上，台各置炮四位，又分置城上者六。二门外复建台，列炮

---

① ［清］暴煜：乾隆《香山县志》卷三《兵制》，乾隆十五年（1750）刊本。

② ［清］申良翰：康熙《香山县志》卷九《兵防·前山寨》，1958年广东省中山图书馆油印本。

各十，皆知县陈应吉经理之"。①虽然没有提及此时的官兵驻防情况，但拥有了城墙和炮台、防御系统更加完整的前山寨，兵额当只会减不会增，而且由于此时社会处于较为安定的时期，清政府也没有必要在一处海氛已靖的地区集中大量兵力进而支付庞大的军费开支。其实早在康熙四十二年（1703），就已"奉文裁减外海艍船二只，拨入广海寨，内河浆船一十四只，拨入碣石镇大鹏营、春江协吴川营、海安营、硇州（按：亦作洲）营等处，尚存外海艍船六只"②，应当是同样的防御理念在起作用。

雍正初年，两广总督郝玉麟在其《议改营制十三条事宜疏》中进而建议将原先由香山协拨去驻防前山寨城之左营守备一员仍旧调回县城，可知此时的前山驻防还是较为稳妥的。

> 香山要地之宜移设官员也。查香山协额设副将一员、都司二员、守备二员、千把十二员，专管香山水陆地方。因协属之前山寨逼近澳门，康熙五十六年间，建筑寨城，拨该协左营都司一员、守备一员、经制千总一员、外委一员，带兵一百五十名，前往寨城驻防，以示控制。但前山虽近澳门，究属蕞尔弹丸，居民稀少，况离澳门五里设有关闸，已安经制把总一员、外委一员、目兵二十六名，而前山复驻扎都守千把多员，殊觉繁冗。且香山县城居民稠密，兼有仓库监狱，尤为根本要地。该协右营都司已出防漳州，存城止有副将一员、右营守备一员，一遇出巡，或因公差遣，城池重地，竟无大员弹压，殊为未便。臣等细加斟酌，莫若将该协原拨驻防前山寨城之左营守备一员调回县城驻扎，俾得就近料理粮饷军械，操练存城兵马。③

《澳门记略》上卷《形势篇》中关于前山建城的记载与方志中所述情形基本相同，其后，它进而提到，"雍正八年，设县丞署。乾隆九年，建广州府海防同知署于副将府地，悉如旧制，旁增兵舍百间，以县丞署为海

---

① ［清］祝淮：《新修香山县志》卷二《建置·城池》，道光七年（1827）刊本。
② ［清］暴煜：乾隆《香山县志》卷三《兵制》，乾隆十五年（1750）刊本。
③ ［清］郝玉麟：雍正《广东通志》卷六二《艺文志四》，文渊阁四库全书本。

防营把总署，而前山之势益重"。①

《官守篇》中关于设立海防同知的记载更为详细：

（乾隆九年）始以肇庆府同知改设前山寨海防军民同知，以县丞属
之，移驻望厦村。用理猛南澳同知故事，增设左右哨把总，马步兵凡一百
名，桨橹哨船四舵，马十骑，于香、虎二协改拨，别为海防营，直隶督
标。辖首邑一，曰番禺；支邑三，曰东莞，曰顺德，曰香山。一切香、虎
各营春秋巡洋，及轮防老万山官兵沿海汛守机宜，皆得关白办理。②

由上述引文可知，雍正、乾隆年间的前山寨防御体系比以往更加完
备，朝廷对香山海防也越发重视，尤其是在前山寨设立海防军民同知府以
后，广州府辖下的番禺、东莞、顺德、香山各县亦即珠江口的一切海防事
宜皆归其管辖，一方面"前山之势益重"，另一方面也说明由同知、县丞
管辖下的前山寨防御系统，是以文治为主的。而乾隆十年（1745），又
"设海防营驻前山寨，拨香山协右营把总一员、虎门协右营把总一员过
营，隶海防同知管辖"。③

至于兵力驻守情况，目前可见的较为详细的记载是于乾隆十五年
（1750）修成的《香山县志》中所述情形，即"左营都司一员，驻扎前山
寨城，领马步战守兵六十五名。……左营右哨千总一员，驻防前山寨炮
台，专管前山古鹤等汛。前山炮台陆汛目兵二十二名，……左营左哨头
司把总一员，驻防关闸，专管关闸、十字门等汛。关闸陆汛目兵二十二
名"。④左营在寨城及附近地区仅驻兵一百余名，兵力已较清朝初年大为
减弱。

---

① 印光任、张汝霖著，赵春晨校注：《澳门记略校注》上卷《形势篇》，澳门文
化司署1992年版，第22页。

② 印光任、张汝霖著，赵春晨校注：《澳门记略校注》上卷《官守篇》，澳门文
化司署1992年版，第74页。

③ ［清］阮元：道光《广东通志》卷一二五《建置略一》，道光二年（1822）
刻本。

④ ［清］暴煜：乾隆《香山县志》卷三《兵制》，乾隆十五年（1750）刊本。

乾隆二十年（1755），两广总督杨应琚的奏折对此也稍有提及。"前山寨驻有海防军民同知暨都司各一员，带领弁兵一百八十余名并哨船四艘，往来澳地周遍巡查。"①

然而，自嘉庆十二年（1807）开始，清廷对前山寨的军事驻防又格外重视起来。先是是年四月，朝廷调浙江提督李长庚至广东剿捕海盗，两广总督吴熊光为与李长庚商谈剿盗事宜，巡视澳门。然后在次年一月，吴熊光再度巡阅澳门，视察海盗问题。接着，嘉庆十四年（1809）正月，百龄被任命为两广总督，上任后随即带同澳门同知及香山知县驰赴澳门，对澳中各处炮台及要隘形势详加履勘。②回到广州后，百龄奏请朝廷，于前山"设立专营，内护香山，外控夷澳，始足以壮声威而昭体制。应请改游击一员，中军守备一员，水师千总一员，把总二员，外委二员，额外外委二员，招募兵马步战守四百名，分左、右二哨，作为前山营。其游击、守备驻扎寨城镇守，均改为陆路题缺。派拨把总一员，带兵六十名，专防关闸汛地；外委一员，带兵二十名，协防关闸外里许之望厦村。并将同知旧管之兵丁九十名，再新兵十名，交水师千总督率外委一员管带，驾坐桨船，在澳门之东、西、南三处海面往来巡查，统归游击管辖，就近隶左翼镇兼辖"。③此一建言，既与当时英军侵略澳门有关，也与张保仔海盗集团在珠江流域大肆劫掠、活动甚为猖獗有关。前山专营之设有防止海盗登岸劫掠之目的在其中。

《新修香山县志》中不仅记载了此次设营增兵之事，④而且对关闸及周围地区增防情况，也有所提及：

① 故宫博物院编：《史料旬刊·乾隆朝外洋通商案》，第357页，转引自王东峰：《清朝前期广东政府对澳门的军事控御》，载《文化杂志》第39期，1999年夏季中文版，第101页。

② 详见章文钦：《明清时代中国高级官员对澳门的巡视》，载《澳门历史文化》，中华书局1999年版，第19—23页。

③ ［清］梁廷枏辑：《粤海关志》卷二十《兵卫》，台北成文出版社1968年版，第1459—1460页。

④ ［清］祝淮：《新修香山县志》卷三《经政·营制》，道光七年（1827）刊本。

嘉庆十四年，立专营制澳夷，作为前山营。关闸加筑石垣，建哨楼一座，修复营房九间。距关闸三里，建营房六间，望楼一座，烽台三座。前山营添建军装局一间，兵房四百一十八间，并修复海防营旧兵房九十间，火药局二间，演武亭一所。知县彭昭麟经理其事。①

同年，前山寨城内还建立前山寨游击署和守备署。②至嘉庆十五年（1810），"因设水师提督，区分水陆，（前山营）改归广州协管辖"。而此时的兵力驻防，则是"存营游击一员，守备一员，千总一员，把总二员。外委二员，额外外委四员，马步战守兵原共五百名，系将原海防营兵及督抚标兵移拨"。③

然而到了嘉庆十七年（1812），也就是张保仔海盗集团被肃清之后两年，前山又"裁兵七十名，并抽拨把总一员往三水营。又嘉庆二十三年裁兵三名，并抽拨外委一员往三水贴防大塘墟卡"。④"道光十一年，拨往大鹏营右营四十名。"⑤由此可以进一步证明在海盗肆虐的嘉庆初年，朝廷对前山驻防的重视，而张保仔海盗集团一直以大屿山为大本营，最终却被招降于香山县的芙蓉沙，也就不足为奇了。

乾隆《广州府志》中说："郡出海之门二十有六，而扼要者虎门、厓门、澳门也。……三隘为全粤障蔽。"⑥澳门在广东海防中的重要地位毋庸置疑，而且由于自明朝万历初年开始，澳门半岛部分地方一直为葡人租居，因而此地的防御问题，比别处更显关键和特殊。前山寨和关闸口的驻军自然足以制服澳夷，同时清政府允许葡人在澳门拥有自己的武装并设立

---

① ［清］祝淮：《新修香山县志》卷二《建置·城池》，道光七年（1827）刊本。
② ［清］阮元：道光《广东通志》卷一三〇《建置略六》，道光二年（1822）刻本。
③ ［清］祝淮：《新修香山县志》卷三《经政·营制》，道光七年（1827）刊本。
④ ［清］祝淮：《新修香山县志》卷三《经政·营制》，道光七年（1827）刊本。
⑤ ［清］卢坤等：《广东海防汇览》卷九《营制二·兵额》，清道光刊本。
⑥ ［清］张嗣衍：乾隆《广州府志》卷七《海防》，清乾隆刊本，收入中国第一历史档案馆、澳门基金会、暨南大学古籍研究所合编：《明清时期澳门问题档案文献汇编》第六册，人民出版社1999年版，第153页。

炮台，也不失为一种有效的防御力量。在剿捕张保仔海盗集团的过程中，这一武装力量就曾发挥出其应有的作用。

嘉庆十四年（1809），在百龄到达广东之前，韩崶以广东巡抚署两广总督，先行前往澳门、虎门及蕉门等各处海口巡阅，待百龄到粤、共同巡视之后，于广州商讨海防事宜，其时除做出设立前山专营、提高领将级别及添拨驻守兵额的建言外，进而奏请增筑澳门炮台，提高澳门半岛内的防御能力。对此，《清朝柔远记》中是这样记载的：

> 嘉庆十四年（1809），春二月，增筑澳门炮台。时，永保道卒，韩崶抵任，查阅澳门，奏称："澳门西洋人旧设炮台六坐，自伽思兰至西望洋，炮台迤南沿海一带，石坎形势低矮，上年英吉利夷兵由此登岸，今拟加筑女墙一道，增高四、五尺，共长二百余丈。"奉旨俞允。于是前山寨设游击、守备、水师千总各一，把总、外委、额外外委各二，募马步兵四百，分左右哨，为前山营。一把总率兵六十防关闸，汛其闸外之望厦村，并派弁兵协防。又于虎门亭之新埔山添建炮台，蕉门海口排桩沉石，以杜绕虎门进狮子洋之路，层叠钤束，以资控制。[①]

不仅如此，在海盗肆虐的嘉庆年间，澳葡的武装力量在奉命协助清军剿捕海盗方面，可以说是不遗余力。张保仔海盗集团最终能被顺利招降，除了清军和民间武装力量的共同努力外，为香山县管治下的澳门葡人的武装也与此事不无关系。

二、澳葡参与剿抚张保仔海盗集团

《清代澳门中文档案汇编》第874件收录的是嘉庆十年六月十七日（1805年7月13日），香山知县彭昭麟为饬查澳蕃嗢喥船被掳劫事下发给澳葡理事官的谕令：

---

① ［清］王之春撰，赵春晨点校：《清朝柔远记》卷七，中华书局1989年版，第159页。

澳门夷人嗯唛自安南置有小夷船一只,顺载红木、槟榔等物回澳,五月初九日行抵万山南边夷洋处所,被盗匪郑一等围劫。因该夷船系属新置,并无军火、炮械,仅有夷人八名、民人五名在船驾驶,不能抵御。致将人船掳劫后,将民人二名放回,约在广州湾洋面取赎。除移巡洋舟师追捕并禀各宪外,合谕确查。谕到该夷目,立即查明有无新造夷船被贼掳劫?现在曾否放回?克日飞禀察核,以凭转报,毋得迟违。速速。特谕。①

郑一是张保仔的养父,而张保仔是在郑一身殁之后登上盗首之位的,所以此次劫掠事件也可视为张保仔海盗集团所为。他们平时大多劫掠过往的官船和洋人货船,旁及广东沿海乡村,偶尔也会被骚扰掳劫。此谕令之后,彭昭麟和县丞吴兆晋又多次②就此事谕令澳葡理事官:"立即遵照指饬情节,逐一确查明白,星飞禀复。……以便禀请派拨舟师前往擒捕,毋得仍前率混,致干未便。"③广东巡抚百龄也亲自做出批示:"查洋匪郑一等劫掳夷船货物人口,复放回民人,通线收赎,猖獗已极,候即据禀移咨督部堂,飞调舟师驰赴,痛加剿捕,以靖海氛。按察司星飞移行该地文武及巡洋舟师,督率兵役,多驾船只,配足军火、炮械,即日出洋探明盗匪现在去处,奋力追擒,务得各盗匪及被掳人口全获解报,毋稍畏缩观望,大干参究。仍饬香山县速将本案被盗劫掳情形,失赃确数,会营勘明,绘图详送察核。"④几件谕令中,"即速查明""星飞禀复""毋再刻迟"的字样充斥其间,很明显这是上级对下级的指令,不容拒绝和违抗。

---

① 刘芳辑,章文钦校:《清代澳门中文档案汇编》上册,澳门基金会1999年版,第451页。

② 分别为刘芳辑,章文钦校:《清代澳门中文档案汇编》上册,第875、877、879、880、881件,澳门基金会1999年版,第451—455页。

③ 刘芳辑,章文钦校:《清代澳门中文档案汇编》上册,澳门基金会1999年版,第453页。

④ 刘芳辑,章文钦校:《清代澳门中文档案汇编》上册,澳门基金会1999年版,第454页。

　　嘉庆十年八月二十日（1805年10月12日），《香山知县彭昭麟为饬令番船二艘在澳门洋面巡缉事下理事官谕》中提到："谕到该夷目，即便遵照，饬令吧喇吰、哥斯达二船在于濠镜一带洋面昼夜巡缉，毋使贼匪游奕（弋）肆劫。凡遇商船出入，严加防护，务保无虞。"①而第1001件，嘉庆十一年六月二十八日（1806年8月12日），《香山知县彭昭麟为饬派拨三板赴灯笼洲防堵事下理事官谕》又说："向来灯笼洲一带，系该夷目三板在彼屯札，以堵贼匪小船窜入，颇为得力。仍恳饬夷目，照旧驶放堵御，庶货船得以通流。"②饬令澳葡派兵巡查澳门洋面，如此安排处置说明，清政府是把澳葡的武装力量当作中国地方武装来看待的，他们虽然拥有自己的武装，可以在澳门城内驻兵，但由于没有相应的异国正规军队的政治地位，所以这一武装力量除用来保护自己之外，也必须听从清政府的调遣。

　　正如《清代澳门中文档案汇编》第1006件，嘉庆十二年五月二十日（1807年6月25日），《香山知县彭昭麟为饬派拨番船协同捕盗事下理事官谕》中所说：

　　本县现拟调齐红单及缯巡各船，择期进剿，分路兜擒，该夷目等住居澳门，素荷天朝豢养，亦应选拨夷船，驶出联帮，将香山二一股贼匪协力剿灭，庶上报大皇帝怀柔之德，并使来往商民亦可安枕。③

　　香山二是张保仔的得力助手，这次的剿捕行动显然是针对张保仔海盗集团的。而第1013件，嘉庆十四年十月初三日（1809年11月10日）的《署澳门同知朱为饬番船赴新安剿捕事下判事官谕》中提到"查新安赤沥角洋

―――――――――

　　① 刘芳辑，章文钦校：《清代澳门中文档案汇编》上册，第999件，澳门基金会1999年版，第504页。

　　② 刘芳辑，章文钦校：《清代澳门中文档案汇编》上册，澳门基金会1999年版，第504页。

　　③ 刘芳辑，章文钦校：《清代澳门中文档案汇编》上册，澳门基金会1999年版，第507页。

面现有匪艇游奕，该夷兵船宜速备齐炮火，前往新安剿捕"。①此一阶段
是张保仔海盗集团活动最为猖獗的时期，档案中所说的游弋匪艇，也当为
张保仔一系。光绪《广州府志》彭昭麟传记中的记载，可进一步证实此种
推测：

（嘉庆十四年）冬，贼数百艘避风于新安之赤历角，昭麟侦其实，即
请兵于提督孙全谋，并檄缯船、夷船分扼隘口。孙全谋军其西，昭麟军其
东，为一举灭贼计。贼乘风张帆西出，孙全谋麾师船避之，昭麟觉，率缯
船夷船追之不及。归则欷歔语绅士曰：虎狼既纵，不复得矣。摩厉以须，
公等慎无怠。明年，贼受抚，海患纤。②

赤沥角一战的失败，使张保仔海盗集团损兵折将，实力大为减弱。此
战之后，张保仔萌生投诚之意，加之清政府此时对其恩威并施，许其立功
赎罪，于是在嘉庆十五年（1810）四月，张保仔率红旗帮两万多贼众向两
广总督百龄请降。百龄亲临香山芙蓉沙抚降，授以张保仔千总官衔。

祝淮的《新修香山县志》卷八《事略》中对这段投诚、受降的过程记
载得颇为详尽：

（嘉庆十五年）四月，贼张保、郑石氏、萧鸡烂等归正，总督百龄亲
莅香山抚之。是时张保等久居洋面，人众艰难食，卤潮蚀船不能修葺，因
而有归顺志。地方大吏以兵力不能制，亦遣官谕之，而未信也。湖南人周
飞熊（按：即周飞鸿）者流寓澳门，与保有旧，请于制府，奉檄往说。保
等意决，约会舟邑城南大涌村前面，制府为信许之。百龄至香山，驻节丰
山书院，司道官及委员至大涌，勒兵其北，贼数百艘泊其南。张保及郑石
氏乘轻舟，竖招安旗抵石岐，入见百龄。是夕，百龄令官军戒严。越日，
抚议定，众头目冠带见司道官于舟中。百龄令籍其船及炮没官，贼党给凭

① 刘芳辑，章文钦校：《清代澳门中文档案汇编》上册，澳门基金会1999年版，
第509页。
② ［清］史澄：光绪《广州府志》卷一一〇《宦绩七》，光绪五年（1879）刻本。

费归里，或安插耕作。所掠妇女，咸属领回。张保授千总衔。郑石氏故郑一妻，保其义子也，令室之，余多授官者。即檄张保领兵捕余寇，保诱擒麦有金于儋州，以功擢守备。百龄令知县彭昭麟筑台大涌海旁，额以"大德日生"，记其事于上。①

西方文献中，龙思泰的《早期澳门史》曾详细记录张保仔海盗集团最终投诚清朝政府的经过，只是书中没有提到周飞鸿，却对受命招安的另外一人、时任澳葡判事官的喽嗻嘀呖叙述颇多：

这次的坏运气和食物的日益缺乏，威胁着海盗船队，当时它停泊在香山海湾，其出入口被联合舰队所封锁，是造成海盗投降的最为紧迫的原因。由两广总督百（按：指百龄）授权，喽嗻嘀呖和张不断谈判，徐和潘两位官员也在场。谈判取得了进展，确定与两广总督一起召开一次会议。会议于2月底在虎门附近召开。它因一种谣言而中断。谣传澳门总督已命令阿尔坎福拉多不要让海盗出香山湾，而不按已商定的方案行事。这件事使害怕背信弃义行为的海盗头目大为惊恐，以致他们从会议所在地逃走，回到各自的船队。两广总督授权喽嗻嘀呖解决归附的条件问题后，回到广州，喽嗻嘀呖也回到澳门。在打消澳门总督的所有顾虑后，他将谈判活动恢复，并机智地处理此事，使张保终于同意遵照两广总督的命令，将各船队带到一个叫做"芙蓉沙"的地方。两广总督于1810年4月12日来到香山，向海盗受降，喽嗻嘀呖出席了仪式。他交给他们一道皇帝的诏书，诏书中宣布，"赦免他们的所有罪过，他们从此洗心革面，成为帝国忠诚的子民"。通过这一宽恕的法令，皇帝消除了22000名敌人，他们拥有360艘船，1200门炮，7000多件火枪和刀剑，这是从四支船队中收缴到的，列于官方档册。②

章文钦认为，《香山县志》与龙思泰的记载，在时间及受命招安的人

① ［清］祝淮：《新修香山县志》卷八《事略》，道光七年（1827）刊本。
② ［瑞典］龙思泰著，吴义雄等译：《早期澳门史》，东方出版社1997年版，第136—137页。

物方面是有出入的。然而在肯定了喥嚟哋呖在此次事件中的重要作用之后，对此出入出现的原因，章先生并没有作进一步的解释。①其实，这并不是中西文献记载上的出入，而是周飞鸿与喥嚟哋呖二人在受命招安张保仔海盗集团的过程中所起的作用有所不同。

周飞鸿于嘉庆十六年（1811）始署任香山县丞，②所以此前招安张保仔时，周只是一普通百姓，只因"流寓澳门，与保有旧"，才会主动"请于制府，奉檄往说"。所以，尽管周飞鸿也是"受命招安"，但以他当时的身份和地位，所能做到的最多只是"劝降"而已。龙思泰在《早期澳门史》中也说过，嘉庆十四年（1809），张保仔海盗集团在赤沥角一战中大败之后，葡萄牙分遣舰队司令官阿尔坎福拉多就曾经劝诫张保仔投降，只是当时张保仔拒不接受而已。③后来因为海盗集团生存环境日益恶化，张保仔萌生投诚之意，再加上周飞鸿的"奉檄往说"，所以才会出现"保等意决，约会舟邑城南大涌村前面，制府为信许之"的全新局面。④因而可以说，周飞鸿在这一事件中所起的作用是最终促使张保仔接受招安，决心投靠朝廷。至于和张保仔不断谈判、商定投诚之后的局面、解决归附后具体的条件问题等一系列任务，则主要是由喥嚟哋呖受命完成的。《清代澳门中文档案汇编》第1018—1021件，收录的就是在招安张保仔海盗集团的过程

① 详见刘芳辑，章文钦校：《清代澳门中文档案汇编》上册，澳门基金会1999年版，第512页，注释①。

② 据［清］祝淮：《新修香山县志》卷三《职官表》，周飞鸿，湖南湘潭人，嘉庆十七年至二十五年（1812—1820）任香山县丞。从嘉庆十六年（1811）开始署任。见刘芳辑，章文钦校：《清代澳门中文档案汇编》上册，第597件注释①，澳门基金会1999年版，第326页。

③ "在这一时刻（按：当指嘉庆十四年，张保仔海盗集团在赤沥角一战中失败），葡萄牙分遣舰队的司令官阿尔坎福拉多（Alcanforado）趁机劝诫张保（Chang—Paou），接受皇帝的宽恕和中国水师中的一个体面的职位。张保在1809年12月18日回答这一建议时说，'他永远不会向皇帝投降'。"见［瑞典］龙思泰著，吴义雄等译：《早期澳门史》，东方出版社1997年版，第135页。

④ ［美］穆黛安《华南海盗（1790～1810）》一书中认为，因为赃物和权力的分配不均导致海盗集团内部决裂，是内讧使张保仔等人最终走上投降之路。见该书第153—156页，《海盗投降的动因》一节，中国社会科学出版社1997年版。

中，澳葡判事官喵嘌嘞呖与中国官员和张保仔之间的往来信札。[①]在招降活动进行到如此关键的时刻，依然允许澳葡参与其中，仅以此看来，若非是将之视为中国政府管辖下的地方武装力量，恐怕是不会受信任到如此地步的。

当然，周飞鸿能够在张保仔海盗集团投诚之后第二年即开始署任香山县丞，大概与他这次成功的劝降活动也不无关系。同样，澳门居民之所以在莲峰庙的"见贤思齐"神位坛中为彭昭麟及周飞熊（鸿）等人建立牌位并长期供奉至今，这应当与他们在剿捕、招降张保仔海盗集团事件中作出的重要贡献有一定关系。此次事件之后，彭昭麟与周飞鸿等均得到朝廷赏赐并擢加军功，此一荣宠从其牌位所刻文字中就可以清楚地体现出来。

海盗问题在明朝就比较突出，凡为海盗者，既有刑满释放、无处安身的盗犯，也有为形势所迫，官逼民反，被迫走上劫掠之路的渔民，正如《新修香山县志》中所说："澳南、澳东诸岛，皆舶薮，渔船多集此。明初海患，多蜑户为梗，故籍而用之。嘉庆间，鲸窟纵横，半为渔户，而屡与之抗，能稍折其锋者亦惟渔户，其为盗也，有所迫也。衽席风涛，所得者不足以供汛兵巡丁之索取，故生计日绌，稍强者即愤而为盗。若其与盗抗者，大抵生殖有资，身家自重，故往往请于官，以渔为捕焉，此又无待籍之，然后为用矣。其势既殊，其情亦异，视乎抚驭之有道耳。"[②]

而清政府对这些海盗所施行的政策，也经历了一个由单纯剿捕到剿抚并用的过程。在这一过程中，一件值得注意的事就是不管在哪一个阶段里，都不应该忽略澳门葡人从中所起的作用。

明朝政府允准葡人租居澳门，也有让其协助剿捕海盗的因素在其中，[③]

---

① 刘芳辑，章文钦校：《清代澳门中文档案汇编》上册，澳门基金会1999年版，第512—513页。

② ［清］祝淮：《新修香山县志》卷四《海防》，道光七年（1827）刊本。

③ 关于明代葡萄牙人协助中国政府剿捕海盗一事，参见汤开建：《佛郎机助明剿灭海盗考》，载《澳门开埠初期史研究》，中华书局1999年版，第104—130页。文中认为："澳门葡人帮助中国明清政府剿灭海盗乃是其一贯之方策。从某种意义上说，葡萄牙人帮助明清政府剿灭海盗正是他们采用的讨好明清政府而长期获得澳门居住权的一种手段。明清政府在当时的历史条件下，亦在一定意义上有意让葡人暂居澳门，借葡人的力量加强广东地区的海防，以抵御倭寇、海盗。"

而从那时开始，名义上已归化中国和必须服从香山县政府管治的澳葡，为巩固自己在澳门既得的一些权利和利益，也能够做到全力协助中国军队剿盗。只是，他们偶尔也会有头脑不清楚的时候，比如嘉庆六年（1801），广东官府因剿捕海盗，向澳葡当局征调武装船只，澳葡趁机向香山知县许乃来提出九点请求，内容包括在澳中国人中的"闲游匪徒"，他们有权驱逐；除人命大案外，中国居民犯罪由他们责罚；中国人杀死葡萄牙人，同样在澳门"明正典刑"等等。面对澳葡当局的这些请求，许乃来"以其非制，且挟故要求"而坚决拒绝。① 既然是清政府管辖下的地方武装，就应该听从调遣，任何无理的要求和讨价还价，自然不会得到清政府的准许。

三、清政府利用澳葡武装剿捕海盗

在海盗肆虐的嘉庆年间，广东地方政府将其辖下民间武装、当地渔户与澳葡武装力量充分调动起来，使其在剿捕海盗的过程中互相配合，各自发挥出其应有的作用，并没有因澳葡属夷人武装而予以特殊照顾或特别处理，然而在对待其他国家军事武装时，这种情况却是不存在的。

《清代澳门中文档案汇编》中存有此一方面的详细记录，现试举几例，以说明其时澳葡武装在剿捕海盗中所起的作用和所处的位置。

第978件，嘉庆十年二月十一日（1805年3月11日），《香山知县彭昭麟为派拨番船堵截盗匪事下理事官谕》：

> 照得洋面盗匪充斥，本县现派巡船，并雇募民船，督率出海缉捕，诚恐盗匪穷蹙，四散奔窜，必须大船堵御，方能有济，合谕遵照。谕到该夷目，即将前拨跟随舟师出洋缉捕夷船二只，派令夷兵，配足军火、器械，在于灯笼洲、挂碇二处湾泊堵截，遇有盗匪窜至，立即奋勇追擒务获，解赴本县，以凭究办。一俟海道肃清，本县定将尔等出力夷兵禀知大宪，优

---

① ［清］祝淮：《新修香山县志》卷四《海防·附澳门》，道光七年（1827）刊本。许乃来有答复澳葡所请九事的《谕澳夷檄》。据《新修香山县志》卷首《许序》载："时海氛未靖，澳夷包藏祸心，请备二舶助舟师捕盗，因以九事要地方官，必得请乃已。伯兄条列其义，严辞峻却，番人詟服，不复思聘。"所述即为此事。

加奖励，断不虚言。火速。飞速。特谕。①

第980件，嘉庆十年三月十九日（1805年4月18日），《香山知县彭昭麟为饬派拨三板堵御盗船事下理事官谕》：

现访有盗船在于各处洋面游奕，窥伺抢劫，诚恐渡船阻塞。本县现在派拨巡船，及雇募民船，前往剿捕，合行谕饬。谕到该夷目，立即派拨三版（按：应为板）尖头船二只，在于附近澳门芒洲及娘妈阁一带实力堵御，俾商货船只无阻，毋致疏虞。特谕。②

第996件，嘉庆十年闰六月十七日（1805年8月11日），《香山知县彭昭麟为饬派拨番船捕盗事行理事官札》：

照得匪船前在莲花石地方游奕窥伺，业经派拨船只，雇募丁壮，札饬该夷目等，拨出师船，会同擒捕。兹该匪船现在横门、二洲等处海面，肆行劫掠，本县业已移营拨兵在港口追捕，诚恐匪船闻拿严紧，东西逃窜，亦未可定，合札饬遵。札到该夷目，即饬令浅水洋船一只，三板二只，协同本县先日所雇船四只，由芙蓉沙东濠石栅迎击贼匪，务使陆续就擒，本县定当禀明大宪，从优奖赏。特札。③

广东地方官员不仅可以征调澳葡武装船只，就像嘉庆十二年六月初七日（1807年7月11日），《香山知县彭昭麟为饬调番船至磨刀门捕盗事行理事官札》中所记载的："现有盗船数十只，在磨刀炮台游奕，急须剿捕，

① 刘芳辑，章文钦校：《清代澳门中文档案汇编》上册，澳门基金会1999年版，第494页。
② 刘芳辑，章文钦校：《清代澳门中文档案汇编》上册，澳门基金会1999年版，第495页。
③ 刘芳辑，章文钦校：《清代澳门中文档案汇编》上册，澳门基金会1999年版，第502页。

合行飞调。札到该夷目，立即饬令师船，赶紧前至磨刀炮台，竭力攻击，务将盗匪歼灭。本县自当从优奖赏。毋得稍迟。速速。"①而且，向澳葡借拨炮位、火药协助捕盗之事更是时有发生。如嘉庆十二年（1807）二月十三日，彭昭麟为借用炮位一事下发给澳葡理事官的谕令称："照得洋面未靖，常有匪船游奕，不日制宪临澳查办缉捕事宜，必须船只应用。现在谕饬该处绅士，就近雇配巡船八只，湾泊伺候。惟炮械一项，亦须就近拨借，方能迅速，合行谕饬。谕到该夷目，即便遵照，借拨炮位及封口群子等项，交该处绅士李晋等酌配伺候。毋违。速速。"②随后，同年七月十九日，彭昭麟再次谕令理事官："照得现因洋匪充斥，本县雇募缯船，出洋缉捕。惟炮位一项，一时无从购备，恐难制胜，合行谕借。谕到该夷目，即便刻日借给三百斤夷炮六位，二百斤夷炮六位，交本县坐澳家人收领，转发各渔户配搭出洋捕缉，俟九、十月间盗匪稍宁，即行撤回归还，毋稍稽延。"③然后大约在十二月间，彭昭麟又一次为借拨炮位火药捕盗事札令理事官，其中提到"新安、磨刀洋面有贼船潜行伺劫，亟应严拿，以绝萌蘖"，因而"雇募缯船，前赴搜捕。现在所需船多，香山营县炮火不足，一时往省配取不及，合行札饬。札到该夷目，即便遵照，立刻借拨三百斤起至六百斤止生铁炮三十位，火药五百斤，封口一百个，群子六百个，交差押赴，分配缯船应用，事毕发还，毋得刻迟。速速"。④虽是以"借"的名义，但强硬的语气却分明不容拒绝。

《清代澳门中文档案汇编》第868件，收录的是嘉庆八年（1803）二月二十六日，署香山知县杨时行为盗匪肆劫传询洋面情形事，下发澳葡理事官的谕令："夷人素居澳地，其盗匪潜游处所，自必周知，是次饬传该

---

① 刘芳辑，章文钦校：《清代澳门中文档案汇编》上册，第1007件，澳门基金会1999年版，第507页。

② 刘芳辑，章文钦校：《清代澳门中文档案汇编》上册，第917件，澳门基金会1999年版，第470页。

③ 刘芳辑，章文钦校：《清代澳门中文档案汇编》上册，第923件，澳门基金会1999年版，第472页。

④ 刘芳辑，章文钦校：《清代澳门中文档案汇编》上册，第926件，澳门基金会1999年版，第472—473页。

夷目，到船谕话，面询洋面情形，以便擒拿。乃该夷目抗匿不到，殊属不合。且夷人寄居澳地，原系天朝施恩所致，凡有地方事宜，均应凛遵地方官训示，今该夷目抗匿不出，合再申饬。谕到该夷目，立即遵到，听候面谕。……毋得迟延抗违。"①这则材料从反面说明，在当时洋面不靖、盗匪横行的时刻，澳葡理应协助广东地方官员维护澳门及周围海面的安全。如抗匿不遵，等待他们的只能是中国官员的严厉斥责。只是此处并没有提及派拨夷船协助捕盗之事，大概此时海盗活动尚未达到最猖獗时期，仅依靠中国政府军队和一些民间武装力量就能够痛击海盗，也正因为如此，所以嘉庆九年（1804），当澳葡理事官向广东地方官员提出自备洋船二只、跟随舟师捕盗的请求时，粤海关监督延丰"以体制不符，且不能得力"而拒绝，认为澳夷"不过藉协捕为名，可以免此二船出入纳税"②。魏源在《圣武记》中也说："当粤氛未靖，澳门西洋夷备兵舶二，英吉利夷备兵舶四，愿助剿海贼。广东大吏以中朝无借助外洋之理，却之。"③此举后来还得到嘉庆帝的赞赏，下谕两广总督那彦成等人，"缉捕洋匪，内地自有兵船，岂有天朝借资外夷之理，安知伊等不窥探虚实，因此生其轻视之心"。④

《广东海防汇览》中关于此事的记载是这样的：

嘉庆十年五月十六日，总督那彦成会奏言：钦奉上谕，据倭什布、延丰奏，上年澳门帮同捕盗夷船，着那彦成、延丰即谕知夷人等，以伊等

---

① 刘芳辑，章文钦校：《清代澳门中文档案汇编》上册，澳门基金会1999年版，第448页。

② 嘉庆十年三月十三日（1805年4月12日），《两广总督那彦成奏复英国呈进表贡传谕遵守禁令并在澳门等地加强防范折》，见中国第一历史档案馆、澳门基金会、暨南大学古籍研究所合编：《明清时期澳门问题档案文献汇编》第一册，人民出版社1999年版，第643页。

③ ［清］魏源撰，韩锡铎、孙文良点校：《圣武记》卷八《海寇民变兵变·嘉庆东南靖海记》，中华书局1984年版，第361页。

④ 中国第一历史档案馆、澳门基金会、暨南大学古籍研究所合编：《明清时期澳门问题档案文献汇编》第一册，人民出版社1999年版，第644页。

船只不能得力，令其速行驾驶回澳，嗣后勿得再用夷船帮同捕盗等因。上年夷船捕盗，臣延丰以体制攸关，且不能得力，于上年十月咨明倭什布，嗣后停止夷船出洋捕盗。当经转饬夷目，遵照在案。谕令嗣后不必再请协捕，当即归额营生，照常贸易。是该二夷船诚如圣谕，并非认真出力，不过借缉捕为名，其实影射营运，以冀漏税地步。①

可见，清政府当时不允许澳葡协助捕盗，从根本上来说，并非是因其夷船的性质，而是因为不愿澳船因此逃脱税则，但拒绝他国协助之请求，情况就与之不同了。1808年，时任两广总督的吴熊光为追剿海盗事上书朝廷，请求组建一支新舰队。"当吴熊光在等待朝廷的正式答复时，有关建造新舰队的话题传到了住在澳门的东印度公司大班的耳朵里，他们希望能够予以帮助。两广总督吴熊光对拟议中的舰队潜力深信不疑，因而拒绝了洋人愿意提供帮助的提议。他告诉他们，他的新舰队没有必要接受英国人的援助。"②

嘉庆十三年（1808）十月，嘉庆帝也下谕声称："前因吴熊光等奏嘆咭唎国夷兵擅入澳门，吴熊光等仅令停止开舱，若延挨不退，即封禁进澳水路，绝其粮食。所办懦弱不知大体，当经降旨严饬，并令军机大臣将奏到嘆咭唎国所递原禀翻译进呈。……又称天朝海面盗案甚多，商贩被劫，该国王派备兵船，情愿效力剿捕等语，竟系意存轻视，现在海洋水师兵船梭织巡缉，沿海各口岸断绝接济，盗匪日形穷蹙，岂转待外夷相助？"③"没有必要"接受别国援助的广东地方政府却在随后的几年时间里一再谕令澳葡协助其剿抚海盗，很显然，这是将澳葡武装力量与其他外夷军队区别对待的结果。

据嘉庆十四年十月二十九日（1809年12月6日），《两广总督百龄等奏

---

① ［清］卢坤等：《广东海防汇览》卷一四《方略三·戎器四·夷船附》，清道光刊本。

② ［美］穆黛安著，刘平译：《华南海盗（1790～1810）》，中国社会科学出版社1997年版，第124—125页。

③ 《清仁宗实录》卷二〇二，嘉庆十三年（1808）十月癸巳。

报住澳门西洋夷目派船跟同剿贼情形片》：

　　贼首张保仔、郑一嫂匪帮，因从前劫有西洋夷人大白底船二只驾驶，益为凶横，屡在外洋伺抢夷人货船，该夷人等深为愤恨。此次郑一嫂等即带前项夷舟藏匿在新安赤沥角海港之内，香山县彭昭麟雇带暗船前往袭剿时，西洋夷目闻知，因赤沥角外洋距澳门数十里，可以朝发夕至，情愿带护货巡船五只，就近随往攻击泄愤，并冀夺回被抢白底大船，甚属急公奋勇，及至提臣孙全谋师船赶到围捕，该夷巡船仍复在彼遥相轰击，毙贼多名。……嘉庆九年，嘆咭唎国夷人禀请备兵船二只，随同舟师常川剿贼，曾经奏明停止，兹西洋夷人居住澳门二百余年，素极恭谦，似与嘆咭唎夷人有间，且因被该匪等劫其大船，欲仰仗天朝兵威泄愤，虽现在师船壮盛，原无藉区区夷兵之力，但该夷目等既志切同仇，自愿出力，奴才等当即捐资酌加犒赏，以示鼓励。①

　　澳葡协助清军捕盗，不排除有"仰仗天朝兵威泄愤"的目的在其中，但一句"似与嘆咭唎夷人有间"，已清楚地在澳葡武装军队与其他外夷军队之间划出了界限。

　　嘉庆年间，正当张保仔海盗集团在珠江口一带大肆劫掠之时，清政府已通过增加前山驻兵、增筑澳门炮台等方式提高澳门乃至整个香山县的防御能力。在澳葡地方武装的协助下，清政府最终得以在香山县成功招降张保仔，因而可以说，以前山寨驻防为中心的香山县的海防力量在剿抚张保仔海盗集团的过程中扮演着主要角色。

---

① 中国第一历史档案馆、澳门基金会、暨南大学古籍研究所合编：《明清时期澳门问题档案文献汇编》第一册，人民出版社1999年版，第770页。

澳门的炮台

"秦越一家，其要害当不在西北而在西南矣。至波浪接天，晶弥无际，蠔（按：亦作濠）镜一澳，岛溆孤悬，番夷聚族，海舶连樯，作会城之藩卫，扼要莫重于此。"①因其特殊的地理位置，澳门的海防问题历来为中国政府所重视。

清朝前期，上级官员巡阅澳门时一个较为普遍的现象就是大都会视察澳门的炮台，而史书中留下的关于这一现象的记载也不在少数。《清代澳门中文档案汇编》第718件，嘉庆九年十月十九日（1804年11月20日），《署澳门同知邹为临澳查阅炮台及地方情形事下理事官谕》中也说澳门同知新任，向例要亲临澳门，查阅地方情形，并查验各处炮台。②

康熙二十三年（1684），杜臻巡视澳门，在其所作《粤闽巡视纪略》中，首先介绍了澳门及其周边地理与军事设施。联系当时刚刚开放海禁、恢复贸易的社会政治背景，其对澳门地区地理形势的详细调查，明显含有军事防范的目的在其中。

器中虽有炮台，不设戍兵，夷自为守。夷所恃者炮，东曰大炮台，列炮二十六，最大者一，重万斤；少次者一，重九千七百斤；又次十五，各重五千斤；又次五，各重四千七百斤；最小者三，各重四千五百斤。西

---

① ［清］张嗣衍：乾隆《广州府志》卷二《舆图·广州府疆域形势总图说》，清乾隆刊本，收入中国第一历史档案馆、澳门基金会、暨南大学古籍研究所合编：《明清时期澳门问题档案文献汇编》第六册，人民出版社1999年版，第151页。

② 刘芳辑，章文钦校：《清代澳门中文档案汇编》上册，澳门基金会1999年版，第380页。

曰汪（望）洋炮台，列炮十有一，大者六，各重五千斤；次者二，各重
四千五百斤；小者三，各重三千八百斤。贼在数十里外，用远镜登台瞩
之，帆樯兵械，甲装服色，毫发毕照，举炮一击，皆糜碎矣，以此无敢近
者。自有海寇以来，澳门无失事。①

雍正二年（1724），因通政司右通政梁文科奏称，自澳门租与葡人
居住。"屡年来户口日增，居心未必善良，不可不严加防范，以杜隐忧。
今宜设一弁员在澳门弹压，凡外洋人往来贸易，不许久留，并不许内地奸
民勾通为匪，则地方安静，庶不致有意外之虞。"于是朝廷下令由两广总
督孔毓珣详细访询筹划、妥善安排，随后孔毓珣奏明朝廷："其地原有香
山协把总一员，带兵五十名防守，又澳门内旱路十余里，地名前山寨，设
有城池、关门，不容西洋人擅入内地，现有都司、守备领兵驻防，四面妥
设炮台控制，是原有官兵弹压，惟严饬用心巡查，无庸另议安设矣。"②
在孔毓珣看来，前山驻军、澳门炮台及其守兵已足以制服外夷并保障澳门
安全。

乾隆六年（1741）担任香山知县的王植在其《崇德堂稿》中这样记载
澳门的炮台和守兵："炮台六座，亦惟踞三巴者形势高大。东西两峰，皆
曰望洋。再西为娘妈角山，山之南为南环，东为咖啡阑庙，各设炮台，炮
大小七十六，内四十六铜铸，铁者三十。设额兵一百五十名，兵仗火器皆
所有，惟不见其摜甲执弓而已。"③

完稿于乾隆十六年（1751）的《澳门记略》中有关于澳门各炮台的详
细记载：

---

① ［清］杜臻：《粤闽巡视纪略》卷二，孔氏岳雪楼影钞本，台北文海出版社
1983年版。

② ［清］王之春撰，赵春晨点校：《清朝柔远记》卷三，中华书局1989年版，第
58页。

③ ［清］王植：《崇德堂稿》卷二《香山险要说——复抚都堂王》，收入中国第
一历史档案馆、澳门基金会、暨南大学古籍研究所合编：《明清时期澳门问题档案文献
汇编》第六册，人民出版社1999年版，第732页。

炮台六，最大者为三巴炮台。台冠山椒，列炮二十八，上宿蕃兵。台垣四周为砖龛，以置守夜者。台下为窟室，贮焰硝。次则东望洋、西望洋。两台对峙。东置炮七，西五，余制与三巴略同。娘妈角炮台，在西望洋下，炮二十有六。南环炮台，置炮三。噶斯兰炮台，置炮七，设火药局于左侧。通计炮七十有六，大者六十一，余差小。铜具四十六，余铁。其大铜具者重三千斤，大十余围，长二丈许，受药数石。明时红毛擅此大器，尝欲窥香山澳，胁夺市利。澳人乃仿为之，其制视红毛尤精，发时以铳尺量之，测远镜度之，靡不奇中，红毛乃不敢犯。今海宇承平，诸蕃向化，以此为天朝守海门而固外围，洵有道之隆也。①

"为天朝守海门而固外围"一句，已明确地揭示出清政府允许澳葡在澳门设立炮台的真正意图。在中国官员看来，这些炮台不是针对内地，而是用来防御外夷、保障澳门及内地安全的。

祝淮的《新修香山县志》中也有关于澳门炮台的记载："炮台六：最大为三巴炮台，台冠山椒，列炮四十七，铜具十六，余铁，上宿蕃兵，下为窟室，贮焰硝；次则东望洋、西望洋，两台对峙，东西山上，东列炮二十，铜具五，西列炮十二，铜具五，余皆铁；娘妈阁炮台列炮二十五，铜具十二，余铁；南湾炮台列炮四；咖嗯嘞炮台列炮十八，铜具七，余铁，内大铜具一，重万余斤，大十余围，长二丈许，受药数石。凡兵防药局，诸台与三巴略同。"②

道光年间的炮台事件从侧面证实了设立澳门炮台的根本目的，反映出清政府对澳门炮台的基本态度。十四年十月（1834年11月），道光帝接到奏呈，声称广东澳门夷商自筑炮台、训练番哨，请求严饬该省大吏，设法拆毁驱逐。随后，道光立即谕令广东地方官员严查此事：

---

① 印光任、张汝霖著，赵春晨校注：《澳门记略校注》下卷《澳蕃篇》，澳门文化司署1992年版，第147—148页。

② ［清］祝淮：《新修香山县志》卷四《海防·附澳门》，道光七年（1827）刊本。

据称广东省澳门地方，距省城三百余里，向有夷商携眷寄住，已历二百余年，各国夷人恭顺奉法，惟嘆咭唎夷情狡悍。该夷等于澳门自筑炮台六座，曰东望洋炮台，置炮七位；曰西望洋炮台，置炮五位；曰娘妈角炮台，置炮二十六位；曰南环炮台，置炮三位；曰嘎斯兰炮台，置炮七位；其最大者曰三巴炮台，置炮二十八位，各贮火药于左侧。此外尚闻置炮百余位，约计置炮共二百余位，有大炮六十余位，余炮差小。其最大者重三千斤，长二丈，炮口能容蛇行而入者三人。又有番哨三百余人，皆以黑鬼奴为之，终年训练，无间寒暑，诡形异服，弥满山海，加以奸民贪利，被其啖诱，导之陵轹居民，蔑视官法。……该澳夷安居内地，筑台列炮，日练夷兵，如谓自备洋盗，有内地沿海文武衙门代为巡防，即谓该夷兵寄居内地，万无能为。但内地边疆，岂容外夷设险屯兵，置之不问。该省历任文武大员，从未以此情奏闻。请严饬该省大吏，务将澳门地方该夷自筑炮台炮位，拆卸销毁，驱逐番哨尽行回国等语。夷人远涉重洋，在内地通商贸易，自为牟利而来，但犬羊之性，反复无常，全在地方官办理妥善，申明法制，晓谕饬遵，慑其玩心，夺其所恃。威信既布，各夷自俯首帖耳，惟命是从，不徒折服其心，并可柔驯其性。……抚驭外夷之道，柔之以所贪，尤必制之以所畏。该督等迅将该澳夷实在情形，设法办理，据实具奏。[①]

同年十一月（1834年12月），两广总督卢坤、广东巡抚祁𡋆经实地巡阅澳门，奏明道光帝："澳门炮台番梢，系西洋夷人设立，起自前明，并非嘆咭唎夷商建设。"于是道光帝下谕声称："所奏甚属明晰。京师传言，原难凭信，第有人陈奏，岂能不降旨查询？且拣查旧存图籍，造办处现存乾隆初年洋画《澳门图》一幅，朕详加披阅，其门户墙垣，宛然在目，并有高台数处，俱设有炮具，其三巴门等名目，俱系清书标识，与卿等所奏大同小异，自可毋庸查办，仍循其旧。惟诸夷货船暨澳门居住夷人，均当

① 《清宣宗实录》卷二五九，道光十四年（1834）十月丙辰。

随时留心，照例妥办。天朝体制，断不可失。外夷衅端，断不可启。"①通过此事可以看出，清政府对待澳葡与对待其他外夷，态度是完全不同的。如是澳葡所筑炮台，可仍循其旧，如是英夷所建就必须即刻拆毁，在清朝政府看来，二者之间是有本质区别的，由此可进一步证明清政府利用澳葡所筑炮台防御外夷、守卫澳门的军事思想，同时也可说明澳葡军事力量一直是被当作清政府管治下的一个地方武装来看待的。

当然，清朝政府将澳葡在澳门所设炮台及其守兵视为澳门的一种防御力量，却并不意味着澳葡可以随意添建炮台。澳门毕竟是中国的领土，受中国政府管辖，葡人在其租居范围内的一切防务设施，都必须受广东地方官员的严格监管，不许随便增置。乾隆四十年（1775）四月，因传闻澳门夷人擅自增建炮台，乾隆帝下令彻查，后经两广总督李侍尧查明，澳夷只是企图借修复堤岸之便扩展旧有炮台，并非另筑新台，夷人昧嘻可免议处。②清朝政府不允许澳葡在租居地内的任何设施有逾越限度的地方，即使是用来"为天朝守海门"的炮台也不例外。

卢坤等人巡视澳门后，即向朝廷呈上奏折，细陈澳门情形，其中对澳夷在澳门设立炮台的经过情形所作的具体描述，明确表达出清朝政府利用澳葡"守海门"的防御思想。概括起来，这篇奏折的内容可分为以下四部分：

第一，葡萄牙人自明代即在澳门交租纳税、租赁而居，英国人长期窥伺澳门，常欲胁夺市利，于是澳葡设立夷兵、建立炮台，以为居守之计，由此可以看出，"澳夷与嘆咭唎并非一气，其设立炮台、商梢，所以防御嘆咭唎诸夷，而非嘆咭唎之声援，由来已久"。

第二，关于澳葡所建炮台及炮位的具体情况是："初造有三巴门、伽思兰、娘妈阁炮台三处，后因嗬嘣国争占，又添建东望洋、西望洋、南

---

① 《清宣宗实录》卷二六二，道光十五年（1835）正月乙酉。
② 乾隆四十年四月二十四日（1775年5月23日），《两广总督李侍尧奏复澳门葡人并非另筑新台昧嘻免议折》，见中国第一历史档案馆、澳门基金会、暨南大学古籍研究所合编：《明清时期澳门问题档案文献汇编》第一册，人民出版社1999年版，第403—405页。

湾三处炮台，并将初建炮台加修宽大，添设炮位。现在三巴门炮台安炮四十七具，伽思兰炮台安炮十八具，娘妈阁炮台安炮二十九具，东望洋炮台安炮二十具，西望洋炮台安炮十三具，南湾炮台安炮五具，此外尚有大小炮三十余位，安放西洋税馆。其炮口自阔八寸至五寸五分不等，并不能容三人蛇行而入，所用火药均由小西洋运来，收贮娘妈阁炮台，临时取用。"而澳葡守兵、人口构成情况则是：澳葡头目兵总五六十人，分守各炮台的番哨共二百四十人，每日清晨或鸣鼓换班，或开放鸟枪，并非终年训练。住澳夷人共五百余家，男丁大小一千余人，黑夷奴二百余人，各国夷人到澳，向西洋人暂时租屋居住，并无在澳长住之人。加之"澳门东、西、南三面滨海，其南面系万山外洋，为各国夷船入澳海口，惟北面陆路通香山县城。该夷人所设炮台均在东、西、南三面，望洋而建，南为独多，北面并无炮台"。由此可以得知，澳葡"设险屯兵，专为防御外洋，而非意在抗衡内地"。

第三，自嘉庆年间发生英军擅入澳门事件之后，清政府随即进一步加强了在澳门的防御设施，其时广东巡抚韩崶奏请"自伽思兰炮台至西望洋炮台迤南沿海一带加筑女墙"，两广总督百龄也奏请设立防御澳门的前山专营。道光年间，英夷律劳卑擅入内河，进行武装挑衅，[①]卢坤又"密派员弁，在澳门水陆预为调度。并开导西洋夷人，许以派拨官兵协守炮台，杜其反侧之心，密作牵制之计"。

第四，清朝政府在军事、行政、贸易等各方面对澳门施行着严格的管

---

① 关于道光十四年（1834）律劳卑擅入内河一事，据光绪《广州府志》卷八一《前事略七》记载："（道光十四年）律劳卑来主舶。同行有兵船二，寄碇外洋，其货舶不赴澳请牌照即入口。英酋处省馆辄效中国文字投书督府，总督卢坤掷还之，下令封货舶，不与通市。八月五日，二兵船忽乘南风潮涨驶入内洋，越过虎门、镇远、沙角、横档、大虎各炮台，直抵黄埔，守台官兵不能御，乃然空炮以惧之。而英船竟发巨炮实铅丸，损我炮台，人心震怒，于是上流用大船十余，每船载大石十万斤，积沉水底，系以铁鹿大缆，复结筏水面以阻之。集柴薪草束，大小船数百，集舟师数十，两岸设营栅，集士卒数千，其战舰仿悬帘法湿絮褥以御火器。樯楫如林，戈矛森列，英人大惧，请退出，不许。律劳卑请给小船下澳，不许。番商数千人合词乞命，乃许之。律劳卑既出，虑归国以生衅伏法，遂仰药死。"

治，有足够的力量杜绝澳葡的反侧之心，而且澳葡本身实力较弱，英军屡次企图取而代之，只有在清朝政府的庇佑之下，澳葡才可实现长期租居澳门的目的。

距澳门五里，即系前山营所辖之关闸，为限制澳夷之界。该处向就河内通海，河脊障以石头，设立一门，以通行旅，派有把总带兵四十六名防守。自关闸西北十五里，即系前山营，从前设立陆路游击、守备各一员。嗣于道光十年将守备移驻大鹏右营，裁减兵额，改游击为内河都司、管带、千把总、外委四员，兵丁三百六十三名，与海防同知驻扎防守。臣卢坤前赴该营阅兵，周览形势，前山营控制澳门，实有附脊扼吭之势，关闸咽喉界限，尤为险要天成。是澳夷虽有炮台、番梢，亦无险可恃，而我内地层层扼要控制，即使夷情反复，亦不敢肆其玩侮之心。且西洋夷人住澳二百余年，久已涵濡圣泽，与澳中民人倡居无猜。该夷人近年生理日微，并无可啖之利。闽广商民在澳营趁，亦从无被凌争讼之案。其完租纳税，事事恪守法度。

臣卢坤前次经临，该夷人鼓吹同接其贸易进出船只有委员查验，并有驻澳县丞随时稽察。一切造船修屋等项工作均须禀明地方官，拨给工匠，不敢自专造作。该夷人即有时出外游行，从不越关闸半步。是澳夷之驯服与嘆夷迥不相同，向来立法弹压，甚为周密。该夷人距本国海程甚远，非一年半载不能到，远方寄迹，孤而无援，惟奉天朝为依归，亦视澳门为世业，常恐为外国所夺，是以别国夷商虽在彼暂寓，总不能联络久居，是澳夷列炮练兵，即各国夷人亦共知，其实为嘆夷之敌，而不能嘆倚以为援。惟嘆咭唎图占澳门以为贸易驻足之地，蓄志已久。西洋人仅番梢二百余名，强弱不敌，所以能久安乐土者，皆仰藉圣朝怙冒之仁，诸夷不敢凌侮。[①]

澳夷设立炮台、番哨的目的是防御"嘆咭唎诸夷"，并非意在与清政府

---

① 道光十五年正月二十五日（1835年2月22日），《广州将军哈丰阿等奏报查明澳门炮台各情形折》，见中国第一历史档案馆、澳门基金会、暨南大学古籍研究所合编：《明清时期澳门问题档案文献汇编》第二册，人民出版社1999年版，第267—268页。

抗衡。以前山营控制澳门，"附脊扼吭"，以关闸为界，"险要天成"，广东地方政府在内地有足够的力量制服澳夷，加之居澳葡人素来与英夷不同，尚可称得上安分驯服，所以炮台虽为澳葡所设，但同样可以"以夷防夷"，守卫澳门。

柔澳夷所贪，即制噗夷以所畏，以夷防夷，正与现奉谕旨先后同揆。该夷人久在皇仁覆帱之中，此时如遽行拆毁炮台，驱逐番梢，二百余年久设之藩篱，一旦裁撤，数百户澳夷未免转滋疑惧，且使各国夷人以西洋夷人为天朝所摒弃，必致咸生鸠占之心，转非绥靖海隅之道。即以内地海疆而论，澳门为广东门户，本应建台设守，该炮台虽建自夷人，设遇海防紧要之时，内地派员拨兵，督同防护，亦未始不可得其捍卫之力。臣等公同酌议，所有澳门炮台、番梢，应请仍循其旧，邀免拆毁驱逐，仍严加查察，不使稍有违玩，以杜衅端。①

嘉庆十三年（1808）八月，因澳葡当局擅自将炮台借与英军驻扎，香山知县彭昭麟还专门下谕申斥："照得西洋夷人在澳居住，系天朝加惠远人，得以安居贸易，并非尔等地方。所有炮台等项，不过令尔等就近防守，岂容私相授受？……札到该啰嚟哆同兵头等，将澳内大炮台等项多拨夷兵，用心防守。如再敢私自借与红夷兵丁住宿，本县立即禀明制宪，将尔等一概逐回西洋，不准仍在澳居住。"②

澳门炮台虽为居澳葡人所建，但澳门终究是中国领土，葡人所应做的只是遵循旨令就近防守，况且清朝政府允许澳葡设立炮台的目的是防范外夷、保障澳门的安全，因而不会容许澳葡有任何僭越之处。

---

① 道光十五年正月二十五日（1835年2月22日），《广州将军哈丰阿等奏报查明澳门炮台各情形折》，见中国第一历史档案馆、澳门基金会、暨南大学古籍研究所合编：《明清时期澳门问题档案文献汇编》第二册，人民出版社1999年版，第268—269页。
② 嘉庆十三年八月二十二日（1808年10月11日），《香山知县彭昭麟为毋许私借炮台与英兵驻扎事行理事官札》，见刘芳辑，章文钦校：《清代澳门中文档案汇编》下册，澳门基金会1999年版，第749页。

以夷防夷——以英军图谋澳门事件为例

嘉庆七年（1802），英法两国正在开战之际，英国以防止法国侵入澳门为由，公然派出兵舰六艘、兵丁千名，抵达珠江口外零丁洋，企图在澳门登陆。澳葡当局明知英国舰队企图借此夺取澳门，于是禀诉广东地方政府，请求保护，两广总督吉庆随即召见洋商，令其转饬英舰回国，并决定断绝英人的粮食供应。在中国政府的强烈要求之下，英船被迫驶离中国沿岸。对于此事，周景濂在《中葡外交史》一书中总结道："可知当时葡萄牙对于澳门之地位，实不过为中国租借地之性质，是以英国欲企图占领澳门，葡萄牙不能直接反抗，只有申诉于清廷之一法耳。"[1]

《清朝柔远记》中记载此事云：

嘉庆七年，春三月，英人窥澳门。时，英吉利突来兵船六，泊鸡颈洋，淹留数月，意窥澳门。住澳之大西洋人禀诉两广总督吉庆，云："英吉利兵船泊零丁洋，距澳甚近，欲登岸借居洋房，恐其滋事，恳求保护。"吉庆饬洋商宣谕回国，至六月始去，特遣其酋陈谢，谓法兰西欲侵澳门，故举兵来护，讹言请勿轻信，意将掩其迹也。会住京之西洋人索德超等言其事于工部侍郎管西洋堂务大臣苏楞额，上闻驰询，吉庆以英人开帆日奏，得旨："有犯必惩，切勿姑息；无隙莫扰，亦勿轻率。"[2]

---

① 周景濂编著：《中葡外交史》，商务印书馆1991年影印本，第116页。

② ［清］王之春撰，赵春晨点校：《清朝柔远记》卷六，中华书局1989年版，第145—146页。

嘉庆十三年（1808），英国以帮助葡人抗击法军为借口，派遣军舰九艘、官兵数千人进逼澳门海岸，强迫澳葡允准其进入澳门。其后英海军少将度路利不顾葡人反对，悍然率军在澳登陆，并占领东望洋、娘妈阁和伽思兰三处炮台。两广总督吴熊光、广东巡抚孙玉庭派员前往澳门，严切晓谕英军："澳门非葡萄牙所得有，乃我大清土地也，法焉敢侵轶我？且边寇有警，中国自能御之，毋劳戍师，致吾民惊扰。"①后因英军拒不听从，吴熊光还于八月十六日下令停止开舱，封禁进澳水路，断绝贸易往来和粮食供应，并调兵加强防务。"移驻澳左翼、碣石二镇师船五十、红单船三十六，自虎门进省防护。"②但吴熊光并没有进而采取更加坚决的抵御措施，反而上奏朝廷："嘆咭唎国登澳夷兵，虽不甚众，惟澳门三面濒海环山，止有一线陆路可通。若官兵由陆路进剿，彼则将炮火扼要抗拒，以逸待劳。若用水师沿海环攻，彼则俯瞰海滨，居高临下。至夷兵船只高大，倍于师船，骤与用兵，水陆两途，俱势难必克。臣等再四思维，既欲示以兵威，又不得不慎重从事。"③九月初一日，度路利率战舰三艘，径入虎门，进泊黄埔，直趋广州城外，求见总督。吴熊光拒不接见，命英军回黄埔候旨。随后，吴熊光将英军入侵经过及处理方法上奏朝廷，④嘉庆帝获悉后，认为"将该国夷船停止开舱，派员剀切晓谕，俟夷兵退出澳门方

---

① 夏燮：《中西纪事》卷三《互市档案》，岳麓书社1988年版，第43页。

② ［清］王之春撰，赵春晨点校：《清朝柔远记》卷六，中华书局1989年版，第154页。

③ 中国第一历史档案馆、澳门基金会、暨南大学古籍研究所合编：《明清时期澳门问题档案文献汇编》第一册，人民出版社1999年版，第688页。

④ 据《明清时期澳门问题档案文献汇编》，嘉庆十三年九月初四日（1808年10月23日），《两广总督吴熊光等奏报英兵借词擅入澳门业经查禁等情折》："嘆咭唎兵船三只，又续到六只，带有炮械火药等物，湾泊县属鸡颈洋面，派兵三百名登岸，住居澳门之三巴寺、龙嵩庙，分守东西炮台。……臣等现在查照成案，除其余各国照旧开舱发货外，惟将嘆咭唎货船暂行停止开舱，如再不遵，则停止买办。该夷人等口食缺乏，复又无利可图，自必不能久住，俟其带兵回棹之日，仍准起货贸易，于税务亦不致关碍。"（第一册，第667—669页）。当日，吴熊光再次奏报，"臣等现仍严切晓谕，俟夷兵退出澳门，方准通商起货，以绝其冀幸之私，俾该夷凛遵王章，不敢任意逗留。如谕旨未到之先，该夷人尚敢藉词延挨，臣等拟即封禁进澳水路，绝其粮食，彼复何恃，势不能作久留之计。"（第671页）。

准起货，并称夷人若再挨延，即封禁进澳水路，绝其粮食，所办尚是。但究竟如何严切晓谕，及现在作何准备之处，全未奏及，所办太软"。他指示广东地方官员："边疆重地，外夷敢心存觊觎、饰词尝试，不可稍示以弱，此时如该国兵船业经退出澳门则已，如尚未退出澳门，吴熊光即行遴派晓事文武大员，前往澳门严加诘责。"①因"天朝禁令綦严，不容稍有越犯"，而英人登陆澳门，则是"见西洋人在澳门贸易，趁其微弱之时，意图占住，大干天朝例禁"，谕令英人即速撤兵开帆，不可停留，否则，"若再有延挨，不遵法度，则不但目前停止开舱，一面即当封禁进澳水路，绝尔粮食，并当调集大兵前来围捕，尔等后悔无及"。②吴熊光即刻调兵二千余人，至黄埔、澳门驻守，又令碣石总兵黄飞鹏统率兵船，严海陆之防。不仅如此，清朝政府还禁止所有英船进入黄埔港，入港船只亦一律逐出零丁洋外，英军知难得逞，于是经大班剌佛出面调停，在敲诈葡人若干银两后，撤兵开船而遁。光绪《广州府志》中有关于此次事件的详细记载：

（嘉庆十三年）秋七月，英吉利兵船驶进内洋。英吉利兵头都路厘率千人，驾战舰径达香山澳，挟逐西洋人，夺濠镜居之，声言粤中大吏许其分估西洋船额。总督吴熊光遣知广州府事福明往谕，都路厘与明争礼，各不相下。尝领番兵百人诡服持械至广州城下，迫见总督，总督拒不纳，仍令明等与会于十三行，都路厘桀骜不屈，总督益坚壁自固，水陆戒严，炮石之声，晨夕不绝者。四阅月，乃令严禁内地，不许运出薪米，绝其日食。都路厘令两舸薄鱼珠，主客相持，官军四集，人心惶恐。后得谕旨，自度无所得利，乃稍退出，旋复搜括在港诸番，责赔兵饷始远去。③

英人两次图谋澳门，都遭到中国军队的强烈反击，很明显，澳门是中

---

① ［清］王之春撰，赵春晨点校：《清朝柔远记》卷六，中华书局1989年版，第154页。
② ［清］王之春撰，赵春晨点校：《清朝柔远记》卷六，中华书局1989年版，第155页。
③ ［清］史澄：光绪《广州府志》卷八一《前事略七》，光绪五年（1879）刻本。

国的领土，自然不会允许外夷的占据和入侵。但对于居澳葡人来说，既然
是在中国的土地上租居，就应该听从调遣，协助中国军队保护澳门的安全
是澳葡不容推卸的责任。《清代澳门中文档案汇编》第1444件，收录的是
嘉庆十三年七月二十七日（1808年9月17日），署澳门同知熊邦翰为饬查英
国兵船至澳门一事下发给澳葡理事官的谕令。谕令中强调："澳门一区，
系天朝恩恤与西洋夷人居住，百余年来相安无异，外国兵船到广，止许湾
泊鸡颈洋面，断不能任其入澳居住，致违定例，久经遵照在案。"所以，
当澳葡夷目禀称："据嘆咭唎兵船将军称说：此来实为防护澳门，并无别
意"时，熊邦翰要求理事官，"即便小心防范，不得任其潜入澳地，致滋
事端。倘该夷目不能阻止该夷兵公然入澳居住，该夷目即星飞具禀本府，
以凭驰禀制宪，设法办理"。①紧接着，在八月初一日，熊邦翰又谕令理事
官，传谕澳葡夷兵，"加紧防护，不得稍涉张皇，听候大宪批示……务须
密为防范，毋许嘆咭唎夷兵上岸居住"。②当日，香山县丞吴兆晋也下谕理
事官："即便转饬兵头嗳喀唎遵照，传谕各夷兵不得擅自登岸，听候各宪
批示，另行饬遵。该夷目毋得玩误干咎。"③

《清代澳门中文档案汇编》第1449件中，香山知县彭昭麟札饬澳葡理
事官，"照得嘆咭唎夷兵登岸，总由尔等不小心防守，或私自串通舞弊，实
属不法"。在广东地方官员看来，英兵擅自登岸，居澳葡人理应负起防守
之责。"尔等如何先接嘆咭唎书信，容其兵丁登岸，速将先后原信概行呈
缴，其情尚可宽恕。否则立提尔等解省究办。"④

嘉庆十四年三月二十四日（1809年5月8日）的《西洋人理事官为英兵
登澳未能阻止请罪事禀文》，从一个侧面反映出其时清朝政府制订的利用

---

① 刘芳辑，章文钦校：《清代澳门中文档案汇编》下册，澳门基金会1999年版，
第747页。

② 刘芳辑，章文钦校：《清代澳门中文档案汇编》下册，第1446件，澳门基金会
1999年版，第748页。

③ 刘芳辑，章文钦校：《清代澳门中文档案汇编》下册，第1445件，澳门基金会
1999年版，第747页。

④ 刘芳辑，章文钦校：《清代澳门中文档案汇编》下册，澳门基金会1999年版，
第749页。

澳葡守澳的"以夷防夷"政策。

十三年七月，忽有嘆咭唎兵头嘟嘧喱带兵船来澳，欲与哆等同住，因其出示小西洋总管与嘟嘧喱书信，有令哆等将澳地暂时借与居住，伊自行求见大宪请示等语，哆等原未敢定其真假，奈势力不敌，是以不能拦阻，当即呈明香山县转禀。前任吴制宪先遣洋商，继又委员前来传谕，令其速行回国，嘆咭唎兵头总欲见吴制宪面求，经委员代为禀请，因吴制宪未允，往返数次，遂致迁延日久。嗣钦奉大皇帝谕旨严饬发兵驱逐，该兵头嘟嘧喱震慑天威，恐惶失措，即与哆等立有议约，此后不敢再有冒犯，随于十一月初三日登舟，初九日尽数回国。哆等闻得嘟嘧喱此来，并非奉嘆咭唎国王之命，业经呈明本国主转行知会嘆咭唎国王矣。即其前此来澳兵丁，向来本有护送货船之兵船四只，亦有巡洋兵船，于途中相遇，随相约偕来，并非尽由嘟嘧喱自行带领。惟是哆等受大皇帝天高地厚之恩，每年准免额船税饷二十五号，合澳夷人得有衣食，无可图报，嘆咭唎兵丁登岸，不能拦阻，已属万分罪戾，今又蒙大人亲临责以大义，哆等益觉置身无地，总望大人垂怜哆等愚昧远人，施恩矜宥。先将哆等感激请罪下忱，并不得已隐情，代为陈奏，仍准照旧安居。①

在这里，澳葡理事官将此次英军图谋澳门事件的经过交代得很清楚，可以看出，其中不乏为自己开脱之言，体现出在此一事件中没能尽到守卫澳门责任的居澳葡人，当英兵退去之后，再次面对清朝政府时的担心和惶恐。

《明清时期澳门问题档案文献汇编》中收录有自嘉庆十三年九月初四日（1808年10月23日）至十一月二十九日（1809年1月14日），广东地方官员与嘉庆皇帝之间，就英兵擅入澳门一事，所发奏折、谕令三十余件，②其

---

① 中国第一历史档案馆、澳门基金会、暨南大学古籍研究所合编：《明清时期澳门问题档案文献汇编》第一册，人民出版社1999年版，第737—738页。

② 中国第一历史档案馆、澳门基金会、暨南大学古籍研究所合编：《明清时期澳门问题档案文献汇编》第一册，人民出版社1999年版，第670—713页。

中既有督臣对其时情况的奏报，又有朝廷详细的处理意见，还有对官员任事不力的申斥，反映出朝廷对澳门问题的重视、对抵御英夷态度的坚决。而此时澳葡当局所能做的就只有求助于清政府继而协助于清政府，越发显示出澳门主权和管治权的归属。

最终，吴熊光因"于此等要事，迟至月余始行具奏，既未亲往查办，该夷兵目求见，又只派员往谕，并不面询斥逐，虽开舱在夷兵既退之后，而许其开舱究在夷兵未退之先，是奏报既属迟延，办理又形畏葸。且屡次夷人具禀，及吴熊光批示，并轰毙夷兵等事，俱未入奏，亦属含糊"而受到嘉庆帝严厉申斥，被发往伊犁效力赎罪，而巡抚孙玉庭也因"不将前后情形据实陈奏，又不会同吴熊光迅速妥办，软弱无能"被革职。①

嘉庆十四年（1809），新任两广总督百龄、广东巡抚韩崶上任之初即先后前往澳门巡阅，为防止英军再次侵夺澳门，特命澳葡当局增筑炮台，加强防御，"以自咖噉嘣炮台至西望洋炮台迤南沿海石墈易于爬越，嗼咭唎夷兵由此潜登，令澳夷加筑石女墙，以资防堵，派把总领兵专守关闸，派外委领兵协防望厦，又设前山专营，移平镇营游击驻防"②。其时做出的设立前山专营、增设驻守兵额、加筑澳门炮台的决定，进一步增强了澳门及其周边地区的防御力量。

林福祥在《平海心筹》中的记载，准确体现了清朝政府在利用澳夷守澳问题上的深思熟虑。"澳门西洋夷人，当善为抚绥，使其为我守西入之路也。粤东由零丁洋入虎门，是为省河东路；由澳门入香山，是为省河西路。西洋夷人聚族而居，彼不敢公然拒绝嗼夷，亦不肯暗助嗼夷。其不敢明拒嗼夷者，恐嗼夷之先寇澳门也。其不肯助嗼夷者，恐嗼夷得志后蚕食及澳门也；又恐得罪中国，我兵先剿澳门也。然借西洋之力以拒嗼夷则不足，

---

① 嘉庆十四年四月二十九日（1809年6月11日），《谕内阁前此英兵入澳吴熊光办理错谬孙玉庭软弱无能亦着革职》，见中国第一历史档案馆、澳门基金会、暨南大学古籍研究所合编：《明清时期澳门问题档案文献汇编》第一册，人民出版社1999年版，第747页。

② ［清］祝淮：《新修香山县志》卷四《海防·附澳门》，道光七年（1827）刊本。

借西洋之力以守澳门则有余。尝闻道光二十年，嗼夷欲假澳门之道以攻前山营，西洋夷人曰：我西洋子女玉帛俱在澳门，尔嗼兵若由澳门攻前山，则前山之附近居民必至逃散，澳门之粮食告绝，我西洋人将坐困而死矣。于是不果。盖澳门之鱼米蔬菜，皆取给于前山附近之居民也。我若抚绥失其道，西洋夷人或生异心，不独多一敌国，且粤东西路又失一险要也。"①

由此可以看出清政府利用澳葡守澳，既要"以夷制盗"，又要"以夷防夷"这一政策的可行性。

道光十六年（1836），英商禀请"夷人来粤贸易，必须传递书信，今有港脚烟船，能行逆风，欲行进省递信，恐沿途炮台关口，疑虑驱逐，信达转禀，饬行知照"，两广总督饬令严禁该船只进口，道光帝也谕令广东地方官员严饬各营县及虎门各炮台，随时稽查，严行禁阻防范，同时"谕饬澳门西洋夷目派拨夷兵，在南湾一带巡查，勿使烟船水手人等登岸滋事，仍即驱逐开行回国，毋令久泊外洋"②。无论是剿抚海盗还是驱逐英夷，都有居澳葡人参与其中，通过此次事件可进一步证明，清朝政府是把澳葡军事力量当作其辖下地方武装来看待的。

据光绪《香山县志》所载，道光十九年（1839）"七月初八日，林则徐统兵驻香山县城，分兵屯各隘，严断澳门伙食，传谕西洋逐英夷。西洋恐，奉檄驱义律、咉嚦并住澳英夷五十七家，寄住尖沙嘴货船及潭仔趸船"。③马士在《中华帝国对外关系史》一书中也说，道光十九年（1939），林则徐率军移驻香山，八月五日在其授权之下在澳门发布两项布告："一项是断绝旅澳及居于船上的英商一切食物供应——但此仅限于英商；在澳的葡人及所有别国之夷商与此事无涉，仍得保有其权利。……澳门总管奉令驱逐一切英商和他们的家属出境……澳门总管通知英商，他已不能再担保他们的安

---

① [清]林福祥：《平海心筹》卷下《论抚绥澳门西洋夷人》第十七，收入中国第一历史档案馆、澳门基金会、暨南大学古籍研究所合编：《明清时期澳门问题档案文献汇编》第六册，人民出版社1999年版，第436页。

② 《清宣宗实录》卷二七七，道光十六年（1836）正月庚戌。

③ [清]田明曜：光绪《香山县志》卷二二《纪事》，续修四库全书本。

全。"①

卢坤奏疏中"澳门为广东门户，本应建台设守，该炮台虽建自夷人，设遇海防紧要之时，内地派员拨兵，督同防护"的建议在道光十九年（1839）得以实现。是年，林则徐"以高廉道易中孚暂时入驻澳门、节制前山驻军"的奏请得到朝廷允准。

> 林则徐等奏请将道员暂行移驻澳门，查办夷务等语。广东澳门地方，为各国夷商贸易总汇之区，现在清厘积弊，控驭尤贵得人。该处虽设有同知、县丞各一员，惟官职较小，尚不足以穷弊源而制骄纵，着照所请。即饬令高廉道易中孚，暂行驻扎澳门，督同该同知等查办夷务。所有前山寨内河水师都司一员，带兵三百六十三名，着即归该道节制，遇有缓急，听其调遣。俟一二年后夷务肃清，再将该道撤回任所，以重职守。②

在英国图占澳门的野心不断增强之际，清朝政府采取相应措施，派兵入澳驻防，加强在澳门的防御力量。道光二十年（1840）五月，据两广总督林则徐奏称，"至澳门地方，自奏委高廉道易中孚与奏留升任之香山协惠昌耀会同防范，先后派驻兵勇亦有一千三百余名。"③但是，居澳葡人协助中国政府守卫澳门之责并没有因此而减弱。同年七月，林则徐再次上疏朝廷，详陈澳门一地的军事防御情况。"澳门先调兵勇千余名，在关闸一带巡防，兵力尚未甚厚，臣等现又添调督抚两标官兵，连前共合二千名，派委督标参将波启善、署肇庆协副将多隆武、署抚标守备程步韩等，带入澳内，与升任香山协副将惠昌耀等会合防堵，仍责成奏委驻澳之高廉道易中孚悉心筹策，务协机宜，不得稍涉优柔，致贻后患。"同时，为防止因

---

① ［美］马士著，张汇文等译：《中华帝国对外关系史》第一卷，上海书店出版社2000年版，第270页。

② 《清宣宗实录》卷三二九，道光十九年（1839）十二月甲子。

③ 道光二十年五月二十五日（1840年6月24日），《两广总督林则徐等奏报英夷续来兵船及粤省布置防范情形片》，见中国第一历史档案馆、澳门基金会、暨南大学古籍研究所合编：《明清时期澳门问题档案文献汇编》第二册，人民出版社1999年版，第415页。

中国军队进驻澳门造成澳葡惶恐或为英夷煽诱，林则徐建议对其恩威并施，明确晓谕居澳葡人："以澳门系天朝疆土，伊等累世受廛，渥荷深恩豢养，今恐嗼夷进澳滋扰，该西夷力不能敌，是以特遣重兵来澳，与为保护，不使他族得以占居。如西洋中竟有昧良之人，潜与嗼夷勾结，即须献出惩治。倘竟被其愚弄，转而阻挠官兵，是大昧于顺逆存亡之理，必至玉石俱焚，后悔何及。且澳内一无出产，日食所需，悉资内地，即使嗼夷占澳，一经断其接济，彼亦无以自存，第不忍使西夷并受其害，惟专心内向，则外侮自不敢欺凌。如此明白开导，谅西夷亦不至为嗼夷所愚，而澳门得此重兵，当亦可期静谧。"①

清朝政府于此时增加澳内驻兵、增强澳门的防御能力，也是迫于形势发展的需要。就在林则徐此次上奏之后不久，英军在发动侵略中国的鸦片战争之际，悍然向澳门出兵。当时，三艘英国军舰和运输船只驶进莲花茎，向关闸及附近地区的炮台猛烈进攻，驻澳中国军队在关闸附近海面迎头痛击，最终将英国军队驱逐出澳。②

1849年以前，对澳门的军事管治权一直掌握在中国政府手中。清朝政府在澳门西北的前山寨派驻各种建制不同的军队，凭借前山对澳门的"扼吭之势"，守卫澳门及其周围地区的安全，道光十九年（1839）时更是将高廉道易中孚移驻澳门，派兵入澳，提高整个澳门地区的防御能力。应该说，清政府在前山进而在澳门驻有军队、始终承担着守卫澳门之责这一事实本身，已是澳门的领土主权和管治权完全属于中国政府的最好证明。正如马士所说："中国人不会错过表示他们是这块土地的主人的机会。他们在军事方面是最高的，例如在1808年保卫该口岸以反对英国人，并在该市范围内握有征税权"③。同时，清朝政府将居澳葡人的军事力量视为其辖下

① 道光二十年七月十九日（1840年8月6日），《两广总督林则徐等奏报续筹剿堵英夷情形折》，见中国第一历史档案馆、澳门基金会、暨南大学古籍研究所合编：《明清时期澳门问题档案文献汇编》第二册，人民出版社1999年版，第417—418页。

② ［清］田明曜：光绪《香山县志》卷二二《纪事》，续修四库全书本。

③ ［美］马士著，区宗华译：《东印度公司对华贸易编年史（1635—1834年）》第三卷，中山大学出版社1991年版，第321页。

地方武装，在剿抚海盗、驱逐英夷的过程中，通过向澳葡征调武装船只、谕令其协助中国军队剿捕海盗、参与对海盗的招降以及防范英兵在澳登岸等形式，使这一地方武装充分发挥出其特殊的防御作用。清朝政府允许澳葡在澳门设立炮台并派驻守兵，是有一种使之"为天朝守海门"的目的在其中。

第四章

清朝政府对澳门的司法管治

　　清朝政府在澳门长期拥有并持续行使司法管治权。对于居澳华人之间、华人与澳葡及其他外夷之间的案件，一概由广东地方官员按照《大清律例》中的规定进行裁决和审判。中国官员有权前往澳门查验案情、提讯凶犯，广东官府也有权饬令澳葡当局查缉逮捕犯案夷人。在此过程中，澳葡只能遵谕执行，协助中国官员缉捕提讯，并对应处以死刑的夷犯，在中方专门赴澳监刑的情况下执行绞决。虽然有些规定在执行处罚上对葡人做出部分让步，却始终坚持对澳葡人犯定罪、复审、监督执行处罚的权力，保持了中国司法权的完整。

颁行政令条例

澳门地属香山，在开埠之后，依然由香山县管辖，遇有重大民刑事务，均由香山知县亲自处理，或由知县报请总督决定。清承明制，继续采取"建城设官而县治之"的政策管治澳门，雍正八年（1730），考虑到香山知县"县务纷繁，离澳窎远，不能兼顾"[①]，两广总督郝玉麟等奏请朝廷仿照明代设立澳官的办法，添设香山县丞一员，驻扎前山寨，"就近点查澳内居民保甲，稽查奸匪，盘验船只"[②]，专门负责对澳门事务的管理。

乾隆年间，澳门逐渐发展成为中外贸易的转口港和东西文化交流的汇合处，在此进行的中外交涉不断增多，甚至涉外刑事人命案件也时有发生。考虑到澳门特殊、重要的地理位置和日益复杂的情况，而县丞又"职分卑微，不足以资弹压，仍于澳地无益"，广东按察使潘思榘于乾隆七年（1742）向朝廷建议，仿照在广东设理瑶抚黎同知之例，移驻同知一员，"专理澳夷事务，兼管督捕海防"[③]。署两广总督策楞也于八年（1743）上疏朝廷，奏请将广东肇庆府同知移驻前山寨，"专司海防，查验出口、进口海船，兼管在澳民蕃"[④]。朝廷批准了这一建议，将肇庆府同知改为"广州府海防同知"，即澳门海防军民同知，移驻前山寨，归广州府管辖。从

---

① 印光任、张汝霖著，赵春晨校注：《澳门记略校注》上卷《官守篇》，澳门文化司署1992年版，第75页。

② 中国第一历史档案馆编：《雍正朝汉文朱批奏折汇编》第18册，江苏古籍出版社1991年版，第307页。

③ 印光任、张汝霖著，赵春晨校注：《澳门记略校注》上卷《官守篇》，澳门文化司署1992年版，第75页。

④ 印光任、张汝霖著，赵春晨校注：《澳门记略校注》上卷《官守篇》，澳门文化司署1992年版，第76页。

此，对澳门中外居民的编查、出入洋船的盘验以及对澳内民蕃斗殴、盗窃、贩卖人口、私运禁物等行为的惩治，均由澳门同知查察办理。同时香山县丞移驻望厦村，"专司民番词讼"，[①]属澳门同知管辖。澳门的一切司法案件均归香山县丞管理，并详报澳门同知处置。

乾隆八年（1743）十二月，葡人晏些嚧戮死澳门商人陈辉千一案发生后，香山县丞查验确实，要求澳葡当局交出罪犯，多次交涉均遭拒绝后，两广总督策楞亲自过问此案，批令香山知县王之正将凶犯"照例审拟招解"，但澳葡当局仍一再拒绝，坚持在澳审理。他们上书广东官府，声称近百年来葡人违犯法纪从不出澳赴审，如将凶犯交给中国官府，即是违反了葡萄牙政府的禁令，将会受到严惩。最终，经两广总督策楞同意，由广州知府督同香山知县前往澳门，会同澳葡当局，按照《大清律例》中的规定拟罪抵偿，将葡萄牙凶犯处以绞刑。随后，策楞等人上疏朝廷，指出多年以来，"民夷交涉事件，罪在蕃人者，地方官每因其系属教门，不肯交人出澳，事难题达，类皆不禀不详，即或通报上司，亦必移易情节，改重作轻，如斗杀作为过失，冀幸外结省事，以致历查案卷，从无澳夷杀死民人抵偿之案"[②]，因而要澳夷"照例解勘承招"，"夷情实有不愿"。他们请求朝廷允准，不再将罪应斩、绞的葡籍凶犯送交中国官府，而是由中国官员会同葡萄牙官吏在澳门依法处决。经乾隆帝批准，此后在澳"夷人罪应斩绞者"，不再押往内地正法，而是由香山县令"于相验之时讯明确切，通报督抚详加复核"[③]，然后由督抚饬令地方官会同葡萄牙官员，在澳门将凶犯依法处决。

关于此事，《香山县志》中记载："（乾隆八年）冬，澳夷晏些嚧刃杀澳民陈辉千，总督策楞下其事，夷目执夷法庇之，香山令王之正屡谕屡抗，晏些嚧卒伏法，因上言，民夷交涉事件，罪在蕃人者，请明定条例，

---

① 《清高宗实录》卷二〇四，乾隆八年（1743）十一月辛卯。

② 印光任、张汝霖著，赵春晨校注：《澳门记略校注》上卷《官守篇》，澳门文化司署1992年版，第89页。

③ 印光任、张汝霖著，赵春晨校注：《澳门记略校注》上卷《官守篇》，澳门文化司署1992年版，第90页。

依国法论抵偿，依夷法免解禁。诏以所奏，着为令。"[①]虽然清政府准许在"案情允当"的情况下将澳葡凶犯的行刑地点改设澳门，但其他司法程序必须仍然按照中国法律执行，而且必须有中国官员会同办理。

此案了结之后，首任澳门同知印光任旋即上任。为规范对澳门的管理，印光任具议上请，制订和颁布了《管理澳夷章程》七条。该章程除对外国商船在澳门港的出入做出规定外，还包括了一些加强管辖在澳中葡居民等方面的内容。如第三条规定："澳内民夷杂处，致有奸民潜入其教，并违犯禁令之人窜匿潜藏，宜设法查禁，听海防衙门出示晓谕"；对于贸易民人，只许他们在澳门城墙外的空地上搭篷市卖，不许私自入澳或携带妻室入澳；责令香山县丞对他们编立保甲，细加查察。另外对于在澳门造船、建屋的内地工匠，县丞也应"亲查造册，编甲约束，取具连环保结备案"。而澳门夷目如有呈禀中国地方官员之事，"应由澳门县丞申报海防衙门，据词通禀"，不得越级上报。即使是葡人修船，也须详细呈报海防同知，采买的工料如有剩余，应交官贮存等等。[②]该章程以维护社会秩序和正常贸易为重，条文详细而具体，涉及内容也比较广泛，体现出清政府对澳门管治的加强和澳门管理体制的逐步完备。

乾隆十三年（1748），澳门的中国居民李廷富、简亚二被葡萄牙士兵杀害，并弃尸入海。澳门同知张汝霖获悉案情后亲往交涉，要求澳葡当局交出凶犯及死者尸体，但总督安东尼（Antonio Jose Telles de Menezes）拒不交凶，负隅顽抗，于是广东官府下令封闭关闸，停止对澳门的粮食供应，并撤出中国商民，关闭在澳商铺。居澳葡人在此严厉措施下深感不安，主动作证并要求安东尼交出凶犯。无奈之下，安东尼只得"缚送二犯"[③]进行审讯，但最终此案仍以罪犯依照"夷法"被流放而匆匆了结。

---

① ［清］祝淮：《新修香山县志》卷四《海防·附澳门》，道光七年（1827）刊本。

② 印光任、张汝霖著，赵春晨校注：《澳门记略校注》上卷《官守篇》，澳门文化司署1992年版，第79页。

③ 印光任、张汝霖著，赵春晨校注：《澳门记略校注》上卷《官守篇》，澳门文化司署1992年版，第88页。

对于这一案件的处理，乾隆皇帝并不满意。"夷人来至内地，理宜小心恭顺，益知守法，乃连毙内地民人，已属凶狡，自应一命一抵。若仅照内地律例，拟以杖流，则夷人鸷戾之性，将来益无忌惮，办理殊属错误。嗣后如遇民夷重案，务按律定拟，庶使夷人共知畏罪奉法，不致恣横滋事，地方得以宁谧"①。"今此案办理，已觉示弱外夷，但既经远飏，势难复行追获，只可就案完结。嗣后遇有此等案件，必须执法处置，使夷人知所敬畏，不宜稍为迁就。"②两广总督硕色、广东巡抚岳浚以防范疏虞、办理不善，着传谕申饬。于是，为规范清政府对澳门的法权管理程序，乾隆十四年（1749），张汝霖与香山知县暴煜共同拟订十二款《澳夷善后事宜条议》。该条议除对居澳夷人在私擅凌虐、擅兴土木、贩卖子女、窝藏匪类及违例出澳、设教从教等方面的行为提出严厉禁止外，特别在第五款中对如何审讯、发落夷犯做出明确规定："夷犯分别解讯。嗣后澳夷除犯命盗罪应斩绞者，照乾隆九年定例，于相验时讯供确切，将夷犯就近饬交县丞，协同夷目，于该地严密处所加谨看守，取县丞钤记，收管备案，免其交禁解勘，一面申详大宪，详加复核，情罪允当，即饬地方官眼同夷目依法办理，其犯该军流徒罪人犯，止将夷犯解交承审衙门，在澳就近讯供，交夷目分别羁禁收保，听候律议，详奉批回，督同夷目发落。如止杖笞人犯，檄行该夷目讯供，呈复该管衙门核明罪名，饬令夷目照拟发落。"③该条议重申了中国政府对澳门的法权，让葡萄牙人明确了其租居者的身份，不仅在澳中国居民的管辖权属于中国政府，即使是在澳的葡萄牙居民和官员也要受中国政府的司法管治。此外，该条议确定了此后清政府对澳葡所持的基本政策，对完善澳门的司法制度作出了积极的贡献。

"葡萄牙人不但要服从大清帝国的法令，还得服从中国地方官员制订的治安条例，并且被迫承担引渡葡王陛下的臣民至中国接受审判裁决的

① 《大清十朝圣训·高宗纯皇帝》卷一九五《严法纪》，台北文海出版社1965年版。

② 《清高宗实录》卷三三六，乾隆十四年（1749）三月甲寅。

③ 印光任、张汝霖著，赵春晨校注：《澳门记略校注》上卷《官守篇》，澳门文化司署1992年版，第93页。

义务。按中国的法律和司法程序，这些人将被判处直至死刑的刑罚。"①
此后，清朝政府又不断通过完善对澳法令条例，加强对澳门的管理、行使
在澳门的主权，如乾隆二十四年（1759）两广总督李侍尧所奏《防范外夷
章程》五条、嘉庆十四年（1809）两广总督百龄等人所奏《民夷交易章
程》、道光十一年（1831）两广总督李鸿宾、粤海关监督中祥所奏《防范
外夷章程》八条及道光十五年（1835）两广总督卢坤、粤海关监督中祥奏
定的《防范外夷增易规条》等，虽然多为对贸易的规定，尤其是为管理外
商而订立，但却充分表明清朝政府在澳门可以有效行使对外商和葡人的法
权管理。正是通过广东各级地方官员筹议订立的这些规条禁约、政令文
书，清朝政府对澳门的管治逐步实现制度化，并日益形成一套较为严密的
管理体制。

---

① 徐萨斯著，黄鸿钊、李保平译：《历史上的澳门》，澳门基金会2000年版，第
119页。

审理各类民刑事案件

　　清朝建立之初，军事实力相对较强，随后出现的"康乾盛世"，更是进入了国力鼎盛的时期。同时，这也是居澳葡萄牙人最安分、对中国政府最为顺从的时期。"在此期间，在澳葡萄牙人对于清政府的命令，通常不作抗拒便完全服从。"[①]因而这时的中国政府，对澳门的管理相对比较宽松。从康熙二十五年（1686）起，当发生与葡萄牙人有关的案件时，有些清朝官员并不入澳审理，而是传唤涉案的葡萄牙人。在果阿的葡印总督得知这一情况后，于1689年下达了禁止葡萄牙臣民接受中国官府传唤的命令。1712年，葡萄牙国王若奥五世又重申此项禁令。从此，居澳葡萄牙人以此为理由，不再听从中国官府的传唤，不再出澳接受审判。

　　按照龙思泰在《早期澳门史》中的记载，澳门的案件审理程序是这样的：当案件发生后，首先要向中国地方官员报告，"同时，嫌疑犯会被逮捕并投入监牢，由葡人官方进行审理，听取证词。前来验尸的中国地方官员到来时，理事官便将罪犯移交给他，他会对罪犯进行审讯"，并最终由两广总督做出判决，"假如判处了死刑，犯人就会被带到广州斩首"。[②]然而，在康熙四十九年（1710），澳葡当局开始拒绝将杀害中国人的葡萄牙凶犯送交广东官府处决。"当时的香山知县在得到120两银的贿赂后，进行活动，要将犯人留在澳门，由中国的刽子手来执行死刑，而且由中国地方

---

　　① 费成康：《澳门：葡萄牙人逐步占领的历史回顾》，上海社会科学院出版社2004年版，第85页。

　　② ［瑞典］龙思泰著，吴义雄等译：《早期澳门史》，东方出版社1997年版，第98页。

官员、死者的双亲、理事官等到现场观看。"①

《大清律例·名例律下》"化外人有犯"条下明确规定："化外人既来归附，即是王民，有罪并依律断，所以示无外也。"②澳门自古以来就是中国领土的一部分，在这里，葡人的身份是租地以事商贸的交租纳税者，因而自然要接受《大清律例》和澳门地方治安条例的约束。澳葡当局常常会利用直接管理澳门事务之便，想方设法维护葡人利益，强制华人搬迁，包庇犯罪葡人，擅自按照本国法律处理案件纠纷。而中国政府为维护在澳司法主权，有时甚至不惜通过封闭关闸、切断供应、撤出中国居民、停止对澳贸易等方法，迫使澳葡当局就范。

乾隆三十八年（1773），澳门发生英国人斯高特（Francis Scott）杀害中国居民一案，罪犯经澳葡当局单方面审讯后被判无罪。由于澳葡当局的行为明显违反乾隆十四年（1749）订立的《澳夷善后事宜条议》中的有关规定，侵犯了中国政府在澳门的司法主权，因而广东地方官员要求澳葡将罪犯移交中方审判。多次交涉均遭澳葡拒绝后，广东地方政府坚持严正立场，停止对澳门的粮食供应，最终葡人交出凶手，由中方判处死刑。③"经过一些商谈和抗拒之后，葡萄牙官员，最后终于在一七四九年协定第五款的规定下，作了让步。中国人对斯高特重新进行了审讯并把他处死。"④

清朝中叶以后，中国官员在澳门仍具有较高的权威，对于中葡居民之间的涉外案件，多数情况下也基本能够按照中国司法程序审理。嘉庆四年（1799）"蕉园围"加租案结束之后，香山县丞以衙署倾圮、急需整修为由，于1800年移驻澳门，进一步加强了对居澳民蕃事务的管理，加强了对澳门华夷案件的查处力度，使得葡萄牙人力图做出更大的对抗。1803年，

① ［瑞典］龙思泰著，吴义雄等译：《早期澳门史》，东方出版社1997年版，第98—99页。

② 《大清律例会通新纂》，近代中国史料丛刊三编，台北文海出版社1987年版，第527页。

③ ［瑞典］龙思泰著，吴义雄等译：《早期澳门史》，东方出版社1997年版，第99—100页。

④ ［美］马士著，张汇文等译：《中华帝国对外关系史》第一卷，上海书店出版社2000年版，第116页。

葡萄牙摄政王下令，凡死刑案件，如被告是基督教徒，则绝不可将之交中国当局审理；如确实有罪，也应由澳门法庭判处死刑，由基督徒刽子手行刑。①嘉庆十年（1805）七月，澳葡当局以执行本国命令为借口，拒绝将杀害中国水手陈亚连的暹罗凶犯交给中国官府。为此，香山知县彭昭麟、县丞吴兆晋先后十余次②谕令澳葡理事官将凶犯交出审判。澳葡当局却一再拖延、拒不遵从，甚至采取伪造现场、歪曲事实的手法，谎称"陈亚连系因上桅失足跌下受伤身死"③。延至九月中旬，彭昭麟因葡方"包匿如故，殊属刁抗"，决定采取强硬措施，谕令澳门商民及工匠人等"所有一切与夷人交易货物，及工匠、木匠、泥水匠人等，暂行停止，俟该夷目将凶夷送出，方许买卖交易工作。如有不遵，一经拿获，定严究办"④。多次交涉之后，澳葡理事官才将凶犯送出审讯，在该犯被判处死刑后，澳葡又企图照夷例将其自行正法。"现据该夷目禀称：本月二十日即将凶夷嗳嗲吼咐送出，在议事亭前正法。"彭昭麟当即批复，凶犯应按照中国法律程序受审。"必将凶夷讯取切供，验明年貌箕斗，发交该夷目羁禁，取具收管，通详各宪，听候宪驾临澳，监同处决，从无夷官自行正法之理例。"⑤澳门总督佩雷拉（Vactano de Sousa Pereira）等人继续对抗，还为葡萄牙驻军储备了可供食用两年的粮食，以应对中国官府的封澳措施。他们不顾中国政府禁令，自行将罪犯审判并处以死刑。为了防止中国军民劫持犯人，澳督甚至集结军队保护刑场。"在此次事件中，中国官方对澳门的政策有了一个显著的变化"，香山县令不再像以往那样撤出中国居民、封闭关闸，

---

① 徐萨斯著，黄鸿钊、李保平译：《历史上的澳门》，澳门基金会2000年版，第163页。

② 刘芳辑，章文钦校：《清代澳门中文档案汇编》上册，第619—630件，澳门基金会1999年版，第337—342页。

③ 刘芳辑，章文钦校：《清代澳门中文档案汇编》上册，第623件，澳门基金会1999年版，第339页。

④ 刘芳辑，章文钦校：《清代澳门中文档案汇编》上册，第625件，澳门基金会1999年版，第340页。

⑤ 刘芳辑，章文钦校：《清代澳门中文档案汇编》上册，第628件，澳门基金会1999年版，第341页。

切断与澳门的一切联系，只是命令中国居民停止向葡萄牙人提供通常的劳工、粮食和日用品，[1]而葡萄牙人也从此开了拒不将罪犯送交中国官府审判的恶例。[2]

华人在澳犯罪，处置权完全在中国地方官员手中。嘉庆五年（1800），因华人余亚就等计诱蕃奴偷窃，香山知县许乃来专门下谕理事官，该犯"虽讯无诱窃情弊，但在澳滋事，未便宽纵。除将该二犯各枷号两个月，发澳门示众，满日递籍约束外，合谕知照。谕到该夷目，即便查照"。[3]

对于澳内民夷之间的人命重案，广东地方官员格外重视。每一案件的案情缘由、审讯经过、判决所依律例及执行死刑的过程等内容，都是由两广总督或广东巡抚等专折上奏，一事一禀，较之内地人命案件的处理，其查办奏报显得更为郑重、严格。乾隆三十一年（1766）九月，华民郑亚彩被澳夷水手咿唑呢掷伤致死，广东地方官员在审理此案过程中，依照乾隆八年（1743）陈辉千一案的处治方法，委派广州知府督同香山知县前往澳门，会同澳葡夷目，将凶犯照例绞决。据该年十一月初四日（1766年12月5日），《署两广总督杨廷璋等奏报水手咿唑呢掷伤民人郑亚彩致死已在澳门勒死折》：

臣等伏查，澳门夷人均属教门犯罪，向不出澳赴审，乾隆八年，夷人嗌唑嚧戳伤民人陈辉千身死一案，经前署督臣策楞奏准，嗣后在澳民番，有交涉谋故斗殴等案，若夷人罪应斩绞者，该县于相验时讯明确切，通报督抚详加复核，如果案情允当，即批饬地方官同该夷目将该犯依法办理，免其交禁解勘，仍一面据实奏明，并将供招报部存案。等因。今澳门夷人咿

① 徐萨斯著，黄鸿钊、李保平译：《历史上的澳门》，澳门基金会2000年版，第164页。

② 费成康：《澳门四百年》，上海人民出版社1988年版，第209—210页。

③ 刘芳辑，章文钦校：《清代澳门中文档案汇编》上册，第570件，嘉庆五年三月十九日（1800年4月12日），《香山知县许乃来为民人余亚就等计诱蕃奴偷窃事下理事官谕》，澳门基金会1999年版，第313页。

唑呢掷伤民人郑亚彩身死，据讯供认明确，拟以绞抵，情罪相符，应即依法办理。随批司饬委广州府知府顾光督同香山县知县杨楚枝前往澳门，饬令夷目提出凶夷咿唑呢，于本年十月初九日照例用绳勒死，以彰国法，阖澳夷人靡不俯首允服。①

乾隆五十六年（1791），广东巡抚郭世勋在处理澳夷咙哆嚧戮毙民命一案时，仍然遵照陈辉千一案的审理办法："澳门地方民番谋故斗殴等案，若夷人罪应斩绞，定例由该县验讯明确，通报督抚详加复核，即饬地方官眼同该夷目将该犯依法办理，免其交禁解勘，仍一面据实奏明，并将供招报部，历久遵行在案。"因澳夷咙哆嚧戮毙民人夏得名、赵有光，讯明确切，照例拟罪绞决，情罪相符。"随行司饬委广州府知府张道源前往澳门，会同署香山协副将林起凤，率同署澳门同知许永、香山县知县许敦元，饬令夷目提出凶夷咙哆嚧，于本年十月三十日照例绞决，用彰国宪。"②然而乾隆对此处理并不满意，认为"此案咙哆嚧因斗殴连毙二命，自应按例即行绞决。乃折内又称，澳门地方民番谋故斗殴等案，若夷人罪应斩绞，验讯明确，即饬地方官依法办理等语。所奏太不明晰。咙哆嚧既经按例绞决，是应绞之犯，何以又将夷人罪应斩绞之例牵引声叙"③。郭世勋因处理此案援例不当被"传旨申饬"。即使贵为广东巡抚，在处理涉及到澳夷的案件时如有任何疏虞失当之处，也会受到严厉的申饬。清朝政府在对澳门华洋案件的审理上，是非常严格的。

嘉庆六年（1801），"雷琼间海盗滋扰，澳夷请备二舶随舟师海捕，且以九事乞格外恩。知县许乃来以其非制，且挟故要求也，却之"。④澳葡借协助中国政府军队剿捕海盗之际，向香山知县许乃来提出九点请求，

① 中国第一历史档案馆、澳门基金会、暨南大学古籍研究所合编：《明清时期澳门问题档案文献汇编》第一册，人民出版社1999年版，第383页。

② 中国第一历史档案馆、澳门基金会、暨南大学古籍研究所合编：《明清时期澳门问题档案文献汇编》第一册，人民出版社1999年版，第506—507页。

③ 《清高宗实录》卷一三九三，乾隆五十六年（1791）十二月甲子。

④ ［清］祝淮：《新修香山县志》卷四《海防·附澳门》，道光七年（1827）刊本。

其中第四条请求除人命大案外，居澳华人如有犯法，由澳葡量刑责罚。为此，许乃来严饬澳葡理事官，澳夷"世居内地，践土食毛，齐民无二，遇有罪犯，原可照天朝法律惩治"，只因究属外夷，"除杀人抵偿外，凡军徒杖笞等罪，均听自行发落，岂尔夷反可管束天朝百姓，擅加责罚耶？有地方官在，未便干预"。①第五条又提出中国人杀死葡萄牙人要在澳门"明正典刑"，对此无理请求，许乃来同样给予严词拒绝。

道光六年（1826），因澳门华人严亚照被害身亡，其母向香山县官府指控葡萄牙少校法瓦乔（Favacho）为凶手，澳葡当局不仅拒不交凶，还改称罪犯为一帝汶奴隶，将按照葡国法律来定罪、处决。后严母上诉于广东大吏，两广总督阮元派出广州知府等人赴澳查办，饬令澳葡交出凶犯，按律审拟，在查明确切后，夷犯最终被依例绞决。②可见，直到道光初年，广东官府依然可以在澳门按律审讯和处决夷犯，葡人虽极力破坏中国政府在澳门的司法管治权，但其阴谋真正得以实现，却是在鸦片战争结束以后。

对于一般盗窃案件，由广东地方官员按照内地办案程序缉捕盗犯，并将赃物退还失主。倘若赃物已售与铺户，也是由地方官代为追赃索赔给领，澳葡官员并没有直接向铺户追讨索赔的权力。而居澳华夷之间的伤殴案件，同样由广东地方官员按照内地官府审理同类案件的程序进行审拟。不管是华人殴伤夷人还是居澳葡人、黑奴殴伤华人，澳葡官员均应将案情禀报，如凶犯为夷人，则由地方官差传受伤之人验认，饬令澳葡理事官延医调治、将夷犯严加看管，依据伤者伤情，分别究办。嘉庆十年（1805）六月，因民人陈亚二等被居澳夷人殴伤，香山知县彭昭麟札饬理事官，"夷人逞凶滋事，毁物伤人，法难宽恕。……札到该夷目，立将滋事夷人交出，听候本县临澳分别究办，以儆凶横。毋得抗延，致干未便"。③但

① ［清］祝淮：《新修香山县志》卷四《海防·附澳门》，道光七年（1827）刊本。

② 中国第一历史档案馆、澳门基金会、暨南大学古籍研究所合编：《明清时期澳门问题档案文献汇编》第二册，道光六年二月十三日（1826年3月21日），《两广总督阮元等奏报遵例审办致毙民命之夷人绞决折》，人民出版社1999年版，第183—184页。

③ 刘芳辑，章文钦校：《清代澳门中文档案汇编》上册，第591件，澳门基金会1999年版，第323页。

如果是华人殴伤夷人，则应在验明伤痕并延医调治后，地方官饬差查拘凶犯，讯究惩处。至于民夷互殴案件，以乾隆五十六年（1791）十月，民人许亚秀等与夷人、夷兵互殴一事为例。此案经香山知县许敦元审拟，特谕理事官：

> 据地保、差役查复与各供相符，经将各犯按照法律，分别枷责发落。
>
> 其路过该处，被夷人致伤之黄亚四，饬医调治，并行据该夷目，取具伤人之夷兵保辜限状呈缴在案。并将互殴生事之夷人，照依该国之法，严行鞭责各在案。兹查黄亚四伤痕已经平复，本县现将许亚秀等各犯分别递籍约束，不许再至澳门滋事。①

嘉庆十年十二月初四日（1806年1月23日），因澳内华民王时官与澳葡黑奴发生争殴，香山知县彭昭麟特下谕理事官："即便遵照，嗣后澳内遇有民夷交涉事件，务须据实具禀本县，听候究办，毋令黑奴人等前往争论，致滋事端，有干未便。"②

乾隆五十四年（1789），民人张亚意被澳夷戳伤致死，经香山知县彭翥多次催促，澳葡当局却不肯交出凶犯。彭翥亲临澳门审理，理事官起初称病不见，其后又要彭翥与他在市政厅会见，彭翥严斥理事官："吾天朝命吏也。夷庙岂办公地？"于是"张幕设案于通衢，盛仪卫"，召见通事及理事官。③在彭翥要求限期交出凶犯后，理事官反而狡称该夷犯平日良善，并非有意杀人，请求宽免责罚。为此，彭翥晓谕澳葡："因其并非有意，是以止照斗殴问绞，不过用绳勒毙，并准照夷法为之解罪念经，若果有意杀人，即应斩首示众，岂能复全身首？况更容其诵经解罪耶！……

① 刘芳辑，章文钦校：《清代澳门中文档案汇编》上册，第585件，乾隆五十六年十二月十八日（1792年1月11日），《香山知县许敦元为民蕃斗殴案下理事官谕》，澳门基金会1999年版，第320页。

② 刘芳辑，章文钦校：《清代澳门中文档案汇编》上册，第592件，《香山知县彭昭麟为民人王时官买屋高筑致与黑奴争殴事下理事官谕》，澳门基金会1999年版，第323页。

③ ［清］祝淮：《新修香山县志》卷五《宦绩》，道光七年（1827）刊本。

现奉本府宪严札频催，不能再为延缓，合亟谕饬该夷目，即将该犯夷立刻解出，以凭禀请本府宪临澳提审，依法办理。如再迁延率混，倘本府宪震怒，恐该夷目不能当其重咎也。"①

乾隆五十七年十一月（1792年12月），铺民汤亚珍被澳夷吓喊哩亚斯（Manuel Dias）戳伤致死，香山知县许敦元、署县丞朱鸣和分别谕令澳葡理事官，即速查明行凶夷犯，先行拘禁，听候验讯，许敦元在临澳验尸后，连同澳门同知韦协中，又多次②谕令澳葡查明夷犯、立即拿获、解赴香山县审讯。然而澳葡百般包纵凶犯，一味拖延，事隔半月之后才将夷犯拿获归案。为此，许敦元严谕理事官："西洋夷人世居澳土，即与内地民人无异，自应凛遵天朝法纪，彼此相安，何得逞其凶顽，致毙人命。""杀人者，律应抵命。尔夷人致毙华人，必须正法，亦犹我华人致毙夷人，应置典刑也。"③

澳葡当局无权驱逐在澳门犯有罪案过失的华民，更不允许对居澳华民行使司法权。嘉庆七年（1802）十月十三日，华民黄亚苟自吕宋携银回澳，被司达夷役以漏税为名，遵照夷例充公。为此，香山知县许乃来下谕申饬理事官："体制自有一定，华夷尤当区别。即如尔夷人久居澳内，食毛践土，无异齐民。而一切作奸犯科，仍听照夷例办理，并未概绳之以国法，岂可以尔夷人之例，反加之于华人乎？此则显违天朝定制，断不准行。"④清朝政府在充分行使对澳门的司法管治权的同时，考虑到葡人宗教信仰、风俗习惯的特殊性，允许澳葡在司法方面享有一定程度的自治，"蕃人有罪，夷目俱照夷法处治。重则悬于高竿之上，用大炮打入海中；

---

① 刘芳辑，章文钦校：《清代澳门中文档案汇编》上册，第606件，乾隆五十四年十一月二十三日（1790年1月8日），《香山知县彭鹜为蕃人杀死张亚意案下理事官谕》，澳门基金会1999年版，第331—332页。

② 刘芳辑，章文钦校：《清代澳门中文档案汇编》上册，第610—615件，澳门基金会1999年版，第333—336页。

③ 刘芳辑，章文钦校：《清代澳门中文档案汇编》上册，澳门基金会1999年版，第332—333页。

④ 刘芳辑，章文钦校：《清代澳门中文档案汇编》上册，第658件，澳门基金会1999年版，第358页。

轻则提入三巴寺内，罚跪神前，忏悔完结。"[①]对于夷人犯罪，可以依照夷法办理，但如果案件牵扯到华人，则一律应由广东地方官员审讯和裁决，澳葡并无参加审讯、驳回判决或自行处决的权力。虽然澳葡通过非法手段取得了一些权利，但只限于个别案例，清政府在司法方面仍掌握着主权。

清朝政府通过在澳门设官建置、健全对澳门的管理体制、制订并完善一系列管理澳门的法令条例，不断加强对澳门的管治。虽然葡萄牙人违背中国法律、挑战中国法权、妄图在澳实行治外法权的情况总是时有发生，但是在1849年以前，对澳门的司法管治权是掌握在中国政府手中的。

---

① 印光任、张汝霖著，赵春晨校注：《澳门记略校注》上卷《官守篇》，澳门文化司署1992年版，第89页。

澳门地处南疆，面向海洋，连接内地，由于历史的原因及自身具有的地域特点，在清朝政府严禁在华传播天主教的过程中，起着不容忽视的作用。

自明代开始，绝大多数西方传教士就是经由澳门进入内地。雍正禁教时，朝廷委派官兵押解教士"安插澳门"，宣布禁止其在内地居住，只得在澳门居留，自此之后，乾隆、嘉庆、道光等都坚决施行禁止向华民传播天主教的政策，并且不断加以补充，采取日益严格的限制。大批传教士只能回到澳门传教，澳门成为18世纪以后中国唯一的传教据点，乾嘉时期更是成为接引联络潜入内地传教之西洋教士的桥梁，中国内地的天主教徒是通过澳门接引这些传教士，然后辗转进入内地传教的。随着各地不断拿获、驱逐赴内地传教之西洋教士，澳门又成为传教士们的容身避难之所。在清朝政府禁教期间，澳门夷人自习其教不禁，居澳华民习教或内地民人入澳进教则被严行禁止，此时处于中国政府严格管治之下的澳葡，不仅不可以在华人中传播天主教，而且还曾奉命协助查拿潜入内地传教之西洋教士，在协助广东地方官员管理澳门西洋教士方面，也大都能够严格遵谕执行。

澳门妈祖阁庙、莲峰庙等官方庙宇在清代前期不断得以重修扩建，莲峰庙更是成为官员临澳巡阅时的驻节之所。清朝政府之所以会在禁教期间大力提倡、支持中国传统宗教信仰，目的是要充分发挥其特殊的政治、宗教意义，扩大行政影响力，上体国宪，确保在澳门的统治主权。

第一节

顺康时期清政府对天主教的政策

顾卫民认为："清代立国之初，并没有形成对天主教会一整套的政策，国家与教会的关系似乎完全系于顺治皇帝与汤若望个人的关系上面，这不能不说与耶稣会的传教方式有关。"①其实不光是顺治一朝，康熙帝与传教士之间的个人关系也对其时天主教的"生存环境"产生过一定的影响。康熙皇帝开明睿智，富有才略，其对天主教及传教士采取友好的态度也是可以理解的，而且当时的清朝政府也需要在历法、铸炮②、医学等方面得到传教士的帮助。由于清初的统治者深知刚刚建立的大清朝是以异族统治取代拥有先进文明的汉族统治，自身文明的落后也使他们急于通过吸收西方先进的科技知识进行一定程度的弥补，因而，此时统治者会对天主教采取宽容的态度，从根本上来说，还是为了维护清朝统治的需要。

自明代开始，以利玛窦为代表的西方传教士们就奉行一种独特的传教方法，不但将天主教教义与儒家思想协调融合，而且还伴以传播科学技术知识，使中国的统治者、上层官吏和知识分子更易于接受。明清易代之后，自觉找到了正确传教路径的西方传教士继续在新朝推行其知识传教的策略，所以与其说清初统治者尊重和信任的是西方天主教和传教士，不如说他们尊重和信任的是这些传教士传播的西学。

顺治一朝以至康熙朝初年，耶稣会之所以能够顺利发展，得益于汤若

---

① 顾卫民：《清初顺康雍三朝对天主教政策由宽容到严禁的转变》，载《文化杂志》中文版第44期，2002年秋季刊，第65页。

② "康熙十三年（1674）秋八月，命治历南怀仁铸火炮。西洋火器轻利，时三藩背叛，郑锦复猖獗海上，因命南怀仁铸西洋火炮三百二十尊，助大军进剿。"见［清］王之春撰，赵春晨点校：《清朝柔远记》卷二，中华书局1989年版，第29—30页。

望甚多。1645年后，顺治帝授汤若望"钦天监监正，加太常寺少卿衔，此乃朝中一重职也。若望经区长核准后始受职，赖若望之宠遇，可以保护散在外省之教侣，故提及若望之名，可以出龙华民神甫于狱，可以自谪所召李方西神甫还，可以免安文思、毕方济二神甫之死"。① "若望致书欧洲，请速派新会士来华助理；彼曾获得皇帝许可，会士可以自由入境；帝并降敕许其自由传教。由是新入教者日增，一六五〇至一六六四年，共十四年间，华人受洗者逾十万人。"②

康熙初年，由于朝廷强制施行迁海政策，"朝命（一六六三年）削平沿海一带诸城，澳门亦在削平之列，若望同刘迪我神甫历陈澳门有功于国，葡萄牙人遂免驱逐"。③汤若望于澳门免迁之功，徐萨斯《历史上的澳门》一书中亦有记载。然而，到康熙三年（1664），杨光先上《请诛邪教状》，掀起反教事件，认为"天主教布邪党于开封并京师……共三十堂。香山澳盈万人，踞为巢穴，接渡海上往来。若望借历法以藏身金门，窥伺朝廷机密；若非内勾外连，谋为不轨，何故布党立天主堂于京省要害之地，传妖书以惑天下之人？"④历数天主教"布党京省，邀结天下人心""以修历为名，阴行邪教"等罪名。结果，汤若望、南怀仁等四位耶稣会士被捕下狱。康熙亲政后，汤若望案得以平反，清朝统治者又一次对耶稣会士及其传播的西学采取了宽容和开明的态度。

透过费赖之的一系列记载，可以大略窥见其时康熙对于西士与西学的信任和重视。

---

① ［法］费赖之著，冯承钧译：《在华耶稣会士列传及书目》上册，中华书局1995年版，第172—173页。

② ［法］费赖之著，冯承钧译：《在华耶稣会士列传及书目》上册，中华书局1995年版，第175页。

③ ［法］费赖之著，冯承钧译：《在华耶稣会士列传及书目》上册，中华书局1995年版，第178页。

④ ［清］杨光先：《不得已》上卷《请诛邪教状》，收入中国第一历史档案馆、澳门基金会、暨南大学古籍研究所合编：《明清时期澳门问题档案文献汇编》第六册，人民出版社1999年版，第605页。

（康熙对闵明我）宠眷甚隆，一六八三及一六八五年携之出塞外，已而命其继南怀仁治理历法，并在一六八六年命其出使俄国。……明我行前陛辞，帝赐金镶宝石带一、荷包三、佩刀一，从满洲俗也。沿途经过，待遇如同钦使。……前一年明我赴澳门时，曾将一反对广东方济各会士及一代主教之案件平息，并在澳门为漂流至澳之十二日本国人说情，释放还国。①

一六八五年帝出塞，命徐日升（按：亦作昇）与安多随扈。一六八八年命日升与张诚二人随使往尼布楚订中俄边界条约。二神甫还，帝赐锦衣貂裘以劳之。②

南怀仁神甫年事已高，拟求后任之人。先属意于闵明我神甫，而明我体弱多病。闻安多抵澳门，拟召之入京。乃荐安多于帝，帝命明我偕礼部差官二人赴澳，召之入京。③

对于南怀仁，康熙帝更是信任有加，将其视为"他信赖的密友"。"当皇帝情绪不好时，只要一看见南老爷，情绪立刻转过来。"④在其身殁之后，康熙帝亲撰祭文，赐帑金营葬事。⑤

其实，早在康熙八年（1669）八月，康熙就曾表达过禁传天主教之

---

① ［法］费赖之著，冯承钧译：《在华耶稣会士列传及书目》上册，中华书局1995年版，第371页。

② ［法］费赖之著，冯承钧译：《在华耶稣会士列传及书目》上册，中华书局1995年版，第382页。

③ ［法］费赖之著，冯承钧译：《在华耶稣会士列传及书目》上册，中华书局1995年版，第406页。

④ ［比］南怀仁：《鞑靼旅行记》，收入杜文凯编：《清代西人见闻录》，中国人民大学出版社1985年版，第80页。

⑤ ［法］费赖之著，冯承钧译：《在华耶稣会士列传及书目》上册，中华书局1995年版，第349—350页。

意，[①]甚至在康熙十年（1671），还出现过"毁天主教祠，迁其人出居澳门"[②]的情况，只是因为当时康熙对传教士的重用和信任，使得各省官吏对不准开堂设教及禁止民人入教之谕令，并未严厉执行，西洋教士仍可自由传教。

康熙二十六年（1687），朝廷及各省官吏禁止"僧道邪教"，天主教被视为白莲教谋叛，康熙帝曾对此作出明确批示："天主教应行禁止，部议极当。但见地方官禁止条约内，将天主教同于白莲教谋叛字样，此言太过，着删去。"[③]可见，康熙虽然赞同礼部禁教的立场，但对于天主教性质的定位，还是持宽容态度的。

正是因为南怀仁、闵明我、徐日升、安多、张诚等大批传教士在治历、制造仪器、医学、数学以至参与中俄谈判、协助订立《尼布楚条约》中为朝廷的种种效力，以及康熙帝因此而公开表现出的对天主教的宽容，[④]所以才会出现"一六九二年三月二十二日朝议许奉行天主教"[⑤]的局面。

---

① 据《清圣祖实录》卷三一，康熙八年（1669）八月辛未条："供奉天主，系沿伊国旧习，并无为恶实迹，汤若望复通微教师之名，照伊原品赐恤，还给建堂基地，许缵曾等复职。伊等聚会散给天学传概及铜像等物，仍行禁止。西洋人栗安党等，该督抚驿送来京……栗安党等二十五人不必取来京城，其天主教除南怀仁等照常自行外，恐直隶各省复立堂入教，仍着严行晓谕禁止。"《澳门记略校注》上卷《官守篇》中也说："国朝康熙八年，禁各省开天主堂入教。"（第86页）

② ［清］史澄：光绪《广州府志》卷八一《前事略七》，光绪五年（1879）刻本。

③ 中国第一历史档案馆整理：《康熙起居注》第二册，中华书局1984年版，第1617页。

④ 康熙帝曾于康熙三十一年（1692）三月十七日发布谕令："西洋人治理历法、用兵之际修造兵器，效力勤劳。且天主教并不为恶乱行之处，其进香之人，应仍照常行走。前部议奏疏，着掷回销毁，尔等且与礼部满堂官满学士会议具奏。"三月十九日，康熙再次下发谕旨，"前部议将各处天主堂照旧存留，止令西洋人供奉，已经推行。现在西洋人治理历法，用兵之际修造军器，效力勤劳，近随征阿罗素（按：即俄罗斯）亦有劳绩，并无为恶乱行之处。将伊等之教目为邪教实属无辜，尔内阁会同礼部议奏。"转引自顾卫民：《清初顺康雍三朝对天主教政策由宽容到严禁的转变》，载《文化杂志》中文版第44期，2002年秋季刊，第57页。此两条谕令揭示出康熙帝对天主教的明确态度。

⑤ ［法］费赖之著，冯承钧译：《在华耶稣会士列传及书目》上册，中华书局1995年版，第382页。

康熙三十一年（1692）二月初三日礼部尚书顾八代等十七人，"题为钦奉上谕事，臣等会议得：查得西洋人仰慕圣化，由万里航海而来。现今治理历法，用兵之际，力造军器火炮，差往俄罗斯；诚心效力，克成其事，劳绩甚多。各省居住西洋人，并无为恶乱行之处，又并非左道惑众，异端生事。喇嘛僧等寺庙，尚容人烧香行走。西洋人并无违法之事，反行禁止，似属不宜。相应将各处天主堂，俱照旧存留，凡进香供奉之人，仍许照常行走，不必禁止。"①

然而，在康熙皇帝统治的后期，罗马教廷改变尊重中国风俗的做法，规定中国教徒不得敬天、祭祖、祀孔，引发"礼仪之争"。康熙四十四年（1705），罗马教宗派特使多罗到中国，解决"礼仪问题"。其后，康熙多次召见多罗，会谈进展却并不顺利。1706年，康熙开始加强对居留中国的西洋人的管理，下令所有在华传教士必须领票，"凡不回去的西洋人等，写票用内务府印给发"。②四十六年（1707）二月，礼部咨行各省："嗣后凡领有印票，居住各省堂中，修道传教者，听其照常居住，不必禁止。其未经领票，情愿赴领者，地方官速催来京，毋许久留，有司亦不许阻滞。若无票而不愿领票者，驱往澳门安插，不许存留内地。"③

在与清廷多次会谈无果、双方争执不下的情况下，多罗于1707年初单方公布罗马教廷禁令。康熙帝见教廷改变传教策略，大为不满，他下令驱逐教会人员，禁止在中国传播天主教。这样，除个别有技术特长者留京外，其他传教士一律不准在内地传教，多罗也被押回澳门囚禁。

康熙三十九年（1700），康熙帝要耶稣会士就礼仪问题写申辩，彼等以为"拜孔子，敬其为人师范，并非祈福佑、聪明、爵禄而拜也。祭祀

①　郭弼恩：《中国皇帝敕令史》，第183页，参见［法］费赖之著，冯承钧译：《在华耶稣会士列传及书目》上册，中华书局1995年版，第382页。
②　方豪：《中国天主教史人物传》中册，中华书局1988年影印本，第324页。
③　黄伯禄：《正教奉褒》，光绪三十年（1904）上海慈母堂本，第126页，转引自吴伯娅：《康雍乾三帝与西学东渐》，宗教文化出版社2002年版，第155页。

祖先，出于爱亲之义，依儒礼亦无求佑之说，惟尽孝思之念而已。虽立祖先之牌，非谓祖先之魂，在木牌位之上，不过抒子孙报本追远，如在之意耳”。康熙认为“这所写甚好，有合大道。敬天及事君亲、敬师长者，系天下通义，这就是无可改处”。①他还曾两次遣耶稣会士赴罗马，并携有其御批“礼仪问题”的副本，目的都是为使教宗明了中国人敬孔、祭祖、祀天之真正意义，表明其对“礼仪问题”之立场，又欲知教宗对中国礼仪之意见，以尽快解决因“礼仪问题”引起的纷争。然而教宗克莱门十一世于康熙五十四年（1715）重申敬孔、祭祖之禁令，并于1719年再次派遣使节嘉乐来华，次年，嘉乐率使团抵京，向康熙帝提出了准其管教在华之西洋人，准中国教友不敬孔、不祭祖的请求，引起康熙极大的反感。从他给嘉乐的谕旨中可以看出，此时的康熙已经有了禁教的想法。

尔教王条约与中国道理，大相悖戾。尔天主教在中国行不得，务必禁止。教既不行，在中国传教之西洋人，亦属无用，除会技艺之人留用，再年老有病不能回去之人仍准存留，其余在中国传教之人，尔俱带回西洋去。且尔教王条约，只可禁止尔西洋人，中国人非尔教王所可禁止。其准留之西洋人，着依尔教王条约，自行修道，不许传教。②

在阅过教宗《禁约》后，康熙极为不悦，做出批示说：“览此条约，只可说得西洋人等小人，如何言得中国之大理？况西洋人等，无一人通汉书者，说言议论，令人可笑者多。今见来臣条约，竟是和尚道士、异端小教相同。彼此乱言者，莫过如此。以后不必西洋人在中国行教，禁止可也，免得多事。”③

而康熙五十六年（1717），广东碣石镇总兵陈昂也曾上疏请求禁教：“天主一教，设自西洋。今各省设堂，招集匪类，此辈居心叵测。目下广

① 方豪：《中国天主教史人物传》中册，中华书局1988年影印本，第317页。
② 陈垣：《康熙与罗马使节关系文书》，台北文海出版社1974年版，第43页。
③ 陈垣：《康熙与罗马使节关系文书》，台北文海出版社1974年版，第70—71页。

州城设立教堂，内外布满，加以同类洋船丛集，安知不交通生事？乞敕早为禁绝，毋使滋蔓。查康熙八年，会议天主教一事，奉旨：天主教除南怀仁等照常自行外，其直隶各省立堂入教，着严行晓谕禁止。但年久法弛，应令八旗直隶各省并奉天等处，再行严禁。"①

后经兵部议复，从其所请。康熙五十七年（1718），两广总督杨琳复请禁教："西洋人开堂设教，其风未息，请循五十六年例再行禁止。"②

应该说，"礼仪之争"的出现，使康熙帝改变了对天主教的态度，产生了禁教的想法，但终康熙一朝，并没有实行严格的禁教政策，朝廷所驱逐的也只是没有领票的传教士，而地方官员对于禁教的命令，也没有认真执行。真正的严格禁教措施的颁行，是在雍正帝即位之后开始的。

---

① 《清圣祖实录》卷二七二，康熙五十六年（1717）四月戊戌。
② ［清］王之春撰，赵春晨点校：《清朝柔远记》卷三，中华书局1989年版，第53页。

雍正至道光年间的禁教政策与澳门

从1723年雍正帝采纳满保建议、明令禁止传习天主教，[①]至1844年中法《黄埔条约》弛禁天主教，[②]这一百二十多年的时间里，天主教一直处于被查禁的地位。所谓查禁，真正的意义是，允许其存在，但只限于让西方各国人供奉。同样，禁教期间，居澳葡人自奉其教不禁，内地民人信奉天主教则被视为非法。

一、雍正时期的禁教政策与澳门

至雍正朝时，朝廷开始施行严格禁教政策。"雍正元年（1723），浙闽总督满保复与闽抚黄国材疏陈其害，上纳之，敕令直省所建天主堂悉改为公所，凡误入其教者，许以惟新，违者治罪。自是其教不敢显行。"[③]

据雍正元年十月二十四日（1723年11月21日），《浙闽总督满保题报饬禁愚民传习天主教本》载：

---

① 据《清高宗实录》卷一二一八，乾隆四十九年（1784）十一月壬戌条："西洋人天主教，于雍正年间，即奉严禁，不许内地人传习。"吴伯娅依据耶稣会士书简和雍正朝满文朱批奏折，认为雍正元年（1723）十二月，礼部议复满保奏疏不过是雍正亲自导演的一次朝廷议政活动，实际在此之前，禁教措施早已在雍正的酝酿之中。参见吴伯娅：《关于雍正禁教的几个问题——耶稣会士书简与清代档案的比读》，载中国社会科学院历史研究所明清史研究室编：《清史论丛》2003～2004年号，中国广播电视出版社2004年版，第182页。

② 郭卫东《清朝禁教政策演变的若干问题》（载《安徽史学》2000年第1期，第43页）一文中认为："1846年3月18日，耆英在广州公布弛禁上谕，解除教禁的政令至此公开化。传教需有受众，对一般中国人来说，真正意义上的弛禁是从这时开始。"

③ 印光任、张汝霖著，赵春晨校注：《澳门记略校注》上卷《官守篇》，澳门文化司署1992年版，第86页。

窃照福建福宁州福安县，有西洋二人在彼潜住行教，天主堂盖有一十五处，男女混杂，其风甚恶。臣等即饬行文武各官查出西洋二人，照例送至广东澳门安插，所有天主堂十五处房屋尽行改换。查西洋人留住京师，尚有修造历法及闲杂使用之处，今若听其在各省大府州县起盖天主堂大房居住，地方百姓渐归伊教，人心被其煽惑，毫无裨益。恩将西洋人许其照旧在京居住外，其余各外省不许私留居住，或送京师，或遣回澳门，将天主堂尽行改换别用，嗣后不许再行起盖。[①]

同年十二月十四日（1724年1月9日），《管理礼部事务嘉郡王允祹题请饬禁愚民误入天主教本》中也说："查西洋人留京者，有供修造历日及闲杂使用，至在外各省并无用处。愚夫愚妇听从其教，起盖天主堂，以诵经为名，会集男女，于地方毫无裨益。应如该督所请，除奉旨留京办事人员外，其散处直隶各省者，应通行各该督抚转饬地方官查明，果系精通历法及有技能者，起送至京效用，余俱送至澳门安插。其从前曾经内务府给有印票者，尽行查出送部，转送内务府销毁，所有起盖之天主堂皆令改为公所。凡误入其教者严行禁谕，令其改易，如有仍前聚众诵经等项，从重治罪。地方官不实心禁饬、容隐不报者，该督抚查参，交与该部严加议处。"[②]禁教请求得到雍正帝的允准，但同时他也下令："西洋人乃外国之人，各省居住年久，今该督奏请搬移，恐地方之人混行扰累，着行文各省督抚，伊等搬移时，或给与半年或数月之限令其搬移，其来京与安插澳门者，委官沿途照看送到，毋使劳苦。"[③]

谕令下达，各省传教士遂被逐回澳门，然而到雍正二年五月十一日（1724年7月1日），西洋人戴进贤等上"免令广东驱逐西洋人并各省送往

---

① 中国第一历史档案馆编：《清中前期西洋天主教在华活动档案史料》第一册，中华书局2003年版，第56页。

② 中国第一历史档案馆编：《清中前期西洋天主教在华活动档案史料》第一册，中华书局2003年版，第57页。

③ 《清世宗实录》卷一四，雍正元年（1723）十二月壬戌。

之西洋人愿往广东居住折"，声称"澳门非洋船常到之地，若得容住广东，或有情愿回国者尚可觅便搭船"，澳门虽住洋商，而各省远夷不同一国者甚多，难以倚靠，"臣等留京备用，则每年家信往来亦所不免，倘广东无人接应，将来何以资生？"请求免令广东驱逐西洋人，"嗣后各省送往之西洋人，愿赴澳门者听往澳门，愿住广东者容住广东"。① 接着，是年十月，两广总督孔毓珣也上疏奏请将各省西洋人，暂时安置于广州天主堂，候船归国。据雍正二年十月二十日（1724年12月5日），《两广总督孔毓珣题报酌办澳门西洋天主教民本》："西洋人感慕圣朝德化，先后前来中国，就广东而论，未有生事犯法之处，于吏治民生无甚大害，亦无裨益，惟一旦尽送往澳门安插，该处滨海地窄，难以聚居，亦无各本国便船附搭，广州省城则每岁洋船聚泊。应将原住广东各堂及各省送到之人，视其年力壮健及愿回西洋者，遇有本国船到，令其搭回；如年老有病及不愿回者，听在广州省城天主堂居住，不许复往各处行走，倘不守本分，招致男妇行教诵经，治罪逐回。其外府州县所设天主堂改为公所，素设误入其教者俱令改易，如仍聚众诵经，从重治罪。地方官不实心饬禁，容隐不报，查参议处，悉照原议遵行。如此则外国之教不得流传，而远人亦不致失所矣。"②

经礼部议复，准其所请，将西洋人暂置广州天主堂中。"其愿回西洋者，听其搭船回国，年终造册报部；其不愿回国者，不许出外行走，如有不守本分，招致男妇行教诵经，该地方官治罪逐回，其外府州县天主堂仍照例改为公所。如有仍前聚众诵经等项，从重治罪，地方官不实心饬禁，容隐不报，该督抚查参议处。"③ 在澳门居住之西洋人，不在发回之内，仍听其在澳居住。

---

① 中国第一历史档案馆编：《清中前期西洋天主教在华活动档案史料》第一册，中华书局2003年版，第58页。

② 中国第一历史档案馆编：《清中前期西洋天主教在华活动档案史料》第一册，中华书局2003年版，第59—60页。

③ 中国第一历史档案馆编：《清中前期西洋天主教在华活动档案史料》第一册，雍正二年十二月十八日（1725年1月31日），《礼部尚书张伯行等题为移咨两广总督孔毓珣严防澳门西洋天主教民事本》，中华书局2003年版，第61页。

1651—1849

■■■■ 在承续与拓展之间

　　《清朝柔远记》中的记载与之略有不同："雍正二年（1724），冬十月，安置西洋人于广州。"针对西洋人之安插、外来洋船发放事，孔毓珣奏称："查各省居住西洋人，先经闽浙督臣满保题准，有通晓技艺愿赴京效力者送京，此外一概送赴澳门安插，嗣经西洋人戴进贤等奏恳宽免逐回澳门，发臣等查议。臣思西洋人在中国，未闻犯法生事，于吏治民生原无大害，然历法、算法各技艺，民间俱无，所用别为一教，原非中国圣人之道，愚民轻信误听，究非长远之计。经臣议，将各省送到之西洋人，暂令在广州省城天主堂居住，不许出外行教，亦不许百姓入教，遇有各本国洋船到粤，陆续搭回，此外各府州县天主堂，尽行改为公所，不许潜往居住，业会同将军、抚、提诸臣具题。其澳门居住之西洋人，与行教之西洋人不同，居住二百年，日久人众，无地可驱，守法纳税，亦称良善。"①对此，雍正帝批示道："朕不甚恶西洋之教，但与中国无甚益处，不过从众议耳。你酌量如果无害，外国人一切从宽好。"②

　　孔毓珣安置西洋人于广州的奏请获得批准后，各省督抚纷纷遣官护送西人至广州，集中于天主堂，不许进入内地传教。然而，至雍正八年（1730）五月，浙江总督李卫申严禁教之令，委官伴送西洋人德玛诺（Romanus Hinderer，1669—1744）至澳门安插。二十二日，奏请将杭州天主堂改为天后宫。③雍正十年（1732），广东巡抚鄂弥达再次提出严厉禁教之请，上疏朝廷，详细汇报广东省城天主教暗中流传的情况，历陈教士传教惑众、败坏民风之本质，请求将各堂西洋人逐往澳门，天主堂改为公所，并严禁西洋人潜入省城。据雍正十年七月初二日（1732年8月21日），《广东巡抚鄂弥达奏闻驱逐广州各堂堂主至澳门将教堂改作公所折》：

　　① ［清］王之春撰，赵春晨点校：《清朝柔远记》卷三，中华书局1989年版，第60页。

　　② 中国第一历史档案馆编：《雍正朝汉文朱批奏折汇编》第3册，江苏古籍出版社1991年版，第906页。

　　③ ［清］王之春撰，赵春晨点校：《清朝柔远记》卷四，中华书局1989年版，第80页。

前督臣孔毓珣等未经查明澳门距省甚近，实系洋船之所必经，伊等家信往来，附船回国，原无不便，遂照戴进贤原奏，议复容留居住省城。该西洋人等理宜感激皇恩，安守本分，不意仍不悛改，招党聚众，日增月盛。臣细加查察，凡住天主堂者，数皆不吝金钱招人入教，地方无赖多堕术中其法。有愿从其教者，必使自践其祖宗父母之神主，而焚于所尊十字之下……今查得，省城设立教堂，男女多被诓惑。……多出金钱买人入教，现在党数已多，行为甚属不法，若不早为经理，必致别生事端。……先传到各堂西洋人，谕以不便在省设教招摇，立押搬往澳门住居，俟秋后令其附舟回国。次再查明各堂副堂主，系中国无赖之入教者，加以伙骗外彝罪名，重杖严惩，系外省者，解回各该原籍约束，系本省者，发往琼南禁锢。然后再将各女天主堂堂主，令其亲属领回收管，出示晓谕，令各改过自新。其天主堂房屋或改作公所，或官卖良民住居。其西洋人，非有货物交易，不容潜至省城，港口营汛，严加盘诘稽查，即海关监督，亦不得轻批准澳彝无事入省。①

接着，鄂弥达等人又联衔示谕，明确指出："各处设有天主堂，向为西洋人居住，后因开堂设教，煽惑愚民，经原任闽浙督臣觉罗满保题请尽着回国。蒙皇上怀柔远人，暂听在广居住。随奉部行，不许伊等各处行走，及招人行教诵经，如不安分，听地方官逐回。今方玉章等不守法度，开堂设教，日增月盛，甚为贻害地方，合行驱逐，移住澳门，限三日内起身，倘有不遵，务令地方文武严拿。"随后，方玉章等西洋传教士被逐往澳门，"其归教人等，概免深求"。

"浙闽总督满保疏称：西洋人潜住闽中行教，请送至广东澳门安插，或留京师造历效用。诏从之。仍令给限优恤。至次年夏五月，上敕广东巡抚议西洋人去留澳门利害，盖上柔恤远人，至意有加无已也。"②雍正《广东通志》中的这段话分明是在赞扬雍正皇帝的怀柔远人、宽容大度，然而

---

① 中国第一历史档案馆、澳门基金会、暨南大学古籍研究所合编：《明清时期澳门问题档案文献汇编》第一册，人民出版社1999年版，第169—171页。

② ［清］郝玉麟：雍正《广东通志》卷七《编年志二》，文渊阁四库全书本。

综观雍正一朝，以雍正帝的所作所为来看，自称"不甚恶西洋之教"的他，反对天主教、禁止天主教在内地传播的倾向是非常明显的。也正是因为雍正皇帝的严厉禁教，使得大批传教士回到澳门传教。澳门成为18世纪以后中国唯一的传教据点。

二、乾隆初年的禁教与张汝霖查封唐人庙

乾隆十一年五月二十八日（1746年7月16日），福建省福安县穆洋等村，因民间信奉天主教者甚众，百姓藏匿传教士以容其在此传教，招致男妇两千余人，书役等俱被蛊惑，于是福建巡抚周学健上严禁天主教折，请求严惩行教之人、彻底禁绝天主教。

臣今日办理此案，细察其存心之叵测、踪迹之诡秘，与夫从教男妇倾心归教、百折不回之情形，始灼见伊等邪教，更有蛊惑悖逆之显迹，其罪有不可容于圣世者。西洋诸国皆海外岛夷，彼国即仍其谬妄之说，有所为天主教者亦止应自奉其教而已，而必航海重译，纷纷来至中国，欲广行其邪教，彼其立心已不可问……天主教与一切术术者流，用心迥不相侔。自古及今，如佛法道教流行中国，不过传播其经文咒语、符箓法术使人崇奉而已，从无到处设法引诱男妇老幼，使之倾心归依其教，永为彼教中人者。而西洋天主教，则先以固结人心为主，其所讲授刊刻之邪说大旨总欲使人一心惟知事奉天主，不顾父母，不避水火，自然可登天堂，一有翻悔便入地狱。[1]

西洋夷人自入中国已百余年，我圣祖仁皇帝因彼国人精于数学，择通晓算法者，令在钦天监供职，复将广东澳门一区赏给夷人居住，乃其国潜引种类，来至中国托言行教者日多，各省均有西洋夷人设立天主堂。雍正年间渐加严禁，凡有天主堂俱令拆毁，夷人押回澳门安插。无如此种邪教固结人心，且因节次拿获止于驱逐，并未加以惩治，夷人民人皆不知儆

---

① 中国第一历史档案馆编：《清中前期西洋天主教在华活动档案史料》第一册，中华书局2003年版，第86—87页。

戒，阳虽解散而藏匿诡秘，日引日盛。……行教夷人蛊惑民心之邪术变幻不测，悖逆不道之形迹显然昭著，似当乘此严定科条，治其诬世惑民之大罪，渐行驱逐，绝其固结人心之本根。请将现在拿获之夷人，从重治以国法，并于澳门夷人居住往来之所，严密其防范，不许一人往来潜通内地，再将京城及澳门居住之夷人渐令遣回，不许复行潜住。……使山陬海澨晓然知天主一教为圣世所必诛，士民不敢复犯，岛夷不敢潜藏，方可廓清奸宄。①

　　同年六月二十六日，乾隆谕令各省督抚："密饬该地方官严加访缉，如有以天主教引诱男妇、聚众诵经者，立即查拿，分别首从，按法惩治。其西洋人俱递解广东，勒限搭船回国，毋得容留滋事。倘地方官有不实心查拿、容留不报者，该督抚即行参处。"②七月十六日，军机大臣等议复周学健奏折，认为"天主教系西洋本国之教，与然（燃）灯、大乘等教有间，遽绳以法，似于绥远之义未协。应令该抚将现获夷人，概送澳门，勒限搭船回国，从教男妇，择其情罪重大不可化诲者，按律究拟。若无知被诱，量予责释，毋致滋扰"。③

　　至是年九月，周学健再次奏疏朝廷，对前次所上奏折加以补充，力陈天主教士包藏祸心、散布邪说、煽惑民众、无视朝廷禁教谕旨潜匿传教等种种不端行为，请求将在中国行教之西洋夷人照律治罪、严惩不贷。据当年九月十二日（1746年10月26日），《福建巡抚周学健奏陈洋教之害请将西洋传教士白多禄等按律治罪缘由折》中称：

　　西洋各国精于谋利，凡海舶贩运货物来至内地经营，皆领该国王资本，其船主、板主等，皆该国之夷官也。国王专利取尽锱铢，而独于行教中国一事则不惜钜（按：同巨）费，每年如期转运银两，给与行教人等恣

---

① 中国第一历史档案馆编：《清中前期西洋天主教在华活动档案史料》第一册，中华书局2003年版，第88—89页。

② ［清］暴煜：乾隆《香山县志》卷八《濠镜澳》，乾隆十五年（1750）刊本。

③ 《清高宗实录》卷二七一，乾隆十一年（1746）七月庚戌。

（资）其费用。……夫以精心计利之国，而以资财遍散于各省，意欲何为，是其阴行诡秘，实不可测也。询之西洋风土，其饮食嗜欲与中华相似，独行教中国之夷人，去其父子，绝其嗜欲，终身为国王行教，至老死而后已。且其藏匿民间也，或居复壁，或藏地窖，忘身触法，略无悔心，是其坚忍阴狠，实不可测也。然此犹止就夷人行教而言，至于中国民人，一入其教，能使终身不改其信奉之心，非特愚蠢乡民为然，即身为生监，从其教者，终身不拜至圣先师及关帝诸神。……至以天朝士民而册报番王，俨入版籍，以邪教为招服人心之计，其心尤不可测也。……即以国家令典而论，律称化外人犯罪者，并依律拟断，例载妄布邪言煽惑人心，为首者斩立决。西洋夷人虽在化外，而既入中国食毛践土，即同编氓，乃敢鼓其邪说，煽惑人心，应照律治罪者一也。康熙年间，各省皆有天主堂，原未定有例禁，雍正年间初次拿禁之时，世宗宪皇帝因外洋夷人不知禁令，是以特颁谕旨令各省送至澳门搭船回国，今则例禁多年，仍敢潜来内地，藏匿民间煽惑引诱，从前之宽宥恕其无知，现在之潜藏实系有心故犯，显违谕旨，应照律治罪者二也。

……历来白莲、弥勒等教聚众不法，皆无知奸民借此煽惑乌合之众，立即扑灭。天主教则不动声色，潜移默诱，使人心自然乐趋，以至固结不解，其意之所图，不屑近利，不务速成，包藏祸心而秘密不露，令人堕其术中而不觉，较之奸民所造邪教为毒更深。……又况一入彼教，虽君父尊亲亦秘不知，性命死生亦所不顾，专一听信，甘蹈汤火，且衿士缙绅兵弁吏役，率往归附，官员耳目多所蔽塞，手足爪牙皆为外用，万一不加剪灭，致蔓延日久，党类日滋，其患实有不忍言者。[①]

对此，乾隆皇帝批示道："未免重之过当，然照律定拟，自所应当。"可见，乾隆时期对天主教的态度也是意图严禁，此禁教之决心与行动与其父相比，显然是有过之而无不及。

---

① 中国第一历史档案馆、澳门基金会、暨南大学古籍研究所合编：《明清时期澳门问题档案文献汇编》第一册，人民出版社1999年版，第220—223页。

　　《新修香山县志》中对澳门历史悠久的教堂作过简要介绍："寺首三巴，在澳之中，雕石绮疏，制殊瑰异，奉天母及天主耶稣像下，旧有天主堂，即乾隆间所封禁者。澳西有小三巴寺；南有板障庙，壮丽特甚；龙嵩庙在澳西南，即飞来寺；大庙在澳东南，即望人寺，夷人始至澳所建也；西南则风信庙，蕃舶既出，蕃妇祈风信于此；东隅则咖嗯嘣庙；北隅则花王庙；南隅庙曰支粮，如内地育婴堂制；医人庙在澳东，夷病不能自疗者就医；尼姑寺在澳东南，扃钥严毖，终身不复出，至亲不能视；东南城外别为麻疯寺。"①从这些大大小小的教堂，已可以深切感受到澳门葡人笃信天主教风气之盛。清代的澳门，是天主教在中国的传教中心。澳门的三巴寺自明末以来一直是耶稣会在远东的传教中心。康熙年间，三巴寺的传教士充斥澳门街头，释迹删曾经留下"暂到殊方物色新，短衣长帔称文身。相逢十字街头客，尽是三巴寺里人。箬叶编成夸皂盖，槛舆乘出比朱轮。年来吾道荒凉甚，翻羡侏离礼拜频"②的诗句，描述的就是当时三巴寺的兴盛情景。然而，还有一座教堂不得不提，那就是专为唐人进教而建立的教堂——唐人庙，即进教寺。根据《澳门记略》中的记载，可以知道关于该庙的一些大致情形。"澳门三巴寺下建有天主堂，名为进教寺，专为唐人进教之所，建于康熙十八年，五十八年重修阔大，系蕃僧倡首，而唐人醵金以建者。向系林先生住居其中，以行医为名，实为传教。"③

　　"（乾隆）十一年，上以福建有西洋夷人倡行天主教，招致男妇开堂诵经，大为人心风俗之害，降敕查禁。"④由于内地严禁天主教，澳门

　　①　［清］祝淮：《新修香山县志》卷四《海防·附澳门》，道光七年（1827）刊本。

　　②　［清］释迹删：《咸陟堂诗文集》诗集卷一四《三巴寺》，见印光任、张汝霖著，赵春晨校注：《澳门记略校注》下卷《澳蕃篇》，澳门文化司署1992年版，第149页。据《澳门记略校注》，侏离是指古代中国西部少数民族的音乐，此处用来借指澳门教堂之音乐。

　　③　印光任、张汝霖著，赵春晨校注：《澳门记略校注》上卷《官守篇》，澳门文化司署1992年版，第82页。

　　④　印光任、张汝霖著，赵春晨校注：《澳门记略校注》上卷《官守篇》，澳门文化司署1992年版，第81页。

附近各县民人遂每年一次赴澳进教。"附近南、番、东、顺、新、香各县赴拜者，接踵而至，间有外省之人，惟顺德县紫泥人为最多。礼拜之后，有即行返棹者，有留连二三日者。即经进教，其平时因事至澳亦必入寺礼拜。"① 所以时任香山知县而又"权同知事"的张汝霖，考虑到唐人庙专引内地民人入教，不仅有违朝廷禁教谕旨，且对风俗民心亦有危害，于是在该年十一月初六日，"密揭台院"，请求查封唐人庙。

张汝霖在其《请封唐人庙奏记》中对华人在澳进教的各种情况详细分类说明："澳门一处，唐夷杂处，除夷人自行建寺奉教不议外，其唐人进教者约有二种：一系在澳进教；一系各县每年一次赴澳进教。其在澳进教者，久居澳地，集染已深，语言习尚渐化为夷。但其中亦有数等，或变服而入其教，或入教而不变服，或娶鬼女而长子孙，或藉资本而营贸易，或为工匠，或为兵役。又有来往夷人之家，但打鬼辫，亦欲自附于进教之列，以便与夷人交往者，此种倏往倏来，不能查其姓名。"② 接着，张汝霖提出防治各县每年赴澳进教之法："夷人在澳二百余年，以致唐人渐习其教，由来已久，然非圣人之书，即为名教所必斥；非王者之道，即为盛世所不容。况以天朝之人而奉外夷之教，则体统不尊，且恐夷性之狡，将滋唐匪之奸，则防微宜急。夫除弊之道，绝流不如塞源，应请将进教一寺，或行拆毁，或行封锢。其寺中神像、经卷，或行焚烧，或饬交夷人收领。各县民人概不许赴澳礼拜，违者拿究。并令附近各县多张晓示，凡从前已经赴澳进教之人，许令自新，再犯加倍治罪。其有因不能赴澳礼拜，或于乡村、城市私行礼拜诵经，及聚徒传习者，察出以左道问拟。则各县每年一次赴澳进教之弊，似可渐除矣。"③

至于在澳进教者，张汝霖认为，他们"挟有资本，久与夷人交关，一

①　［清］暴煜：乾隆《香山县志》卷八《濠镜澳》，乾隆十五年（1750）刊本。
②　印光任、张汝霖著，赵春晨校注：《澳门记略校注》上卷《官守篇》，澳门文化司署1992年版，第81页。
③　印光任、张汝霖著，赵春晨校注：《澳门记略校注》上卷《官守篇》，澳门文化司署1992年版，第82页。

经迫逐，猝难清理"。①所以不能一概而论，而应分别情况处理。同时，为防止受澳夷役使之华人出现"服其役即易从其教"的情况，还应"饬行夷目及地保人等，将夷人应用唐人之处，逐一查明，造册具报，岁终出具并无藏留进教唐人甘结，缴查其册，一年一造，有事故更换者，据实声明。如此则稽查较密，而唐夷不致混杂矣"。②

张汝霖所奏将唐人庙"或行拆毁，或行封锢。其寺中神像、经卷，或行焚烧，或饬交夷人收领。各县民人概不许赴澳礼拜，违者拿究"的请求，得到督抚两院的准许。乾隆十二年十二月二十一日（1747年1月31日），两广总督策楞、广东巡抚准泰上疏朝廷，提出封庙之请。"查香山县澳门一区三面环海，番人聚居其内，皆属西洋天主教门。相传自前明嘉靖年间，租地给与市舶，迄今已二百余载，滋生日多，计在澳番人共四百二十余家，男妇三千四百余名口，而民人之附居澳地者，户口亦约略相同，俱僦屋以居，在彼营工贸易，并有服其服而入其教，互相婚姻以及赤贫无赖之徒甘心投身为其役使者。从前督抚诸臣恐其日引日众，已屡次设法稽查，独是住澳佣趁者计有八百五十余家，中间男妇多人大概皆习其教，并有人赘番妇投身于其家者积弊相沿，已将二百余载。"今若急为惩治并勒令离异归农，此二千五百余名口男妇必会流离失所，而且澳门番众不识汉字，不通华言，恐奸民煽惑其间，转为疑惧滋事。"惟有先将进教寺饬令封锁，不许内地民人潜入澳门归教礼拜，并大张出示晓谕，务使远近愚民革面革心，不敢私习其教，并严饬文武官弁实力防范查拿，务除积习，并饬澳门夷目传谕通澳夷人，咸知天朝法纪森严，不敢再诱民人入教。"对潜住澳门久经入教之人，亦严密防范，慎重详筹，不敢稍事姑息。③

---

① 印光任、张汝霖著，赵春晨校注：《澳门记略校注》上卷《官守篇》，澳门文化司署1992年版，第82页。

② 印光任、张汝霖著，赵春晨校注：《澳门记略校注》上卷《官守篇》，澳门文化司署1992年版，第83页。

③ 中国第一历史档案馆编：《清中前期西洋天主教在华活动档案史料》第一册，《两广总督策楞广东巡抚准泰奏报遵旨严查民人入习天主教折》，中华书局2003年版，第134—135页。

得到朝廷允准后，乾隆十二年（1747）二月，"张汝霖奉督抚檄，委香山司巡检顾麟，集殷商蔡泰观、蔡宝观等，会同县丞顾嵩封唐人庙。夷目初奉檄，蕃僧以为事近灭教，忽中变。张汝霖复遣顾麟往谕，随亲临督封，数以初奉终违之罪，夷人不敢抗，且迎送惟谨"。[①]唐人庙被查封，内地民人不准赴澳进教，而寓居澳门之西洋教士，亦不得引诱华民入澳进教。民国汪兆镛有诗曰：

> 乾隆全盛时，封禁唐人庙。
> 畏怀岂无术，所贵树声教。
> 一废不复兴，绿芜黯斜照。
> 堂陔门犹存，雕石弥晃耀。
> 靴帕迎汉官，故事足凭吊。[②]

唐人庙被查封后，两广总督策楞又面谕广东地方官员，务将在澳各夷抚之以恩信，顺之以夷情，使其愈久愈恭，并严厉稽查，禁止内地奸民窜入其教，以致煽惑人心。[③]在督抚两院随即发布的《严禁愚民私习天主教以安民夷以肃法纪示》中，他们明确指出："天主教礼拜诵经，乃该国夷风，彼自循其俗，我天朝原不禁止，但不许引诱内地民人习入其教，以干罪愆。……现饬地方文武各官严拿务获，重治示儆，并将进教寺饬令地方官督令该澳夷目严加封锢看守，不许擅开。倘有奸民仍敢勾引内地民人复蹈前辙者，立即严拿治罪。……至该澳夷目，恪体天朝深厚之恩，约束蕃夷，循分生理，自保安全，不得引诱内地民人在澳习教，及将封禁之进教寺擅行私开，致干天朝法度，以失该国恭顺之诚，有干未便。"[④]

---

① ［清］祝淮：《新修香山县志》卷四《海防·附澳门》，道光七年（1827）刊本。

② 章文钦笺注：《澳门诗词笺注·民国卷》上卷，珠海出版社2002年版，第33页。

③ 中国第一历史档案馆编：《清中前期西洋天主教在华活动档案史料》第一册，中华书局2003年版，第145页。

④ 印光任、张汝霖著，赵春晨校注：《澳门记略校注》上卷《官守篇》，澳门文化司署1992年版，第83—84页。

乾隆十四年（1749），张汝霖与香山知县暴煜订立《澳夷善后事宜条议》，其中第十二条即是关于禁教的规定："禁设教从教。澳夷原属教门，多习天主教，但不许招授华人，勾引入教，致为人心风俗之害。该夷保甲，务须逐户查禁，毋许华人擅入天主教，按季取结缴送。倘敢故违，设教从教，与保甲、夷目一并究处，分别驱逐出澳。"①所以，尽管自雍正年间朝廷即开始严厉禁止天主教的在华传播，但直到此时，对居澳葡人的禁教政策才最终以法规的形式明确、完整地表述出来，可见乾隆朝的禁教，不仅有朝廷的三令五申，更有配套的法规条例作为依据，其严格程度由此可见一斑。在清朝政府为管治澳葡制订的法令中，这是唯一一次明确述及澳门的禁教问题。②

张汝霖的《寄碇青洲饭罢抵澳诗》，即当是作于奉敕查禁天主教时期。"耶稣不怪生衰汉，玛窦何心纳故明。圣代即今殷未雨，百年淫蔓一时清。"③从诗人表现出的喜悦之情，已可以想见乾隆朝时禁教之坚决与效果之明显。

乾隆十六年正月十三日（1751年2月8日），两广总督陈大受、广东巡抚苏昌奏报去年（1750）八月十三日，有第十一号夷船由安南载回僧人二十五名，来澳分住各庙。"闻伊等向在安南行天主教，建有庙宇。因串通同教之咈啷哂夷船，拐诱妇女，私自开行，被该国查知追逐，咈啷哂复用炮打伤数人，致该国将各夷僧庙宇拆毁，驱逐出境，搭船来澳。"为此，他们饬令地方官员："严加防范，毋任潜入内地滋事，并令查明来

① 印光任、张汝霖著，赵春晨校注：《澳门记略校注》上卷《官守篇》，澳门文化司署1992年版，第94页。
② 乾隆九年（1744），首任澳门同知印光任订立《管理番舶及澳夷章程》，其中第三条："澳内民夷杂处，致有奸民潜入其教，并违犯禁令之人窜匿潜藏，宜设法查禁，听海防衙门出示晓谕。凡贸易民人，悉在澳夷墙外空地搭篷市卖，毋许私入澳内，并不许携带妻室入澳。责令县丞编立保甲，细加查察。其从前潜入夷教民人，并窜匿在澳者，勒限一年，准其首报回籍。"（《澳门记略校注》上卷《官守篇》，第79页）主要是从户籍管理的角度做出规定的。
③ 印光任、张汝霖著，赵春晨校注：《澳门记略校注》上卷《形势篇》，澳门文化司署1992年版，第39页。

历，具详核夺。"署香山知县张甄陶"赴任过省"，"于省城密唤行商通事人等，示以国法，令其详悉晓谕该夷目，不许容留有犯僧人"。待其赴任后，"又委分防澳门县丞黄冕、巡检顾麟一面清查保甲，申严窝匪之令，一面传谕各夷僧，勒限回国，毋得逗遛"。后来众夷僧见势不可留，据澳门夷目呈请，情愿归国，附搭第九号夷船于十二月初五日放回小西洋。乾隆谕令："未便稍事姑容，令其久住内地，引诱愚民入教，致滋隐患。"①

乾隆十九年（1754），西洋人张若瑟潜入江西传教，被拿获后，朝廷令地方官员就案完结，将传教之西洋人张若瑟等解回澳门安插，"将江南现获之张若瑟、福建现获之冯大千等，解回澳门安插，并谕令广东督抚，嗣后不时留心稽察，毋任潜往他省，教诱滋事可耳"。②然而，时任两江总督的鄂容安等奏称，"西洋人设为幻术，诱人入教，于风俗甚有关系，请将拿获之张若瑟等五名暂行监禁，俾知儆惕"。乾隆帝降旨询问，自张若瑟等犯案之后，现在该省有无此等西洋夷人潜入内地煽诱行教之事，如并无此等情事，则张若瑟等自可仍照前旨，从宽解往澳门安插。次年九月（1755年10月），经两江总督尹继善等查明："张若瑟等事犯羁禁之后，现在江省各属并无此等西洋夷人潜入内地煽诱行教之事，请旨将张若瑟等五犯从宽释放，逐程金差，递解粤省，转发澳门安插，仍令严加管束，不许再往内地煽诱行教。"③

通过乾隆十九年（1754）闰四月闽浙总督喀尔吉善的奏折，可以进一步明确乾隆年间朝廷对于天主教的真实态度。"西洋所奉天主教，乃伊土旧习相沿，亦如僧尼、道士、回回，何处无此异端。然非内地邪教，开堂聚众，散札为匪者可比。若西洋人在广东澳门，自行其教，本在所不禁，

---

① 中国第一历史档案馆编：《清中前期西洋天主教在华活动档案史料》第一册，《两广总督陈大受广东巡抚苏昌奏为查办西洋人在境行教折》，中华书局2003年版，第173页。

② 《清高宗实录》卷四六二，乾隆十九年（1754）闰四月甲寅。

③ 中国第一历史档案馆编：《清中前期西洋天主教在华活动档案史料》第一册，《两江总督尹继善江苏巡抚庄有恭奏请将传教西洋人张若瑟等发澳门严管折》，中华书局2003年版，第236页。

原不必如内地民人，一一绳之以法，如其潜匿各省州县村落，煽惑愚民，或致男女杂遝，自当严为禁绝。"①

1760年澳门的宗教活动受到葡萄牙本土政治和宗教改革的影响。由于葡萄牙朝廷下令取缔在欧亚两洲势力较大的耶稣会，1762年澳葡当局奉葡政府命令对耶稣会进行镇压，耶稣会的财产被没收，大小三巴寺被封闭，两寺耶稣会士均被逮捕驱逐。此举标志着明清时代耶稣会士在澳门活动的结束。之后，活跃于澳门的是遣使会士、方济各会士、罗马传信部教士和法国外方传教会教士等。

三、澳葡协助查拿潜入内地传教之西洋教士

乾隆、嘉庆年间，澳门成为接引联络潜入内地传教之西洋教士的桥梁，不断有中国内地的天主教徒，从澳门接引西洋教士，辗转进入内地传教。

乾隆四十九年（1784），在粤管理书信之西洋人哆啰即罗玛当家，派蔡伯多禄等四人至内地送信传教，被湖广总督特成额于楚省拿获谢伯多禄等二犯。据十月十九日（1784年12月1日）《广东巡抚孙士毅奏复晓谕哆啰并严拿蔡伯多禄折》，"将罗玛当家革退管理洋人书信之事，发交澳门，遣回本国，由该国惩处发落。并详加晓谕哆啰，身在内地不遵守天朝法度，暗遣洋人四名前赴西安传教，按律办理，本应发遣新疆"，现从宽免究，将哆啰发还本国，听该国惩处。②又严谕澳门头目人等，"闽人蔡伯多禄、粤人谢禄茂二犯，如潜窜澳门，着即立时献出，倘敢包庇藏匿，当即封澳搜查，从严办理"，要求澳葡协助广东地方官员查拿可能窜入澳门的串引通信传教之犯。朝廷谕令："蔡伯多禄系延请西洋人由楚赴陕之人，为此案要犯。该犯素与夷人熟识，见缉拿紧急，自必仍逃往广东一带，或在澳门藏匿，着传谕孙士毅，即饬属严密踩缉并晓谕该夷人等，如该犯现在澳门，当据实呈首，倘敢包庇抗违，即封澳严查，务将该犯及谢禄茂上

---

① 《清高宗实录》卷四六二，乾隆十九年（1754）闰四月甲寅。

② 中国第一历史档案馆编：《清中前期西洋天主教在华活动档案史料》第二册，中华书局2003年版，第497页。

紧缉获解京审办。"①

十一月，因湖南盘获西洋人吧咖哩唢等潜赴内地传教，而罗玛当家又派神甫分往山西、山东、湖广等省传教，于是乾隆再次严申禁教之令，下谕地方官严厉稽察防范，不许传教之西洋人自澳门潜入内地，否则，一经发觉，不仅传教者严惩不贷，地方官员也难辞其咎。他寄谕各省督抚：

西洋人蔓延数省，皆由广东地方官未能稽察防范所致。而各该省又复漫无觉察，以致潜匿各该地方，此时仍有未能拿获之犯。……西洋人传教惑众，最为风俗人心之害。除已获解京之西洋人吧咖哩唢等，定案时另降谕旨，传谕该处夷人外，现在各省神甫名目，尤当严禁，内地民人有称神甫者，即与受其官职无异，本应重治其罪，姑念愚民被惑，且利其财物，伙助审明后应拟发往伊犁，给厄鲁特为奴。该犯等曾受其番银者，其原籍家产并应查抄入官，所有接引传教之人，亦应发往伊犁，给厄鲁特为奴，以示惩儆。至内地民人，因祖父相传，持戒供奉，自当勒令悛改，即将呈出经卷等项销毁，照例办理，毋庸深究。总之，此案皆由西洋人赴广贸易，与内地民人勾结，以致潜往各省。该省自不能辞疏纵之咎。向来西洋人进京效力者，尚须该省督抚奏明，允准后遣员伴送来京，原不许其外出滋事。何以此次罗吗（玛）当家竟公然分派多人，赴各省传教？澳门距省甚近，地方官平日竟如聋聩，毫无觉察，定案时自有应得处分。倘嗣后仍有西洋人潜出滋事者，一经发觉，惟该督抚是问，即当重治其罪，不能复邀宽典也。②

十一月三十日（1785年1月10日），乾隆谕令两广总督舒常等人，委官伴送西洋人德天赐入京。"从前因京城西洋人较少，是以令粤省督抚选派数人送京。上年有罗机洲等二人，本年复有德天赐、汤士选等四人到京。西洋人已敷当差，嗣后可毋庸选派，俟将来人少需用之时，另行听候谕

---

① 中国第一历史档案馆编：《清中前期西洋天主教在华活动档案史料》第二册，中华书局2003年版，第496页。

② 《清高宗实录》卷一二一九，乾隆四十九年（1784）十一月辛未。

旨。"①这里，乾隆有意控制在京西洋人数量，当时正值查出哆啰一案，对待西洋人赴京效力事，也格外谨慎。

乾隆五十年（1785）三月，因陕西、山西、山东、直隶等地均拿获传教西洋人，广东又查出哆啰分派西洋人九名，赴各省传教，缉拿究办窝留、接送传教西洋人的焦振纲、秦禄等先后陆续解京，乾隆特命军机大臣会同刑部严审定拟。"内地民人传习天主教者，雍正年间久经禁止，哆啰辄敢私派多人赴各省传教惑众，而梅神甫安多呢等亦以西洋人藏匿山西山东至一二十年之久，殊干例禁，不可不彻底严查。此案本应按律定拟，将该犯等即寘重辟，第念伊等究系夷人，免其一死，已属法外之仁，未便仍照向例发回该国惩治。因令刑部将各该犯牢固监禁，以示惩儆。"随后，他令署两广总督、广东巡抚孙士毅传谕在广贸易之各国夷人，恪守内地法度，如有情愿赴京者，仍准报明督抚具奏伴送，不得仍前潜赴各省传教滋事，如再有干犯功令、私行派往者，必当从重严办，不能再邀宽典。②孙士毅遵旨传谕，对在澳居住洋人，经澳门同知传集夷目兵头也一体晓谕。夷人表示："嗣后惟有传谕本国人众，恪遵天朝功令，安分守法，不敢再有勾引内地民人违犯传教等事。"③

五月十七日（1785年6月23日），孙士毅再次上疏，奏陈缉拿蔡伯多禄的情况，"在逃之蔡伯多禄尚未就获，该犯系起意赴粤接引传教之人，自必尚在粤省澳门一带洋行潜匿。"因怀疑此犯藏匿澳门一带，孙士毅还密饬钦州知州夏文广、新会营参将韦永福"前赴香山县地方驻扎，选派干役易服进澳，凡洋人容留内地民人之各寺庙，无不一一遍查，并无该犯踪迹"。后来又饬委藩司陈用敷亲赴澳门，传集大班夷目人等，再次晓谕夷人，如蔡伯多禄藏匿澳门，应立即送出，如此不但不治其从前容隐之罪，

---

① 中国第一历史档案馆编：《清中前期西洋天主教在华活动档案史料》第二册，《寄谕两广总督舒常广东巡抚孙士毅着将西洋人德天赐伴送来京》，中华书局2003年版，第596页。

② 中国第一历史档案馆编：《清中前期西洋天主教在华活动档案史料》第二册，中华书局2003年版，第723—724页。

③ 中国第一历史档案馆编：《清中前期西洋天主教在华活动档案史料》第二册，中华书局2003年版，第743—744页。

还会从优奖赏。澳门夷目禀称，"屡奉严谕饬拿，实在逐户挨查，并未潜匿澳内。将来设遇窜入，自必立即擒拿送出。"①

乾隆一道"如西洋人潜赴内地传教，必当严缉务获，解京受审"的谕令，使各省督抚认识到朝廷禁教的决心，他们接获上谕后立即开始严缉潜入该省传教之教士，在乾隆四十九年（1784）十月至五十年（1785）五月这短短几个月的时间里，就屡屡出现西洋教士被拿获之事，由此可见乾隆朝禁教之严厉。

嘉庆年间，广东各级地方官员屡次谕示澳葡当局，毋得引诱内地民人入教，严切晓谕居澳华民，禁止其私相传习天主教。嘉庆十年（1805），因查获山西人李如在澳门接引西洋人若亚敬（按：其时若亚敬在澳门天主堂居住）赴内地传教，若亚敬经审拟定罪，"留于广东省监禁三年，俟限满后，遇有西洋人回国之便，令其携带回洋，不必永远监禁，以示矜恤远人，法外施仁至意"。②后来经香山知县彭昭麟详查，得知李如接引若亚敬前往传教，是澳夷玛济讷从中说合，因而彭昭麟谕令澳葡夷目，查复夷人玛济讷，即行收管，听候大宪饬遵，"事关重大"，"毋得徇隐讳饰，致干未便"。③此案经两广总督那彦成等上报朝廷，得谕旨云："澳门地方系西洋夷人聚居，所建天主堂免其拆毁，以示怀柔。仍出示晓谕，毋许民人私自入堂习教，并严饬夷目禁止夷人，毋得传教煽惑。"④

此事之后，朝廷再度严申粤省传教之禁。"粤省澳门地方洋舶往来，该国人等自因赴广贸易、与内地民人勾结，始能惑众传教，如果粤省稽察严密，何至私越内地乎？……嗣后着该督抚等饬知地方官，于澳门地方严查西洋人等，除贸易外如有私行逗留、讲经传教等事，即随时饬禁，勿任

① 中国第一历史档案馆编：《清中前期西洋天主教在华活动档案史料》第二册，中华书局2003年版，第753—755页。

② 中国第一历史档案馆编：《清中前期西洋天主教在华活动档案史料》第二册，中华书局2003年版，第885页。

③ 刘芳辑，章文钦校：《清代澳门中文档案汇编》下册，第1034件，澳门基金会1999年版，第521页。

④ 中国第一历史档案馆编：《清中前期西洋天主教在华活动档案史料》第二册，中华书局2003年版，第879页。

潜赴他省，致滋煽诱。其有内地民人暗为接引者，即当访拿惩办，庶知儆
惧。并当晓谕民人等，以西洋邪教例禁綦严，不可受其愚惑，致蹈法纲，
俾无知愚民各知迁善远罪，则西洋人等自无所肆其簧鼓，即旧设有天主堂
之处亦不禁而自绝，此尤潜移默化之方。该督抚等惟当善为经理，实力稽
查，绝其根株，正其趋向，亦整风饬俗之要务也。"①

嘉庆十一年（1806），澳门夷目禀称，有澳夷请求在三灶②黑砂炮台
地方，即传教士沙勿略身殁之地，竖立碑石以为纪念，被澳门同知王衷拒
绝。"该处系属天朝内地，未便任由该夷竖立碑石，所禀碍难准行，合谕
饬知。谕到该夷目，即便转饬澳夷遵照，毋得希图妄为，致干例禁。"③王
衷不准竖立碑石，与当时清政府的严厉禁教政策有关。

嘉庆十三年（1808），针对"广东陋习，每因事急，逃入澳门，归
入天主邪教，地方官无从查拿"的特殊情况，朝廷下谕香山县"将澳门夷
人天主教查明有无藏匿罪人，严密缉拿究办。该处华夷杂处，务宜认真查
禁"。为此，香山知县彭昭麟谕令理事官："即速遵照，立即查明夷人天
主教有无藏匿罪人，密禀查办。该夷目务宜认真查禁，毋得玩视，致干未
便。凛遵毋违。"④

嘉庆十六年（1811），清廷颁布谕旨，认为天主教"不敬神明，不奉
祖先，显叛正道"，内地民人听从传习，受其诡立名号，实属悖逆，所以
应严定科条，按例惩治。"嗣后西洋人有私自刊刻经卷，倡立讲会，蛊惑
多人，及旗民人等向西洋人转为传习，并私设名号，煽惑及众，确有实
据，为首者竟当定为绞决。其传教煽惑而人数不多，亦无名号者，着定为
绞候。其仅止听从入教，不知悛改者，着发往黑龙江，给索伦达呼尔为
奴。旗人销去旗档。至西洋人现在京师居住者，不过令其在钦天监推步天

---

① ［清］王之春撰，赵春晨点校：《清朝柔远记》卷六，中华书局1989年版，第
151—152页。

② 即上川岛，别名三洲，因音近误作三灶。

③ 刘芳辑，章文钦校：《清代澳门中文档案汇编》下册，第1040件，澳门基金会
1999年版，第523页。

④ 刘芳辑，章文钦校：《清代澳门中文档案汇编》下册，第1209件，澳门基金会
1999年版，第617页。

文，无他技艺，足供差使。其不谙天文者，何容任其闲住滋事？着该管大臣等即行查明，除在钦天监有推步天文差使者，仍令供职外，其余西洋人俱着发交两广总督，俟有该国船只到粤，附便遣令归国。其在京当差之西洋人，仍当严加约束，禁绝旗民往来，以杜流弊。至直省地方，更无西洋人应当差役，岂得容其潜住、传习邪教？着各该督抚等实力严查，如有在境逗留者，立即查拿，分别办理，以净根株。"①

遵此上谕，嘉庆十七年四月十六日（1812年5月26日），香山县丞潘世纶下谕澳葡理事官："本分县查得竟有各处内地男妇来澳进教入庙礼拜情事，殊干法纪，除出示晓谕严密查拿外，合行谕饬。谕到该夷目等，即便遵照，传谕番差及澳内西洋夷人，止许自行传习天主教，毋得诳惑内地人民入教。倘敢诡立名号，私自刊经，借立讲会，蛊惑多人，转为传习者，一经查确，定必照例究办，该夷目等毋得包庇徇隐，致干咎戾。"②

同年七月十三日（1812年8月19日），署香山县丞顾又谕示澳内居民人等："嗣后务各正心乐业，深明礼义，勿叛正道而入邪。于潜传西洋人天主教，有则改之，无则加勉。并约束亲族，各务正业，勿进夷教，以保身家。此番申禁晓示之后，倘有内地男妇潜进天主教礼拜传习，及或改装易服，假冒夷人混迹进教者，立即严拿牒解通详，按例治罪。"③

嘉庆十九年（1814）二月，给事中李可藩奏称，广东民人多有潜入天主教者，香山等县妇女亦多入教，更恐奸民潜踪教内，转相引诱滋事，为此，朝廷特颁谕旨：

> 粤东粤西，地广人稠，良莠不齐，兹又有匪徒潜匿拜会肆劫，亟应严密查办。至香山澳门一带，地迫外洋，为夷人寄居之所，近复传习天主

---

① 中国第一历史档案馆编：《清中前期西洋天主教在华活动档案史料》第二册，中华书局2003年版，第922—923页。

② 刘芳辑，章文钦校：《清代澳门中文档案汇编》下册，第1046件，澳门基金会1999年版，第526—527页。

③ 刘芳辑，章文钦校：《清代澳门中文档案汇编》下册，第1047件，澳门基金会1999年版，第527页。

教，久之亦恐滋患。现饬各省编查保甲，着蒋攸铦、董教增各饬所属，将此等习教拜会匪徒，设法严查究办，并出示晓谕绅耆人等，俾其互相稽察，自行约束，有拜会入教者，禀官究治，纵容者罪之，以除邪慝而安良善。①

是年三月，嘉庆帝又谕令两广总督蒋攸铦等："天主教本传自外洋，该夷人居住墺门，自习其教，原可不必过问，惟该夷人若向内地民人传授，则恐其煽惑流毒，此不可不严切申禁，一经查出，不但将内地习教之人按律惩办，其传教之西洋人亦一并严惩。该督等总期张弛得宜，绥靖地方为要。"②

同年五月，嘉庆再次下谕广东地方官员，明确指出：

天主教绝灭伦理，乃异端为害之尤者，此在西洋人自习其教，原可置之不问，若传习内地民人，不止大干例禁，为国家之隐忧，贻害最大，比白莲教为尤甚，岂可不思深虑远乎？着蒋攸铦等广为刊示，晓谕该处沿海商民，并来粤交易之西洋人等，一体知悉。如中国民人有私习天主教者，地方官立即访拿，从重治罪；其西洋人诱惑内地商民者，一经究出拿获，一体治罪，断不宽贷，务各凛遵例禁，以熄邪说而正人心。③

从朝廷连续颁布的数次谕旨中可以看出，嘉庆年间，随着禁教的力度不断加大，考虑到澳门特殊的地理位置，清朝政府对澳内华民习教及内地民人赴澳进教的情况更加重视，除不断加强对华民的惩戒措施之外，对于居澳葡人，也同样严切晓谕，禁止其煽诱内地民人习教。据《清代澳门中文档案汇编》第1051件，嘉庆十九年（1814）七月，香山知县马德滋为严禁煽惑内地民人入澳习教事，下谕澳葡理事官："即速遵照，嗣后该夷务须恪谨天朝高厚之恩，约束番夷，循分生理，自习其教，自保安居。不得

---

① 《清仁宗实录》卷二八四，嘉庆十九年（1814）二月乙巳。
② 《清仁宗实录》卷二八八，嘉庆十九年（1814）三月癸丑。
③ 《清仁宗实录》卷二九〇，嘉庆十九年（1814）五月甲午。

·189·

煽惑内地民人来澳习教，致干天朝法度，以失该国恭顺之诚，有干未便。该夷目速即谕令该国夷人，遵照查禁。"①

四、对传教士的管理

自清朝初年开始，澳门精通天文历法的西洋教士就时常可以进入北京钦天监供职。乾隆中叶耶稣会士被驱逐出澳以前，入监供职成为澳门耶稣会士们的世守之业。在此之后，经澳门进入钦天监供职的西洋教士仍不在少数。其间曾有乾隆四十九年（1784）十一月的谕令，对西洋人赴京一事予以限制，却并未禁绝此事。

乾隆末年，发生了葡萄牙教士刘思永（Rodrigo da Madre de Deus）因在京效力滋事被发遣回澳一事。《清代澳门中文档案汇编》第1023—1026件，收录的是嘉庆八年十二月初七日（1804年1月19日）至嘉庆九年正月二十七日（1804年3月8日），香山知县金毓奇、署县丞李凌翰为传教士刘思永不得违例回国事下发给澳葡理事官的谕令②："查西洋人刘思永系乾隆五十九年六月内奉准管理西洋四堂事务，大学士伯和咨称在京不安本分，发回澳门安插约束，不得违例听其回国之人。自应凛遵天朝法度，不得私行回国。"谕令中明确要求澳葡理事官对其严行约束，并不准其私自违例回国。

嘉庆十年（1805），朝廷审办夷人与在京旗民往来传习西洋教一案。因查获广东民人陈若望私代供职于北京的西洋教士德天赐递送书信地图，进而查出德天赐在内地私行传教，且从其习教之人不仅有汉人男妇，更有旗民，经审拟定罪，寄信人陈若望与负责往来寄信或辗转传感之民人，发往伊犁，给厄鲁特为奴，并先用重枷枷号三个月，以示惩儆。其习教执迷不悟之旗员，枷号三个月，满日发往伊犁，给厄鲁特为奴，旗人销除旗档，愿出教之民人即行省释，日后严加管束。至于德天赐，着兵部派员解

---

① 刘芳辑，章文钦校：《清代澳门中文档案汇编》下册，澳门基金会1999年版，第529页。

② 刘芳辑，章文钦校：《清代澳门中文档案汇编》下册，澳门基金会1999年版，第514—516页。

往热河，在厄鲁特营房圈禁。①此事之后，清政府重申禁教之令，并不再接受从澳门到北京供职的西洋教士。

也正因为此项禁令的施行，法国遣使会士苏振生（Jean Francois Richenet）和马秉乾（Lazare Marius Dumzel）于是年进京供职，被中途截回，遣返澳门。《清代澳门中文档案汇编》第1102件，收录的正是嘉庆十年十一月十四日（1806年1月3日），《香山知县彭昭麟为发回不准进京效力洋人苏振生马秉乾事行理事官札》，彭昭麟派遣差役护送不准进京效力洋人苏振生、马秉乾前赴香山县，由澳门夷目"查收约束，饬令搭船回国。仍将收到洋人日期先行禀复。该洋人于何月日回国，亦即驰禀本县，以凭转报。均毋迟违"。②而嘉庆十七年（1812）二月，因得知西洋人苏振生当时仍在澳门，署香山知县郑承雯又谕令夷目"立即查明，该洋人苏振生定于何月日附搭商船，开行回国。取具回国日期，商船姓名，先行禀报本县察核，以凭详咨。该夷目仍将该洋人因何日久不行搭船回国，有无别往各缘由，即日先行据实禀复，以凭转报。事关屡奉大宪檄行查报，该夷目毋再迟违，致干重咎未便"。③

西洋传教士经由澳门回国，通常由澳葡理事官"将解来后开西洋夷人查收，遇有西洋人回国之便，即令其携带回洋，将附搭回洋日期及该夷人携带领状禀缴"。④所以嘉庆十年（1805），在京效力的西洋人慕王化因患病准其回国，沿途各地方官俟慕王化到境，即速派员伴送至澳门。"交夷目收领，令其即回西洋本国，不可任其在澳门逗留，致滋事端。"⑤

①　中国第一历史档案馆编：《清中前期西洋天主教在华活动档案史料》第二册，中华书局2003年版，第846—847页。
②　刘芳辑，章文钦校：《清代澳门中文档案汇编》下册，澳门基金会1999年版，第562页。
③　刘芳辑，章文钦校：《清代澳门中文档案汇编》下册，第1131件，澳门基金会1999年版，第580页。
④　刘芳辑，章文钦校：《清代澳门中文档案汇编》下册，澳门基金会1999年版，第525页。
⑤　刘芳辑，章文钦校：《清代澳门中文档案汇编》下册，第1103件，澳门基金会1999年版，第563页。

嘉庆十六年（1811），在京西洋教士高临渊、颜诗谟、王雅各伯、德天赐四人被朝廷以"学业未精，留京无用"为由遣返回国。为此，署香山县丞周飞鸿谕令理事官："其沿途所过地方，及到粤居住之日，均不许令与内地民人交接往来。……谕到该夷目，即便遵照，俟送到夷人高临渊等抵澳，收领约束，毋许滋生事端。遇有便船，即令附搭回国。仍将收领归国日期禀报本分县，以凭转报。"①次年三月二十日（1812年4月30日），署香山知县郑承雯又为即令高临渊等搭船回国，谕令理事官："即便遵照，俟有吕宋夷船，或商船由粤开往吕宋船只，即令高临渊等就近搭回本国安业，仍将附搭商船姓名、开行回国日期驰禀核办。该夷目仍即严加管束稽察，不许高临渊等与内地民人交接往来，滋事干咎。"②

至道光十八年（1838），在京供职的最后一名西洋教士、葡萄牙遣使会士毕学源在南堂病逝。从此，明清时代西洋教士在京供职的历史宣告结束。

进入内地的传教士与澳门之间也有千丝万缕的联系。"天主教传教士早年来澳门、中国内地及远东其他地区传教，并不断扩大宗教影响，其重要的原因是获得澳葡自治机构及澳门葡萄牙商人经济上的大力支持。"③在京西洋教士差人赴澳买办杂物，北京西洋堂与澳门之间有书信往来，"他们有的属于澳门地区管辖范围人员，大部分人的生活费用由在澳门的葡萄牙商人捐助"。④即使是欧洲教徒捐助给中国教会的款项，也是由澳门运入内地。"岁运白金巨万至香山澳，转送各省郡邑天主堂，资其所用。"⑤"澳门共有八堂，一堂经管一省。每年该国钱粮，运交吕宋会长，

① 刘芳辑，章文钦校：《清代澳门中文档案汇编》下册，第1130件，澳门基金会1999年版，第579页。

② 刘芳辑，章文钦校：《清代澳门中文档案汇编》下册，第1132件，澳门基金会1999年版，第580页。

③ 杨仁飞：《1840年前澳门教会的作用与地位》，载《澳门研究》第9期，澳门基金会1998年10月，第61页。

④ 杨仁飞：《1840年前澳门教会的作用与地位》，载《澳门研究》第9期，澳门基金会1998年10月，第64页。

⑤ ［清］郁永河：《裨海纪游》之"西洋国"条，转引自林子昇：《十六至十八世纪澳门与中国之关系》，澳门基金会1998年版，第132页。

吕宋转运澳门各堂散给。"①

对于在京西洋教士与澳蕃之间的信物往来，清朝政府有严格的管理规定，严禁北京西洋堂与澳门之间私寄信物。在京西洋教士如寄信至澳，定例由管理西洋四堂事务大臣咨移两广总督，行广东布政使转南海知县，备文遣差赍送澳门同知，经理事官转给澳门洋人，取具该洋人领状及收到日期各一样八纸，后来改为五纸，禀缴澳门同知，转南海知县，以凭申缴。"在京西洋人等，呈寄广东粤海书信，仍着照旧例，官为寄往，交该督转交收领。该国如有来信，亦着该督寄京②交往该管西洋四堂事务大臣转交收领，不准私行托寄。"③嘉庆九年（1804）三月，因南堂西洋人索德超呈寄广东洋信一封，摄理澳门同知叶慧业谕令理事官："即便遵照，立将发来洋信转给小三巴堂毕先生收领。仍照旧例，出具收到洋信日期领状八本，刻即禀缴本府，以凭转发。"④嘉庆十三年（1808）四月，署澳门同知熊邦翰也下谕理事官："立将发来洋信六封转给小三巴堂雷老爷等收领，取具各该洋人领状五纸，即日禀缴本分府，以凭转送。"⑤

嘉庆十年（1805），清政府还议定章程，嗣后西洋人如有寄京书信，即行拆阅译出，同译出之文一并详缴咨送。是年八月，香山知县彭昭麟就为此专门札饬澳葡理事官，严格遵谕执行，不得私寄书信至京，同时"仍严禁该国人等，不许寄往各直省信物，以杜勾结之弊。倘敢徇隐，察出一并究办"。⑥

① 《清高宗实录》卷二七五，乾隆十一年（1746）九月壬戌。
② 原缺一京字，据《清中前期西洋天主教在华活动档案史料》第二册，嘉庆七年（1802）二月二十七日《两广总督吉庆为代转在京西洋人索德超呈寄广东澳门三巴堂书信事致内务府咨》添加，第820页。
③ 刘芳辑，章文钦校：《清代澳门中文档案汇编》下册，第1194件，澳门基金会1999年版，第610页。
④ 刘芳辑，章文钦校：《清代澳门中文档案汇编》下册，第1194件，澳门基金会1999年版，第610页。
⑤ 刘芳辑，章文钦校：《清代澳门中文档案汇编》下册，第1196件，澳门基金会1999年版，第611—612页。
⑥ 刘芳辑，章文钦校：《清代澳门中文档案汇编》下册，第1195件，澳门基金会1999年版，第611页。

支持倡行中国传统宗教

清朝政府在宗教方面对澳门行使管治权的情况，既包括严禁天主教的在华传播、禁止居澳华民习教和内地民人入澳进教等这些与官方禁教的大背景相一致的方面，同时也包括倡行中国传统宗教信仰、扩大其行政影响力进而重申对澳主权与管治权的方面。自雍正年间明令禁止在华传播天主教以来，清朝政府不断大规模地重修、扩建澳内寺院庙宇，澳门的莲峰庙成为中国官员巡视澳门时办公及驻跸的场所，钦差大臣林则徐巡阅澳门时也曾专门到妈祖阁行祭等等，这一系列的行为本身，就存有抑制天主教，力倡、支持中国传统宗教的目的在其中。

一、官庙的重修与扩建

谭世宝先生经过实地考察，在澳门妈祖阁庙"神山第一亭"内壁发现明万历"钦差总督广东珠池市舶税务兼管盐法太监李凤建"的石刻文字，再对有关妈阁庙的其他古今碑刻文字、方志记载及坊间传说等加以综合研究，得出"妈祖阁庙建于明万历乙巳年（1605）"的结论，并认为澳门妈祖阁庙属于"官主商助共建的传统产物"，"具有朝廷祀典的官方背景"①。道光八年（1828），妈祖阁庙得以重修，并于此时修建了供奉天后的小型石殿——弘仁殿。

清代妈祖的官方地位很高，据《粤海关志》记载，澳门关部行台的预算中，规定"各口神供银，以二百两为率"。而且每月有供奉天妃的"灯

---

① 谭世宝：《澳门妈祖阁庙的历史考古研究新发现》，载《澳门历史文化探真》，中华书局2006年版，第41页。

油"钱，"澳门口月支银六钱，岁支七两二钱"。

康熙六十一年至雍正元年（1722—1723）建于澳门关闸附近的莲峰庙，也是官商共建的产物。根据雍正元年罗复晋所撰《鼎建纪事碑·莲蓬山慈护宫（即莲峰庙）序》碑文，可知该庙在建立时，署衔、名捐资修建庙宇的就有摄香山县事、香山协左营关闸汛总司、左营都司、粤海关管理澳门税务等官员，[①]乾嘉道时期，该庙又不断得到官方主持重修扩建。

据嘉庆六年（1801）何昶所撰《重修莲峰庙题名碑记》，可知此年参与重修该庙的地方官员包括署理广东香山协镇都督何士祥、署澳门同知三多、香山知县许乃来、香山县丞吴兆晋、署香山县丞王峤、澳关委员赏纳哈、澳门海防军民府左部总司樊安邦、香山协镇左营总司冯昌盛，及南湾、妈阁、码头、关闸各分税口官员等。[②]

莲峰庙前"广场上至今仍存有道光戊戌年（1838）香山知县三福、县丞彭邦晦竖立的两座旗杆础石，这是该庙原属于官方衙门机构的产业的明显标志。从清代的《澳门记略》、道光《香山县志》的澳门图等可以看到，众多的中国庙宇只有莲峰庙及马角天妃庙的门前有两面官式旗帜立于础石上"。直到道光二十三年（1843），香山县丞张裕仍出告示，以维护莲峰庙的官庙地位及权益。[③]

清朝时期除对澳门妈祖阁庙和莲峰庙进行重修扩建外，还于乾隆五十年（1785）建立了关帝天后古庙，于乾隆五十七年（1792）建立天后圣母庙，作为澳门祭祀天妃的庙宇。[④]

二、官员临澳驻节莲峰庙

澳门莲峰庙是中国官员巡视澳门时办公及驻跸的场所。"莲峰庙不仅

① 谭世宝：《澳门三大古禅院之历史源流新探》附录1，载《澳门历史文化探真》，中华书局2006年版，第347—349页。

② 谭世宝：《澳门三大古禅院之历史源流新探》附录3，载《澳门历史文化探真》，中华书局2006年版，第352—354页。

③ 谭世宝：《澳门三大古禅院之历史源流新探》附录5，载《澳门历史文化探真》，中华书局2006年版，第355—357页。

④ 邱树森：《唐宋蕃坊与明清澳门比较研究》，南方出版社2001年版，第220页。

在清朝末年，曾为钦差大臣林则徐及两广总督邓廷桢巡视澳门时接见葡萄牙官员之所；远在清初，亦有碑碣档案显示它是华人商贾的议事厅，中国官吏的驻节处。"①

因莲峰庙的创建时间晚于妈祖阁庙，所以有时又称其为"新庙"。据乾隆《重修三街会馆碑记》："市镇之有公馆，由来尚矣。盖所以会众议，平交易，上体国宪，而下杜奸宄也。前于莲峰之西，建一妈阁，于莲峰之东，建一新庙，虽客商聚会，议事有所。"②由此可进一步证明妈祖阁、莲峰庙的"官庙"性质。

乾隆十二年（1747）二月，香山知县张汝霖为查封唐人庙亲临澳门。据乾隆《香山县志》记载，张汝霖"暂寄新庙，离澳三里，待至二十二日诣澳"。③

嘉庆十二年（1807）二月，因两广总督吴熊光即将临澳巡阅，香山知县彭昭麟专门下谕澳葡理事官："照得督宪即日临澳，所需办差〔物〕件急难措办，合就谕借。谕到该夷目，即便遵照，将后开各物借给来差，带赴新庙应〔用〕，事毕发还。切勿迟误。"④三月三十日，彭昭麟再次谕令理事官："制宪行辕系在新庙，谕到该夷目，即便遵照，在于新庙之外，照前列队恭迎，如制宪按临澳内，再行谕遵。"⑤

嘉庆十四年（1809），韩封在其奏折中声称："臣于二月二十七日自省起程，二十八日酉刻舟抵香山县城，次日登陆，于酉刻行抵离澳里许之新庙地方……时因天色已晚，臣即在庙住宿。"⑥

嘉庆十六年（1811）五月，为赴澳查禁鸦片，两广总督松筠"于初五

① 李鹏翥：《澳门古今》，三联书店香港分店1986年版，第97页。
② 转引自汤开建：《明代澳门地区华人居住地钩沉》，载《澳门开埠初期史研究》，中华书局1999年版，第272页。
③ ［清］暴煜：乾隆《香山县志》卷八《濠镜澳》，乾隆十五年（1750）刊本。
④ 刘芳辑，章文钦校：《清代澳门中文档案汇编》上册，第673件，澳门基金会1999年版，第365页。
⑤ 刘芳辑，章文钦校：《清代澳门中文档案汇编》上册，第677件，澳门基金会1999年版，第366页。
⑥ ［清］卢坤等：《广东海防汇览》卷三一《方略二〇·炮台一》，清道光刊本。

日易舟，由香山芙蓉沙出磨刀外洋查勘海口，随处询问土人渔户，洋面实已肃清。是晚，驶抵澳门之新庙收泊。……是日赴娘妈阁炮台，于天后宫行香"。①

道光十九年七月二十六日（1839年9月3日），钦差大臣林则徐会同两广总督邓廷桢巡阅澳门时，即是在莲峰庙驻节，会见澳葡官员，而后又在妈祖阁行祭的。根据林则徐当天的日记可以大致知悉其进入澳门后的最初行程："过望厦村，有庙曰新庙，祀关圣，先诣神前行香。在庙中传见夷目，与之语，使通事传谕……入三巴门，自北而南，至娘妈阁天后前行香，小坐。"②在八月十一日上呈道光帝的奏折中，林则徐又详细描述了接见澳葡官员时的情形：

> 至新庙，夷目嗷遮吗咃吵具手版禀谒，命之进见，该夷免冠曲身，意甚恭谨。臣等宣布恩威，申明禁令，谕以安分守法，不许屯贮禁物，不许徇庇奸夷，上负大皇帝抚绥怀柔至意，该夷点头领会。……臣等即入三巴门，经三巴寺、关前街、娘妈阁，至南湾，督率随员抽查夷楼民屋，均与册造相符。③

可见，由于澳门莲峰庙与妈祖阁"官庙"的性质，使其不仅可以满足官方祭祀的需要，而且能够为赴澳巡视的中国官员提供驻节办公之所。嘉庆二十三年（1818）九月，由澳门海防军民府官员李（？）和钟英联衔发布的告示称："澳外关内莲峰神庙，系合澳奉祀香火，又为各大宪按临驻节之公所。"④而道光二十三年（1843）十一月，香山县丞张裕的告示也

---

① 中国第一历史档案馆、澳门基金会、暨南大学古籍研究所合编：《明清时期澳门问题档案文献汇编》第二册，人民出版社1999年版，第22—23页。

② 中山大学历史系中国近代现代史教研组、研究室编：《林则徐集·日记》，中华书局1962年版，第351页。

③ 中国第一历史档案馆、澳门基金会、暨南大学古籍研究所合编：《明清时期澳门问题档案文献汇编》第二册，人民出版社1999年版，第346页。

④ 谭世宝：《澳门三大古禅院之历史源流新探》附录4，载《澳门历史文化探真》，中华书局2006年版，第354页。

说，"莲峰庙为阖澳香火，旁建客厅，以备各大宪遥临驻驿之区。"[①]

陈寅恪先生说，"宗教与政治，终不能无所关涉"。[②]清朝政府采取的重修扩建官方庙宇、官员于官庙驻跸行祭等一系列行为，当是对西方传教士在中国传播天主教的一个有力反击，同时还具有深远的政治意义，加强了对澳门的宗教管治，重申了在澳门的主权。

清朝统治者中也不乏推崇、信仰佛教之人，以顺治帝来说，尽管他与传教士之间关系密切，但他仍选择信仰佛教，说明早在清朝初年统治者就已经觉察到中西政治、宗教中存在的巨大矛盾，这种选择显然是在两相权衡之后做出的。西方宗教中教权凌驾于皇权之上，这种局面显然是中国的统治者无法接受的，中国的官僚系统始终控制着宗教信仰，佛教进入中国后也早已在皇权面前俯首称臣，官方庙宇中对皇帝的歌功颂德显示着教权对皇权的绝对服从。由此可以看出，虽然清初顺康两朝对天主教采取了较为宽容的态度，但是因为这一宗教信仰与传统专制体制的不相宜，继任的各统治者才会相继采取严格禁止天主教的在华传播、修建官方庙宇、支持倡行中国的传统宗教等一系列行为。

---

① 中国第一历史档案馆、澳门基金会、暨南大学古籍研究所合编：《明清时期澳门问题档案文献汇编》第二册，人民出版社1999年版，第504页。

② 陈寅恪：《〈明季滇黔佛教考〉序》，载陈垣：《明季滇黔佛教考（外宗教史论著八种）》上册，河北教育出版社2000年版，第235页。

　　"亭"这一概念在先秦时期即已产生。根据《辞海》中的解释："战国时始在国与国之间的邻接地方设亭，置亭长，以防御敌人。西汉时在乡村每十里设一亭，亭有亭长，掌治安警卫，兼管停留旅客，治理民事。"[1]两汉时，"亭"属于县以下的基层政治单位。《汉书·百官公卿表》中说："大率十里一亭，亭有长。十亭一乡，乡有三老、有秩、啬夫、游徼。……县大率方百里，其民稠则减，稀则旷，乡、亭亦如之，皆秦制也。"[2]汉高祖刘邦就曾"为泗上亭长"。颜师古进而解释说："亭长者，主亭之吏也。亭谓停留行旅宿食之馆。"[3]澳门议事亭也具备这样的功能，所以才会有"凡文武官下澳，率坐议事亭上"[4]一说。而道光十九年（1839）林则徐巡阅澳门时，澳葡也本打算在议事亭"预设公馆，虔洁铺陈，恭迓大宪驾临"，后来是因林则徐严禁奢华，不许澳葡当局隆重接待，才改将莲峰庙作为驻节之地和中葡官员的会谈之所。林则徐转谕澳葡当局："本大臣奉命前来，专为查办公事，凡所驻扎之处，于地方州县，尚

---

　　① 辞海编辑委员会编：《辞海》，上海辞书出版社2000年版，第432页。

　　② ［汉］班固撰，［唐］颜师古注：《汉书》卷十九上《百官公卿表上》，中华书局1962年版，第742页。

　　③ ［汉］班固撰，［唐］颜师古注：《汉书》卷一上《高帝纪上》，中华书局1962年版，第2—3页。

　　④ ［清］申良翰：康熙《香山县志》卷一〇《外志·澳彝》，1958年广东省中山图书馆油印本。

不许供应丝毫，况肯令夷人预备乎？该夷等总以恪遵训谕，谨守法度，即为良夷，毋得妄拟趋承，习为华靡。"①当然，之所以选择莲峰庙作为驻节之地，林则徐也有宗教、行政意义上的考虑，是对当时西方传教士在澳门传播天主教的一个反击。

"亭"最初的意义应是供行人停留休憩之所，所谓"亭，停也，亦人所停集也"②。但是作为基层政治单位的"亭"，其职能就不仅限于此了。所谓"十里一亭"，这里所说的"里"是道里之里。关于亭里制度，有学者曾经作过专门论述，兹不赘述。③以当时葡人租居的澳门半岛的部分地方来说，其面积大小与一亭的范围相差无多，所以尽管在清代已没有"亭"这一基层单位，清政府却依然在澳葡租居地内设立会商公事的"议事亭"，其目的就是要继续利用"亭"的政治和社会职能，在治安防御、管理民事等方面发挥其应有的作用，而事实证明，作为中国官员向澳门夷目宣读政令及双方商议公事之所，议事亭也确实曾在一定程度上起到了上情下达、有效管治居澳葡人的作用。

作为澳葡市政机构的议事亭，与作为中国官员入澳宣读圣谕、处理澳门事务之场所的议事亭，其意义是不同的。前者是由澳葡自治机构议事会延伸而来，后者则是明清政府为有效地控制澳葡、充分行使对澳门的主权和管治权，从而在澳门设立的向夷目宣读政令及双方交涉政务的"议事亭"。澳门议事亭只能算作中国政府管辖下的一个地方机构，其职权是非常有限的。

---

① 中山大学历史系中国近代现代史教研组、研究室编：《林则徐集·公牍》，中华书局1963年版，第116页。

② ［清］王先谦撰集：《释名疏证补》第五卷《释宫室》，上海古籍出版社1984年版，第270页。

③ 关于亭里制度的讨论，参见王毓铨：《汉代"亭"与"乡"、"里"不同性质不同行政系统说——"十里一亭"、"十亭一乡"辩证》，载《历史研究》1954年第2期；周振鹤：《从汉代"部"的概念释县乡亭里制度》，载《历史研究》1995年第5期；黄义军：《关于汉代"亭"的几个问题》，载《中国历史地理论丛》2006年第2期。

议事亭是中国官员在澳门处理政务的场所

  自明代开始，议事亭就是中国官员在澳门临时办公的场所，其建筑风格"按照《澳门记略》的图绘，竟然是檐牙高啄，鸟革翚飞，绿树掩映，翼然一亭的规模"。[①]中国官员在澳门召见澳葡、商议政事、向葡人宣读政府谕令等行为，都是在议事亭进行的。澳葡议事会理事官（Procurador）被中国官府授予"夷目"的称号，作为管理居澳葡人事务、具体执行议事会决定的官吏，夷目应向中国政府负责，遇事要到议事亭向中国官员请示报告，而中国官员也经常在此召见夷目训示。"澳夷向来遇有禀陈事件，俱由地方官代为转禀各宪示遵，至华夷交涉事件，向例亦由唛嚟哆据（具）呈地方官准理。"[②]这里所说的"唛嚟哆"即是夷目的通称，全称为"督理濠镜澳事务西洋理事官"的，所指亦为此官。为了有效地控制澳葡、充分行使对澳门的管治权，明朝政府在澳门设立向夷目宣读政令及双方交涉政务的"议事亭"，并一直延续至清朝。李鹏翥在《澳门古今》一书中指出："议事亭最初为我国明朝官吏所设，是个与澳门葡萄牙人商议贸易，办理居留事宜之所。"[③]

  据乾隆《香山县志》中关于王绰的传记记载：

  王绰，字梅吾，千户所智裔孙也。以诸生中嘉靖乙卯、戊午两科武举，袭祖职，为宣武将军征讨岭西罗旁等处贼平，升昭武将军，移镇澳

---

  ① 李鹏翥：《澳门古今》，三联书店香港分店1986年版，第197页。

  ② ［清］梁廷枏辑：《粤海关志》卷二十九《夷商四》，台北成文出版社1968年版，第2044页。

  ③ 李鹏翥：《澳门古今》，三联书店香港分店1986年版，第197页。

门。初，番人之入市中国也，愿输岁饷，求近处泊舶。绰乃代为申请。其
后番以贮货为名，渐结为舍宇，久之成聚落。绰以番俗骄悍，乃就其所居
地中设军营一所，朝夕讲武，以控制之。自是番人受约束。绰卒，设位议
事亭，番人春秋供祀事焉。①

由这条史料可以看出，在葡人请求入居澳门的事件中，时任守澳官的
王绰起到了关键性的作用。在葡人表示愿交岁饷的情况下，正是因为他的
"代为申请"，使得葡人得以在澳门泊船停留，其后便逐步出现"结为舍
宇，久之成聚落"的局面，而王绰也并没有因此而听之任之，他"就其所
居地中设军营一所，朝夕讲武，以控制之"，可以看出在葡人入居澳门之
初，中国地方官员是对其施行了严格管治的。文中"绰卒，设位议事亭，
番人春秋供祀事焉"一句，明确地体现出中国地方官员与澳门议事亭之间
千丝万缕的联系。就如同澳门居民在莲峰庙的"见贤思齐"神位坛中为百
龄、彭昭麟等人设牌位一样，这些备受景仰的中国官员，其牌位都是设立
在一些官方建筑中的。

据明崇祯年间《兵部题失名会同两广总督张镜心题残稿》记载："九
月初八日，随据市舶司呈称，到澳会同香山县寨差官及提调备倭各官，唤
令通事、夷目、揽头至议事亭宣谕，督促各夷赴省。奈夷性难驯，汉法莫
施，外顺宣谕，中实迟疑。"②

清初画家吴历的《三巴集·岙中杂咏》中有一首吟咏议事亭的诗：
"晚堤收网树头腥，蛮蜑群估酒满瓶。海上太平无一事，双扉久闭一空
亭。"（原注云：凡海上事，官绅集议亭中，名议事亭。）③这里所说的
"海上事"，自然是与澳门有关的事务，通过诗人所描写的澳门居民安居
乐业的景象，议事亭双扉久闭，已经无事可议，可以进一步证明在清朝初

---

① ［清］暴煜：乾隆《香山县志》卷六《人物·武功》，乾隆十五年（1750）
刊本。

② "国立中央"研究院历史语言研究所编：《明清史料》乙编第八本，《兵部题
失名会同两广总督张镜心题残稿》。

③ 章文钦笺注：《澳门诗词笺注·明清卷》，珠海出版社2002年版，第20页。

年议事亭更多地是作为中国官员与澳葡会商公事的场所而存在的。

康熙《香山县志》中描述了中国官员在澳门处理政事、与澳葡夷目商谈的具体场景。"澳门旧有提调、备倭、巡缉行署三所，今惟议事亭。凡文武官下澳，率坐议事亭上，彝目列坐进茶毕，有欲言则通事番译传语。通事率闽粤人，或偶不在侧，则上德无由宣，下情无由达。彝人违禁约，多由通事导之。或奉牌拘提，辄避匿。"①暴煜乾隆《香山县志》中的记载与之大致相同而又增加了"关部税署"的内容，对粤海关关部行台的情况做了交代。"旧有提调、备倭、巡缉行署三所，今惟关部税署及议事亭，凡文武官至澳，坐议事亭上，彝目列坐进茶毕，有欲言则通事传之。"②

《澳门记略》中也说："前明故有提调、备倭、巡缉行署三，今惟议事亭不废。国朝设有海关监督行台及税馆。"③此处对议事亭与关部行台的设立时间做了具体说明，议事亭作为"前明"的机构，一直保留、延续至清代。上述记载中之所以将议事亭与明朝政府在澳门设立的提调、备倭、巡缉三职官的行署并列，无疑其性质应该是相同的。

清政府把朝廷有关政令、布告刻于石碑之上，竖在议事亭的入口之处，一则作为官员办事时备览，另外则是通过这种方式将朝廷旨意发布出去。葡萄牙自治机构是从属于中国政府管辖的。中国政府对澳葡当局的自治范围有着严格的规定和限制。有些事务广东地方官员要通过澳葡理事官，督饬他们，经他们承办后禀复。这除了是因为在其租居范围内，澳葡拥有一定的自治权外，更主要的原因则是，由于中国政府在澳门拥有完整的主权和管治权，居住在这里的葡萄牙人就应该听从中国官员的管理和调遣，给予葡人自治权是照顾到其特殊的风俗习惯，并不意味着任何的关于主权、治权方面的妥协与忍让。

① ［清］申良翰：康熙《香山县志》卷一〇《外志·澳彝》，1958年广东省中山图书馆油印本。

② ［清］暴煜：乾隆《香山县志》卷八《濠镜澳》，乾隆十五年（1750）刊本。

③ 印光任、张汝霖著，赵春晨校注：《澳门记略校注》上卷《形势篇》，澳门文化司署1992年版，第24页。

议事亭是居澳葡人维持地方治安的机构

明清政府在确保充分行使对澳管治权的前提下，允许居澳葡人依照葡萄牙中世纪市政组织的模式建立议事会，自行管理其内部事务。1583年4月（万历十一年三月），在澳门葡萄牙主教卡内罗（Melchior Carneiro）的倡议、主持下，居澳葡人首次通过选举，选出检事（Procurador，理事官）一人、判事（Juiz Ordinario）二人和长老（Vereador，市议员）三人，组成议事会（Leal Senado），即澳门市议会，或称市议局、元老院，得到葡属印度总督的认可，并授予它自治城市的资格。议事会作为管理葡萄牙人内部事务的自治机构，每三年选举一次。"其办公地方澳人名之曰议事亭，负责地方行政，并得卧亚总督之承认，1591年又获葡王批准。"①于1595年3月，正式设立澳门市议事局，或称澳门市政厅，葡语俗称金巴喇（Camara）。②黄庆华先生在《澳门与中葡关系》一文中称，澳门议事会"又称市议会、市政厅。中国官私文书多称议事亭"。③由此可以看出，作为葡人自治机构意义上的议事亭，多数情况下是"议事会"的代称，其"夷亭"的性质也正是由此延伸而来。这同时也证明了在明清政府眼中，

---

① 林子昇：《十六至十八世纪澳门与中国之关系》，澳门基金会1998年版，第51页。

② 李鹏翥：《澳门古今》，三联书店香港分店1986年版，第199页。王文达先生在《澳门掌故》中说："议事亭，古之称号也，时人多以'金巴喇'（CAMARA）名之。查金巴喇，本乃葡语发音，其释义可作'屋'，或'办事处'解。若只以'金巴喇'称之，说来实不通者。在葡文上亦应写作CAMARA MUNICIPAL DE MACAU，即澳门市政局，乃合也。"（《澳门教育》出版社1999年版，第123页。）

③ 黄庆华：《澳门与中葡关系》，载《中国边疆史地研究·澳门专号》1999年第2期，第16页。

允许澳葡设立的自治机构议事会大概只相当于中国行政架构中"亭"一级的单位,其职权范围和所处地位是非常有限的。

议事会负责管理澳门租居地内葡萄牙人在行政、经济、军事及宗教方面的各种内部事务,是澳葡自治的最高权力机构,但这种自治权的行使却是以完全承认明清政府在澳门的主权和治权为前提的,所以归根结底只能算作澳葡管理社区内部日常事务、维持地方治安的机构。凡是重大案件或牵扯到澳门华人的事件,议事会官员均需向明清政府禀请报告、听候裁夺,明清政府管理居澳葡人的各项政令条例,也向例由理事官等人下达。清初著名学者王士禛在其《池北偶谈》中曾引用龚翔麟《珠江奉使记》中的记载称:"澳中有议事亭,番目四人,受命于其国,更番董市事。凡市〔事〕经四人议,众莫敢违,及官司有令,亦必下其议于四人者,议得当以报闻。"①这里只是说四名番目"受命于其国",至于"官司有令",应是明清政府的政令,而"议得当以报闻",上报的对象也应是明清官府,其中所体现的主从关系是很明确的。

康熙二十一年(1682),两广总督吴兴祚巡阅澳门,在其诗集中留下了关于此次巡视的一首《自香山县渡海赴濠镜澳》:"欲经濠镜澳,薄暮正扬舲。风雨声相搏,鱼龙气自腥。黑云迷远屿,白浪拥孤汀。隐隐闻钟鼓,蛮归议事亭。"②在这里,议事亭的意义就更倾向于代指澳葡内部自治机构的夷亭。"蕃人犯法,兵头集夷目于议事亭,或请法王至,会鞫定谳,籍其家财而散其眷属,上其狱于小西洋,其人属狱候报而行法。其刑或戮或焚,或缚置炮口而烬之。夷目不职者,兵头亦得劾治。"③由此可进一步证明议事亭是澳葡维持地方治安的机构。

根据龙思泰在《早期澳门史》中的记载,1710年(康熙四十九年),澳门总督戴冰玉(Diogo de Pinho Teneira)与议事会之间就选举权问题引发

① 〔清〕王士禛:《池北偶谈》卷二十一《谈异二·香山澳》,中华书局1982年版,第517—518页。

② 章文钦笺注:《澳门诗词笺注·明清卷》,珠海出版社2002年版,第41页。

③ 印光任、张汝霖著,赵春晨校注:《澳门记略校注》下卷《澳蕃篇》,澳门文化司署1992年版,第152页。

矛盾：

总督要求耶稣会士交出与他们住在一起的议事会成员。这一要求遭到拒绝后，戴冰玉威胁要用大炮台的炮火，轰击圣保禄教堂和学院，由于一些受人尊敬的教士进行调解，他放弃了这一渎神的举动。但议事会成员已前往议事亭举行会议，会议由主教主持。主教在受到邀请时，总是主持政务委员会。高级教士、市民、平民都前来与他们在一起，商议阻止进一步的骚乱和冲突的办法。总督一听到这个消息，便赶往现场（1710年6月29日）。但集会者一察觉到他正在逼近，便武装起来，从议事亭冲下去，无视总督要他们解散的命令，向他袭击，将他和他的追随者、士兵赶到大炮台。戴冰玉让三门大炮从炮台向汇聚在议事亭门前的密集的人群开火。[①]

居澳葡人自治机构议事会为维护自己内部自治的权力，与代表葡萄牙王室的澳门总督之间存在一定的矛盾，这一矛盾从澳门总督上任之日起即已产生。"澳门最初是由一个主要是商人组成的委员会管理，当果阿派遣的官员到来时，这个称为议事会的组织已经建立，澳门市民无意让步，他们想方设法保护其独立，而此后的几个世纪，城市长老与果阿派驻负责管理的官员之间的冲突经常不断。"[②]

万历四十二年（1614），海道副使俞安性经详请两广总督张鸣冈、巡按御史周应期，就禁止澳葡畜养倭奴、掠买人口、兵船骗饷、接买私货、擅自兴作等五事勒石立碑于议事亭，此五项禁令就是著名的《海道禁约》。据康熙《香山县志》记载：

（万历）四十一年，海道俞安性详请两院勒碑，禁约澳彝畜倭，略曰：倭性狡鸷，澳彝畜之为奴，养虎遗患，害将滋蔓。本道奉敕受事，凭

---

① ［瑞典］龙思泰著，吴义雄等译：《早期澳门史》，东方出版社1997年版，第63—64页。

② 转引自万明：《中葡早期关系史》，社会科学文献出版社2001年版，第121页。

籍两台制驭，巡澳察彝，追散倭奴凡九十八人还国。除此蠹贼，尔等遂得相安乐土。此后市舶不许夹带一倭，在澳诸彝亦不得再畜幼倭，违者倭与彝俱擒解两院，军法究处。四十二年，《海道禁约》略曰：澳彝骄悍不法，议者有谓必尽驱逐以清疆宇者，有谓移出浪白外洋，不容盘踞内地者。本道念诸彝生齿蕃衍，不忍其累累若丧家之狗，当于巡澳日申以国威，随皆弭耳向化。因摘其犯顺五款，行香山县遵谕约束，免其驱徙，详奉两广部院张、巡按御史周，五款准勒石立碑，永为遵守。①

《澳门记略》中也说："安性复条具五事，勒石永禁。"②当时刻有《海道禁约》的石碑就立于澳门议事亭内。

乾隆十四年（1749）拟定的《澳夷善后事宜条议》，用中葡两种文字刻于石碑，中文石碑置于香山县丞衙署内，葡文石碑也是立于澳门议事亭，所以乾隆五十七年正月二十五日（1792年2月17日），香山知县许敦元下谕澳葡理事官："华夷究有攸分，又不便任尔外夷占侵内地，复经申明禁令，澳内夷房，止许修葺坏烂，不得于旧有之外再行添建，盖于体恤之中，示以限制之意，勒碑议事亭外，彰彰可考。"③

---

① ［清］申良翰：康熙《香山县志》卷一〇《外志·澳彝》，1958年广东省中山图书馆油印本。

② 印光任、张汝霖著，赵春晨校注：《澳门记略校注》上卷《官守篇》，澳门文化司署1992年版，第69页。

③ 刘芳辑，章文钦校：《清代澳门中文档案汇编》上册，第775件，澳门基金会1999年版，第396页。

乾隆四十九年之后的议事亭

自澳门议事局成立后，澳葡当局就打算向中国政府承购议事亭地段及其后方的华人屋宇，改建为新的议事局和监狱。1783年12月6日，澳葡议事局的判事官官也（J. J. Mendes de Cunha，又译作昆合）还在其署名的档案中提及此事："尝与地段业主商订价值，承买该地，以备重新兴建议事局及监牢，并附送该建筑全面图则。"①1784年，新的澳门议事局全面落成，其西式的建筑风格"已非昔日的红墙绿瓦、中国亭园式的'议事亭'"。②

澳门议事亭是明清官吏向澳葡宣读政令及接见澳葡官员、双方会商公事之所，也用来指称居澳葡人维持地方治安的机构，直至1784年，"澳门葡人在原中国亭园式建筑议事亭处，建起一座西洋式的建筑，命名为议事局，从此，自明代起中国官员到澳处理公务的地方，成为葡萄牙人的机构所在地"。③这样，议事亭实现了历史角色的转化，其"夷亭"的性质较之以往更加明显。

一、议事亭成为澳葡自治机构所在地

从《清代澳门中文档案汇编》收录的一系列提及"议事亭"的谕令、禀呈中可以看出，此时的"议事亭"已更多地用来指代澳葡的机构，所以有时又被称为西洋议事亭、澳亭、夷亭、峒哖亭，或单称一个"亭"字。

嘉庆七年（1802），因华民叶亚庚等持刀伤害夷妇二人，澳葡理事官

---

① 李鹏翥：《澳门古今》，三联书店香港分店1986年版，第201页。
② 李鹏翥：《澳门古今》，三联书店香港分店1986年版，第200页。
③ 万明：《中葡早期关系史》，社会科学文献出版社2001年版，第249页。

特禀明香山知县，恳请将叶亚庚等人严办。"哆职司澳务，亦蒙我夷议事亭公众举出办理夷情，亦系夷民父母。凡遇华夷争斗，必须询问真实，然后具禀宪台明断，非轻谬言混禀。"①其中"我夷议事亭"一句再次明确了其"夷亭"的性质。

据嘉庆十二年正月初二日（1807年2月8日），《香山知县彭昭麟为在娘妈角青洲联堵海盗事行理事官札》："澳外一带海面，近因洋匪游奕窥劫，地方忧苦，莫此为甚。而且澳地伶仃，尤恐贼多诡秘。兹澳亭上夷官筹议，欲着夷船两只，一在本澳娘妈角口，一在青洲海道，两路湾泊，鸣更防守。"②这里的"澳亭"即是议事亭的另一名称。嘉庆十四年（1809）五月，为向澳葡购买夹板船以缉捕海盗，香山知县彭昭麟特下谕理事官："照得夹板船木料坚固，宽大稳重，利于缉捕。现奉大宪札行购买。闻得尔等现有夹板船二只，连炮位出售。经海防分宪吩嘱，现在上亭议价，合就谕饬。"③"亭"即是议事亭的简称，遇有与澳葡交涉事件，中国官员往往将葡人议事亭作为临时办公场所，这是中国政府在确保充分行使管治权的基础上对澳葡自治机构的认可。

嘉庆十四年（1809）正月《理事官为刘思永自行离澳事呈澳门同知禀》中称："哆等伏查刘思永上年因嗖咭唎之事，自经各宪临亭讯供，深蒙洞察。……本年正月十九日，因夷亭有事，着人往问，始知其不在家。……迨于二十一日，夷亭番差、兵头督令夷官到其家下查搜，……"④在此已将议事亭直接称之为夷亭。嘉庆二十年七月初八日（1815年8月12日），《香山知县马德滋为奉旨按船查验有无夹带销售鸦片不得遽请宽免事行理事官札》中提到："哆即遵照，集亭知会。旋据呵呀亭上及各夷商等会称：现

① 刘芳辑，章文钦校：《清代澳门中文档案汇编》下册，第1396件，澳门基金会1999年版，第720页。

② 刘芳辑，章文钦校：《清代澳门中文档案汇编》上册，第1003件，澳门基金会1999年版，第505页。

③ 刘芳辑，章文钦校：《清代澳门中文档案汇编》上册，第929件，澳门基金会1999年版，第473页。

④ 刘芳辑，章文钦校：《清代澳门中文档案汇编》下册，第1030件，澳门基金会1999年版，第518页。

奉天朝谕旨严行，仰见慎重周详之至意。"①

嘉庆二十五年（1820），因判事官拖欠华民货银，为免受牵累，澳葡理事官特呈禀香山知县，恳请知县"俯察原因，先赐出示禁止，以遏未启衅端。并恳饬令奸商曾永和、郭亚厚等立将欠单的据缴赴台阶，加盖印记，以杜顶换。然后发交峒咮，着令文武夷官，会集澳内熟识番语绅耆，带同各商，齐登议事亭，当堂翻译，以示至正大公"。②

二、议事亭有限的职权范围

嘉庆六年二月初七日（1801年3月20日），香山知县许乃来为补纳地租短平银一事下谕澳葡理事官："照得嘉庆五年分濠镜澳地租，该夷等短纳银四两六钱三分五厘，业经谕饬补缴。兹据该夷目禀称：此项地租正耗银两，向例用议事亭码，眼同书差兑收。今谕开短少银两，哆不明其故。"③第二年，当澳葡企图以同样理由逃避补纳地租时，遭到知县许乃来的严厉申斥。四月十九日（1802年5月20日），他再次下谕理事官：

兹查嘉庆六年分地租银两，先据书差征收前来，兑少平头银三两六钱五分。先经谕饬该夷目补缴去后，嗣据该夷目混以亭上向例为词，不遵补缴。……谕到该夷目，务需率由旧章，速将短少六年分地租平头钱三两六钱五分，即日照数兑足，给来差赍缴本县，立等拨匠候领批解，毋再抗延，自取重咎。④

嘉庆八年十二月（1804年2月），因澳夷所缴该年地租短少，经香山

---

① 刘芳辑，章文钦校：《清代澳门中文档案汇编》上册，第245件，澳门基金会1999年版，第139页。
② 刘芳辑，章文钦校：《清代澳门中文档案汇编》上册，第548件，澳门基金会1999年版，第301页。
③ 刘芳辑，章文钦校：《清代澳门中文档案汇编》上册，第199件，澳门基金会1999年版，第104页。
④ 刘芳辑，章文钦校：《清代澳门中文档案汇编》上册，第201件，澳门基金会1999年版，第105页。

知县金毓奇谕饬，澳葡理事官不仅不肯补缴，反而禀称，"濠镜澳地租银两，在议事亭用历年之平，眼同兑交，并无短少。至补水银两，历来并用，又蒙递年收纳"。为此，金毓奇回复澳夷，"惟查此项地租，系附搭正项钱粮，解赴藩宪兑收，例应遵用部颁法码弹兑。尔等向以洋平兑纳番银五百一十五两，因尔洋平与法码悬殊，向来仍须补足不敷平头，并照时价补足纹银水色，饬令银匠代为倾销，方能转解。"①

澳葡所说的在议事亭所用"历年之平"与前述之"议事亭码"，就是金毓奇所谓之"洋平"，与部颁法码之间有一定差别，所以每年所缴地租都会存在短少现象，需澳葡补缴。

嘉庆八年（1803），澳葡禀请香山知县杨时行："向来夷禀专用唐字书写，并无番字。今亭上众议，嗣后所有呈词，俱用唐字番字合并书写，禀恳恩准。"为此，杨时行谕令理事官：

查文禀字体天朝向有定制，华夷尤当区别，夷禀向用唐文，自应永远遵照办理，何得以亭上众议混请更张？除不准行外，合谕驳饬，谕到该夷目，即便遵照，嗣后一切夷禀务必率由旧章，专用唐字书写，毋许以唐番并书，致滋朦混。②

清朝政府规定，唐字（按：即汉文）是当时中外交往中文移往来的正式文字，澳葡理事官遇事呈禀，必须使用唐字，"凡郡邑下牒于理事官，理事官用呈禀上之郡邑，字遵汉文"，③现在理事官企图以"亭上众议"为由，请求嗣后呈词用唐字番字合并书写，这种有违定例、以致冒混禀词的无理要求，自然不会得到中国地方官员的同意。

① 刘芳辑，章文钦校：《清代澳门中文档案汇编》上册，第205件，澳门基金会1999年版，第107页。

② 刘芳辑，章文钦校：《清代澳门中文档案汇编》上册，第817件，澳门基金会1999年版，第414页。

③ 印光任、张汝霖著，赵春晨校注：《澳门记略校注》下卷《澳蕃篇》，澳门文化司署1992年版，第152—153页。

《清代澳门中文档案汇编》第1173件，收录的是嘉庆十一年四月二十七日（1806年6月13日），《澳门同知王衷为将明诺妥为安置在澳办理北堂事务下理事官谕》，因澳葡夷目禀称："咈嘣哂夷人明诺于本月二十日到澳，但哆等集亭酌量明诺住澳一节，查本国律例，外国洋人无命不得擅留住澳之条。故哆等不敢违国例而留其住澳。"王衷驳饬澳葡，"澳门为天朝内地，大皇帝惠及远夷，准令该国夷人常年住居，以通贸易，是各国夷人皆可栖止，何有外国洋人无命不得擅留住澳之条？且查澳门现有嘆咭唎等国夷人住居，何独明诺而不可住耶？况明诺在澳亦系办理西洋堂北堂信件之事，并非伊一人之私事，如明诺在澳安分守法，自当令其常年住居。倘敢有滋事不法情事，该夷目即据实禀明，以凭究办"，谕令夷目遵照前谕，妥为安置。①澳葡企图把澳门变成一己之地，自然不会得到中国政府的允许，而作为澳葡自治机构意义上的议事亭，所起的作用也是非常有限的，不管是经澳葡"亭上众议"还是"集亭酌量"得出的结论，都必须首先报请中国政府允准，澳门葡萄牙人的自治管理是以完全服从中国政府的管辖为前提的。

据乾隆五十九年九月十五日（1794年10月8日），《香山县丞贾奕曾为蕃人喏噁呐嗖逐鲍亚蒂迁铺事下理事官谕》：

查乾隆五十二年八月内，澳门兵头、管库带领黑奴，拆毁郭南泉等铺，并拆毁营地街民人蓬铺，及纵黑奴赴望厦村偷挖薯芋。经大宪访闻，檄委前府宪张、彭前县亲临澳门弹压，晓以律法，严切开导，谕以兵威，各皆畏惧，责备唛哩哆一人生事贻累。齐上议事亭……出具日后不敢再犯遵依禀缴，并将拆毁各寮铺补回一十三间。约束黑奴，嗣后不许出澳。②

此段记载印证的仍旧是"凡文武官下澳，率坐议事亭上"的惯例，表

---

① 刘芳辑，章文钦校：《清代澳门中文档案汇编》下册，澳门基金会1999年版，第600—601页。

② 刘芳辑，章文钦校：《清代澳门中文档案汇编》上册，第475件，澳门基金会1999年版，第259页。

明虽然其时议事亭已成为澳门葡萄牙人的机构所在地，但其作为中国官员入澳处理政务的场所这一功能依然是存在的。

嘉庆十三年（1808）七月，因英国兵船擅入澳门，澳葡理事官上报广东地方政府，两广总督吴熊光饬令英船即速离澳，英海军少将度路利拒不遵从，"议登岸入澳定居"，八月初二日，"以二百人入三巴寺，一百人入龙嵩庙。初五日，以二百人踞东望洋，一百人踞西望洋。其在三巴寺者，十二日，复移于西洋鬼楼，澳民惊怖，纷纷逃匿。洋商挟大班赴澳慰遣，坚不肯行。十六日，吴公熊光下令封舱，禁贸易，断买办。昭麟亲诣西洋议事亭，唩嚟哆入见，出嘆咭唎兵总复书，译之，词甚不逊"。[①]

中国官员有时在议事亭审案。在嘉庆十三年十一月二十八日（1809年1月13日），香山知县彭昭麟下发澳葡判事官等人的札令中提及：

照得刘思永与红夷兵头上省，出言不顺。奉制宪批令本县查拿，解省审办。经本县于二十一日委员拿获，因番差再四赴公馆恳求，领回管押，俟奉大宪行提，即行送上本县。因念该番差平日懂事，尚知大体，是以格外施恩，将刘思永当面给予领回，取具唩嚟哆领状在案。

兹蒙制宪委陈大老爷来澳提讯，本县禀请陈宪来议事亭确审，使众共知。……札到该番差、唩嚟哆等，即便遵照，于二十八日听候陈宪亲临审讯，小心伺候。[②]

汪兆镛的《澳门杂诗·杂咏》中有一首吟咏议事亭的诗："提调郡县丞，前代有故衙。让畔敦古处，荒圮奔麏麚。尚余议事亭，崇敞飞檐牙。从来乡校法，亦不废边遐。权衡孰持平，愧矣吾中华。"《县志》："明故有提调、备倭行署三，今惟议事亭不废。"又原设有税馆及澳门同知、县丞各署，今遗址已漫灭矣。[③]中国政府设在澳门的官署均已荒圮漫灭，只

① ［清］卢坤等：《广东海防汇览》卷四二《事纪四·国朝二》，清道光刊本。
② 刘芳辑，章文钦校：《清代澳门中文档案汇编》下册，第1027件，澳门基金会1999年版，第517页。
③ 章文钦笺注：《澳门诗词笺注·民国卷》上卷，珠海出版社2002年版，第24页。

剩下议事亭还能"崇敞飞檐牙",巍然独存于世,联系其时腐败的政治,诗人不禁发出"愧矣吾中华"的感慨。

曾经作为基层管理组织单位的"亭",本身就具有地方自治的特点,明清时代的议事亭,在保留其基层自治意义的基础上根据其时出现的形势变化做出相应调整,但总体来说,议事亭作为香山县的从属机构、在接受明清政府管辖的前提下对澳葡施行治理的性质却从未改变。从明代开始,议事亭就是中国官员在澳门召见澳葡、向葡人发布谕令及双方会商公事的场所,其雕梁画栋的中国亭园式建筑风格说明,在乾隆四十九年(1784)以前,该地更多地是作为中国官员入澳处理政事的场所而存在的,只是"议事亭"一词有时会被用来代指澳葡自治机构议事会,二者之间存在混用的现象,例如以下一段记载:

> 如果在澳门有何违反帝国法律的事情,官员通过公函或禀呈通知议事亭。如果事情比较严重,官员派遣一个或数个他们手下的官员来同议事亭(Senado)及其理事官(Procurador)交涉。为了入澳城,他们要事先申请许可,然后根据其级别在议事亭(Camara)受到礼仪接待。在理事官(Procurador)及受命来秉承的官员之间交涉后,再由议事亭(Senado)根据个案来处理。①

对于葡印总督这段主从关系完全颠倒的言论,在此不展开论述,单从其中所包含的关于议事亭的史料来说,就存在着作为场地的议事亭与议事会意义上的议事亭之别。

议事亭有一定的权力,但它在中国的行政架构中地位较低,不是一个完整、独立的机构,大致相当于中国政府设在澳门的三街会馆,具备维护正常的贸易秩序、维持地方治安的功能。而且其权力的行使仅仅针对居于澳门的葡萄牙人,澳门华民完全是在中国政府的管辖之下的。

---

① 曼努埃尔·木里亚斯:《给北京主教的指示和澳门史的其他文献》,澳门文化学会1988年版,第22—23页,转引自金国平、吴志良:《中国官员临澳驻节地考》,载《过十字门》,澳门成人教育学会2004年版,第181页。

第七章

清朝政府对澳门管治权的丧失

鸦片战争后葡萄牙侵夺对澳管治权

自明代葡萄牙人租居澳门以来，直到道光二十九年（1849），近三百年的时间里，明清政府一直在澳门派驻军队、设置官吏，在行政、贸易、军事、司法、宗教等各方面持续有效地行使着对澳门的管治权，虽然允许澳葡在其租居范围内实行一定程度的自治，但对这种自治权也是有着严格的限制和规定。对于明清政府掌握澳门主权和管治权这一事实，居澳葡人是予以承认的，因而在道光二十九年（1849）以前，澳葡当局大部分时间里能够采取恭顺臣服的态度，一再声称"愿为藩篱，代守疆土"，对于广东各级地方官吏的谕令指示，也基本能够"奉法惟谨"。直到1834年7月，当澳葡理事官给广东官员写信，提出维持贸易征税和船钞优惠、房屋修葺和船工输入许可等要求时，依然还是一副谦恭卑微的语气。

恩臣澳门蕃夷土司检察长，兹禀告广东总督阁下：葡人居留澳门小城已有三个世纪，为此每年缴交地租，以享受天朝皇恩赐予葡萄牙民族的优惠、豁免和自由。葡人向与华人和睦相处，以对华贸易为生，从未与本朝亦未与前朝发生龃龉，从而获得高官重臣乃至皇上比对其他外族更特别的垂注。本市存有许多这样的文件，皇恩浩荡，恕不详列。因此，虽然世事变幻，人心思动，但每有变动，检察长便向官丞求助，重大事务再向总督或广州府禀告。他们总能维持秩序，恢复原状，而葡人亦心满意足地生活。①

---

① 转引自吴志良：《澳门政治发展史》，上海社会科学院出版社1999年版，第93—94页。

　　鸦片战争之后，通过《南京条约》的签订，英国侵占香港岛，使得长期租居澳门的葡萄牙人看到了机会。他们趁机不断破坏清政府在澳门的管治权，企图达到其永远占据澳门的阴谋。

　　其实早在鸦片战争进行过程中，即1841年11月初，澳葡总督边度（Adrião Acacio da Silveira Pinto）在向葡萄牙海事及海外部部长通报战事时，就已明确提出：

　　在目前的情况下，我认为，倘若陛下希望这一居留地仍然掌握在葡萄牙王室手中的话，应严肃地来看看这里的情况。要么中国皇帝拱让给英国诸多特许权（依我之见，它获益最大），要么继续与该国交恶，本澳的政策必须改变，要么视其为中华帝国之一部——英国人在此问题上会不遗余力，要么视其为葡萄牙王国的构成部分。这是我一贯主张的……①

　　《南京条约》签订仅十五天（1842年9月15日），澳门法官巴斯托斯（Rodrigues de Bastos）又致函葡萄牙海事及海外部部长，建议提出扩张要求，内容包括：第一，将澳门保持了数世纪的领土界限推至前山寨，至少扩至莲花茎的尽头；第二，葡萄牙当局与中国当局交往中，礼仪平等，取消至其时为止提出的一切要求，直接援用英国人在《南京条约》中获得的那种平等格式；第三，重提1791年所列各款要求，澳葡当局尽力获取对澳门华人进行管治的权力。②于是在1843年夏，即战争结束后的第二年，边度公然照会钦差大臣、两江总督耆英，向清朝政府提出一系列无理的要求，内容包括豁免每年五百一十五两的地租银；将三巴门至关闸一带地区划归葡兵把守，即由其士兵驻防整个澳门半岛；允许各国商船任意赴澳停泊贸易，即开放澳门为葡辖自由港；将澳门商税较新定中英通商章程略为

---

　　① 萨安东著，金国平译：《葡萄牙在华外交政策（一八四一～一八五四）》，葡中关系研究中心、澳门基金会1997年版，第9页。

　　② 萨安东著，金国平译：《葡萄牙在华外交政策（一八四一～一八五四）》，葡中关系研究中心、澳门基金会1997年版，第13页。

裁减；允许葡船自由开赴广州、福州、厦门、宁波、上海等五口贸易；将澳门修理房屋船只及请领牌照费用，概行革除；华商运赴澳门的货物即在澳门上税，不得限制输入商品的数量等等。[①]同年秋，继任澳葡总督彼亚度（José Gregorio Regado）又进一步向耆英提出派兵进驻氹仔岛的无理要求。而边度也被葡萄牙任命为对华修约谈判钦差大臣，预赴广州与耆英谈判。葡萄牙外交部部长在给边度下达的初期指令中，明确提出："结束了英国与中国之间争端的条约极大地改变了中华帝国的对外关系体系，引发了欧美国家对华签订条约或商约的愿望；葡萄牙国家理所应得地从来是在华的最优惠国家。……不允许上述同英国的条约或同其它列强签订的协约为我们同中华帝国的悠久关系带来任何破坏或任何我们处于劣势，尤其不得损害澳门。……应该运用一切平和的办法避免任何可破坏葡中间已存在的关系优越性的一切条款或规定，尤其与澳门有关的优惠及澳门的完整性。"[②]

耆英在与广东地方官员商议后，即速上奏道光皇帝，在得到"熟筹事势，妥议具奏"和"量为变通"的上谕后，最终只允准了澳葡参与五口通商、降低澳门商税等商务方面的要求，至于免除地租、扩展葡管地界等试图破坏中国在澳管辖权的要求，则被中国官员予以拒绝。同治元年（1862）七月十六日，恭亲王奕䜣等人在述及此事时也说，"查广东澳门地方，自前明即给与大西洋国人居住，岁输地租银五百两，该国人在彼营生，素称安分。嗣于道光二十三年具呈，请豁地租，并请自关闸至三巴门一带地方，俱归该国拨兵把守。经前督臣耆英等驳令仍照旧章办理"。[③]之后，葡人加紧了强行侵略、扩张的步伐。道光二十四年（1844），澳葡当局擅自在氹仔的西沙建造炮台，企图扩展其管辖区。在一八四五年十一月十三日的国务会议上，葡萄牙海事及海外部部长法尔康（Joaquim José Falcão）在谈及澳门问题时说："鉴于英人在香港的新近开埠大大促进并

---

① 文庆等纂：《筹办夷务始末》（道光朝）卷七十，台北文海出版社1970年版。
② 萨安东著，金国平译：《葡萄牙在华外交政策（一八四一～一八五四）》，葡中关系研究中心、澳门基金会1997年版，第228页。
③ 中国第一历史档案馆、澳门基金会、暨南大学古籍研究所合编：《明清时期澳门问题档案文献汇编》第二册，人民出版社1999年版，第641页。

方便了当地的贸易，而我们在澳门的贸易一蹶不振，使得政府无法维持日常的开支。……政府想到设立一自由港，给予它与英国人给香港的一样的优惠。政府将制定必要的章程，特别优待我国民并进行一切必须进行的改革。"①二十日，葡萄牙女王玛丽亚二世（Dona Maria Ⅱ）发布敕令，擅自宣布澳门为自由港，为其要施行的"改革"做好了准备。

道光二十六年（1846）四月，葡政府任命亚玛勒为澳门总督，开始更加狂热地推行其变澳门为葡萄牙殖民地、侵夺清政府对澳主权和管治权的计划。是年五月，亚玛勒即在澳门颁布殖民地征税法，公然向澳内华民征收地租、人头税和不动产税，停泊在澳门的中国船只也应按月缴纳税款。他在向葡国政府汇报情况时表示："中国当局，仍不失其颜面，想继续对澳门的华人及我们进行绝对的控制，但他们不得不公开承认我们的治澳权，承认我们有权向愿意享受我们保护的人征税。"②次年，他擅自开辟从澳门围墙直达关闸的道路，命名街道、编写门牌，显示沿途均为葡占地段，并在氹仔岛建筑了军港。道光二十九年（1849），亚玛勒发布告示，宣称澳门已成为葡辖自由港，不能允许粤海关继续在澳门设立总口、征收关税。随后，他率领数十名夷兵封锁粤海关澳门关部行台大门，推倒门前的中国旗帜，驱赶行台官员丁役，同时派兵捣毁了设立在议事亭中刻有《澳夷善后事宜条议》的石碑，拆毁香山县丞佐堂衙署，驱逐县丞出澳门，并停止向中国政府缴纳地租。他公然表示："……这应该是最后申请的东西，因为我们纳租、他们收租，我正是通过这一事实来说服中国当局，让他们明白他们无权在澳门行使管辖权。"③

在相继侵夺了清政府对澳门的行政、贸易管辖权之后，亚玛勒又开始拒绝接受清政府的法权管理，甚至开始对居澳华民实行司法管辖。他宣布

---

① 萨安东著，金国平译：《葡萄牙在华外交政策（一八四一～一八五四）》，葡中关系研究中心、澳门基金会1997年版，第79页。
② 萨安东著，金国平译：《葡萄牙在华外交政策（一八四一～一八五四）》，葡中关系研究中心、澳门基金会1997年版，第116页。
③ 萨安东著，金国平译：《葡萄牙在华外交政策（一八四一～一八五四）》，葡中关系研究中心、澳门基金会1997年版，第113页。

香山县官府自此无权审理涉及中国居民的案件，在中国境内犯法的葡人罪犯也要求解回澳门，由澳葡处置。对于拒绝缴纳澳葡当局非法税收的中国居民，他派兵拘拿、使用刑罚，对于涉及居澳华人的案件，也不再通知香山县官府，而是由澳葡当局自行审理判决。这样，对澳司法管辖权也落入葡人手中，清朝政府实际已经无法行使管理澳门的权力。萨安东认为，亚玛勒"将澳门彻底置于中华帝国内部秩序之外，完全扭转了长达三个至关重要的领域。只要一控制这三个方面：领土、行政及税收，他便可确定澳门对中国的'独立'"。[①]至此，通过一系列殖民扩张政策的推行，葡萄牙人最终侵夺了对澳门的管治权，实现了其长期以来占据澳门的企图。

---

① 萨安东著，金国平译：《葡萄牙在华外交政策（一八四一～一八五四）》，葡中关系研究中心、澳门基金会1997年版，第89页。

清政府丧失对澳门管治权的内外因素

一、澳葡一贯的不安分

清朝政府在对澳门施行管治的过程中受到葡人抗拒的现象总是时有发生。"国初之防范固严也。日久法弛，汉人且寄其宇下，偶有衅端，苟求无事，于是夷人有轻视心矣。"①《清代澳门中文档案汇编》中收录有一系列广东地方官员针对澳葡逾矩行为下发理事官的谕令，从中可以明确看出，居澳葡人在接受清政府管治的同时，违背既定规章条例、挑战中国在澳主权和各方面管治权的情况总是不断出现。服从和恭顺是迫于清朝强大的国力，是基于双方实力的悬殊，但事实就是，仅仅租居澳门的部分地方，并不能满足葡人的野心，他们妄图不断扩大自治权并进而侵占澳门，对澳门主权的觊觎从来没有停止过。

1783年4月，葡萄牙海事及海外部部长卡斯特罗（Martinho de Mello e Castro）以女王玛丽亚一世（Dona Maria Ⅰ）的名义，向葡属印度总督发布《王室制诰》，强调葡萄牙对澳门拥有不可置疑的主权，并授予总督行政、司法方面的权力以管治澳门。②1784年，卡斯特罗在一份备忘录中说，葡人得以租居澳门"不是由于任何一个中国皇帝的恩惠和承认，这种可能

---

① ［清］祝淮：《新修香山县志》卷四《海防·附澳门》，道光七年（1827）刊本。

② 参见吴志良：《澳门政治发展史》，上海社会科学院出版社1999年版，第345—357页。

性已被否认，而是由于勇武的葡萄牙军队的成功"。①试图寻找出可以侵夺澳门主权的理由，逐步显现出殖民扩张的企图。

嘉庆六年（1801），澳葡当局曾经借协助清军剿捕海盗之际，向香山知县许乃来提出九点请求，遭到许乃来的拒绝。嘉庆十二年（1807），两广总督吴熊光为商谈清剿海盗事宜亲临澳门，澳葡当局又直接向吴熊光提出五款请求，内容包括放宽添建或修葺房屋的禁令、在二十五艘贸易额船之外再增加二十五艘、对澳门实重3000担以下的船只免除全部航运税、将寄碇澳门的盐船移往别处、葡人入省置货由其代禀澳门总口即可放行等。②面对这些旨在扩充葡人在贸易方面的特权、削弱清政府对澳门的管治的请求，吴熊光等人同样予以严词拒绝。嘉庆十五年（1810），澳葡再次向广东官府提出十一项请求，最终，除允准在地方官员不申理其禀呈时可直接递交广东大吏的请求外，其余各项均为澳门同知王衷驳回。③虽然葡萄牙人野心有余而实力不足，其多次提出的请求也大都遭到中国官员的严词拒绝，但通过这一系列的行为，其妄图谋取更大自治权的用心和日益的不安分已表露无遗。

二、地方官员的腐败

居澳葡人为削弱清政府在澳管治权、获取更多的自治权与各方面利益，经常会采取向中国官员行贿的方式，诱使其无法严格施行对澳门的管治，同时，广东地方官员在代表清政府对澳门施行管治的过程中，为满足一己之利而收受葡人贿赂、勒索葡人钱财的情况也时有发生。龙思泰在其《早期澳门史》一书中指出："为了维护这些有利条件，有关的商人屈从

---

① ［瑞典］龙思泰著，吴义雄等译：《早期澳门史》，东方出版社1997年版，第15页。

② 参见［美］马士著，区宗华等译：《东印度公司对华贸易编年史（1635—1834年）》第三卷，中山大学出版社1991年版，第61页。

③ ［清］梁廷枏辑：《粤海关志》卷二十九《夷商四》，台北成文出版社1968年版，第2033页。

于官员们的经常勒索，作为他们默许违犯中华帝国政令和法例的报偿。"①
正如前文所述，在清初迁海之际，葡人对中国地方官员的巨额贿赂和中国
官员在重金诱惑下的极力奏请，成为澳门最终得以免迁的主要原因。除此
之外，中国官员在对澳门施行管治时，经常会因为收受葡人的贿赂而对其
做出某种程度的让步，从而使清政府在澳门的管治权遭到一定的破坏。
"1690年，为了使香山的中国地方官员中止调查，并阻止他传唤下列人士
到他的衙门，包括两名从印度带了一些盐，和另一位带了一些从马尼拉进
口的硫磺的船长，还有打了一名中国人几个耳光的判事官和守卫部队的副
手。议事会不得不出面并送上400两银子。"②尤其是从乾隆后期开始，随
着清朝封建统治逐渐进入腐朽衰败时期，广东地方官员中贪污腐败、失职
渎职的现象也日益增多，中国官员的腐败为葡人在澳门获取更多的利益创
造了机会。

三、清政府对外政策的失误

明朝政府在自身国力强盛之时，改变传统的朝贡贸易体制，允准葡萄
牙人以交租纳税的方式赁居澳门，使澳门成为中国传统地方管理体制中的
特殊形态，这样的安排是建立在明朝统治者深思熟虑的基础之上，在完全
掌握澳门主权和管治权的前提下，显然有利用澳门特殊的地位发展对外贸
易的考虑在其中。明朝确立的管理澳门的模式为清代所继承，事实证明，
这样的模式在清代前期是正确有效的，澳葡畏于清朝强大的实力，在租居
地内尚属"守法恭顺"。但是在清朝国力盛极而衰和以英国为首的其他西
方国家对澳门的觊觎之心日显时，清朝统治者并没有采取相应的变通之
策，而是死守澳门模式，不仅在军事上没有相应增加驻澳兵力、加强前山
驻防、提高澳门的军事防御，而且在贸易上奉行一口通商的政策，逐步显
现出僵化之势，错失了通过自身的改革发展增强国力的机会。同时，明知

---

① ［瑞典］龙思泰著，吴义雄等译：《早期澳门史》，东方出版社1997年版，第
57页。

② ［瑞典］龙思泰著，吴义雄等译：《早期澳门史》，东方出版社1997年版，第
97—98页。

葡人有野心还自恃强大，在许多方面纵容其行为，包括允许其使用他们自己对澳门的称呼"Macau"等等，这都为日后澳葡抢占对澳门的管治权并将其非法管治范围扩展至整个澳门半岛及氹仔岛、路环岛等地埋下了祸根。

四、清政府条约意识的缺乏

从乾隆年间开始，清朝政府相继制订的法令条例的确对居澳葡人有一定的约束力，但却终究没有发挥出法律的严格效用。前文已经述及，乾隆十四年（1749）《澳夷善后事宜条议》第十二条，是在诸多管治澳葡的法令中，唯一一次明确述及居澳葡人的禁教问题。但即使是这唯一的一次，也仍被澳葡在将条议译成葡文时做了手脚，删去了该项内容，所以，立于议事亭中的葡文石碑上，是没有"禁设教从教"这一条的。[①]"在葡文译本中，删去了第12条，因该条禁止向中国臣民传播基督教。葡文条款，刻在一块石板上，嵌在议事亭一条走廊的墙上，与中文原本相对照，有着明显的差异，而中国官员是按照原本行事的。"[②]张甄陶在《澳门形势论》中也说："去岁丞令通详禁约，勒碑澳地，条内有不许引诱华人入教一款，必不肯从，延抗多时，后乃以番字碑立议事亭，汉字碑立县丞公署，草草了事"。[③]而且该条议订立以后，"葡人非但视为具文，并且于原界围墙之外，狡然屡试其侵逼举动。其始也则于道光八年开辟马路，一至水坑尾，一至三巴门。再见于道光二十八年，葡人又拆毁香山县丞衙署"。[④]葡人最初租居澳门，也没有任何的条约限制，没有任何的文字依据，在他们自己看来，每年向明清政府交纳地租，就获得了合法居住澳门的权利，然而，从明清政府方面而言，不过是将葡人作为怀柔的对象来看待的。这不是平

---

① ［瑞典］龙思泰著，吴义雄等译：《早期澳门史》，东方出版社1997年版，第248页。

② ［瑞典］龙思泰著，吴义雄等译：《早期澳门史》，东方出版社1997年版，第129页。

③ 张甄陶：《澳门形势论》，载《小方壶斋舆地丛钞》第九帙。

④ ［民国］黄培坤：《澳门界务争持考》叙，收入中国第一历史档案馆、澳门基金会、暨南大学古籍研究所合编：《明清时期澳门问题档案文献汇编》第六册，人民出版社1999年版，第557页。

等的国与国之间的交往，二者之间存在着明确的主从关系，正如前文所论述的，在清政府眼中，澳葡的军队相当于中国的地方武装，居澳葡人地位等同于"天朝齐民"，正是因为这种意识的长期存在，才会使清政府没有对澳葡采取更为严厉的管治措施，包括没有用条约进一步限制葡人在华的各种行为。

五、鸦片战争为葡人提供的机会

鸦片战争中清政府的失败，更是让葡萄牙人看到了攫夺殖民权益的机会。应该承认，当时的清朝政府国力是衰落了，但相对于葡萄牙来说还是有着实力上的优势的。当时澳葡当局提出的各项无理要求，遭到时任钦差大臣的两江总督耆英的拒绝。"关闸之设，系因地势扼要，并非划分界限，且设关在前，大西洋住澳在后，关闸以内，既有民庄，又有县丞衙署，未便听其拨兵扼守，应饬仍照旧章，以三巴门墙垣为界，不得逾越。"[1]马士在论及此次事件时说："澳门是中国的地方，中国的管辖权是维持着的。……事实上，澳门的地位很像一个通商口岸，中国官员掌握着财政和领土管辖权，不过稍微放松一点罢了。"[2]后来之所以没有对澳葡当局的僭越行为采取强硬措施，主要还是投鼠忌器，担心英法等国的干预。正如亚玛勒关闭中国海关关部行台、驱逐中国海关官员之后，两广总督徐广缙在其奏疏中所说："显系咪夷与之狼狈为奸，故使激怒中国，倘各师船进剿澳门，彼即乘虚可入。且咪、佛、吕宋各夷酋，皆在澳租楼居住，大兵既到，何能区分？必将群起与我为敌。况大西洋之作恶者，特哑吗嘞、陆囔两酋，余皆土夷，尚属安分。纵使战获全胜，哑酋必逃往香港，元恶既去，所余诸夷，何忍草薙禽狝？而大兵势难久住，一经撤防，仍必窜回，是以小丑而牵大局，竟难计出万全。"[3]

由乾隆中后期开始，以至道光年间，正处在中外关系变化调整，矛盾

---

[1] 文庆等纂：《筹办夷务始末》（道光朝）卷七十，台北文海出版社1970年版。
[2] ［美］马士著，张汇文等译：《中华帝国对外关系史》第一卷，上海书店出版社2000年版，第362页。
[3] 文庆等纂：《筹办夷务始末》（道光朝）卷八十，台北文海出版社1970年版。

冲突日益增长，清朝国势由盛转衰的关键时期。随着清王朝的腐朽日益加剧，统治者固守华夷观念，加之"一口通商"政策的施行，应该承认，到鸦片战争爆发时，清朝国力确实已较以往大为削弱，但如果仅仅是对付葡萄牙人，清政府还是有足够实力的，是鸦片战争为葡人提供了一个可以追随英法等列强、趁火打劫的机会。如果不是因为其他国家的介入，之前葡人任何的不安分、任何扩大自治权的企图和逾矩行为都不足以形成鸦片战争后抢夺对澳门管治权的充分实力。

结 语

（一）

　　清朝初期，面对葡人租住澳门已近百年这一现实，清政府采取的举措是承认澳门租居地的性质，在保证掌握其全面管治权的前提下，对其特殊地位和作用加以有效利用。在严格规范了澳葡当局的管理范围并制订了葡人必须恪守的禁约之后，清政府已经能够确保将澳门完全置于监督和管理之下，仅仅是允许葡人租澳暂居，对于澳门主权不会有丝毫的影响。而且，澳门是东西方贸易的重要转口港，是中西科技文明的汇合处，外国来华人员或涉外事件，大都先以澳门为暂时停留地，在此经过初步考察和处理之后，再决定是否可以入境，在乾隆年间确立"一口通商"的政策之后，澳门更是以广州外港的身份发挥着特殊而重要的作用，清朝政府在澳门问题上维持前朝开创的局面，显然有继续利用澳门特殊地位和作用的考虑在其中。

　　张汝霖在为《澳门记略》作序时称："顾自濠镜开市以还，二百余岁间，大事修戎，小事修刑"。[①]居澳葡人想方设法试图加强在澳自治权，清朝政府则以立法为主、军事管治为辅，反对葡人擅自扩大自治范围，根据不断涌现的新问题，随时制订和完善治澳法规，作为澳葡进行各项活动的规范性指引。清朝政府奉行"怀柔远夷"的政策，在管治澳葡的过程中体现出大国的宽容。考虑到葡人宗教信仰与风俗习惯的不同，允许其在租居地内享有一定程度的自治。在厉行禁教时，葡人在澳门自习其教不禁。在司法方面，也对澳葡做出一定的让步。正如张甄陶所言："制夷之法，惟

---

　　① 印光任、张汝霖著，赵春晨校注：《澳门记略校注》，澳门文化司署1992年版，第12页。

在灼见其情，凡官司与通事、行商当下澳之时，以内地之无利于夷人，而夷人之仰命于内地，与夫怀柔优渥，比诸番悬倍之处，略为宣示，则彼之气索伎穷，自然帖耳受制。而又严缉内地住澳人民，勿使侵盗喧哄。小事用夷法，勿与深求，大案执国法，断无轻纵，则恩威兼尽，澳夷永永相安矣。"①

（二）

清朝中央政府和地方官员都十分重视并及时处理有关澳门的事务，澳葡则一再表示谦恭以求继续在澳赁居，双方对于中国政府拥有在澳门的主权和管治权是没有任何异议的。

当然，澳葡表现出恭顺的态度，也是其自身生存的需要。因为双方实力悬殊，葡人无法与强大的中华帝国相抗衡，所以只能接受管治。只是澳葡当局有时会采取阳奉阴违、敷衍塞责的手段来应付明清政府，许多事件的处理和指令的贯彻执行，往往需要中国官员反复催促、三令五申之后才真正得以解决。可以说，明清政府对澳门管治权的行使并不是十分顺利的，葡萄牙人从进入澳门的那一刻起，就不是抱着"租居"的目的，他们对澳门主权的觊觎从未停止过。只是，每当澳葡有任何危及中国主权的僭越行为时，明清政府会立即予以反击，不断加强对澳门的管治，所以尽管葡人一再试图摆脱明清政府的监管，企图对澳门实行殖民统治，但在鸦片战争之前，其阴谋却并未得逞。明清政府"由于明知特许其内部的有限自治潜藏着可能发展为占地立国的危险性，所以一直有严格的军政措施对此作了有效的遏止与防制"。②从乾隆朝开始，清朝政府对澳门的管治明显较前期加强，法律条令大多在此时制订，在这之前的法令是明朝时制订的，而清代管治澳门的法令则是从乾隆时期开始制订颁行的。乾隆九年（1744）设立澳门海防军民同知、香山县丞移驻澳门，这些专责澳务官员的设置说明朝廷对澳门问题的越发重视，是加强对澳管治的重要表现。至

---

① 张甄陶：《制驭澳夷论》，载《小方壶斋舆地丛钞》第九帙。
② 谭世宝：《澳门历史文化探真》，中华书局2006年版，第532页。

此，清朝政府对澳门的管理体制趋于完备。虽然自乾隆年间开始，葡人较以往更加地不安分，企图获得更大的权利，但清政府也是从这一时期开始加强了对澳门的管理，各项法令措施的颁布执行，并没有给澳葡太多扩张权益的机会，最终丧失对澳门的管治权，是由当时的内外诸因素造成的，特别是鸦片战争为葡人提供的机会，使其可以依附于英法等国之后，逐步夺取了对澳门的管治权。

（三）

美国学者马士在其著名的《东印度公司对华贸易编年史（1635—1834年）》一书中明确指出："葡萄牙人经过了在中国沿岸的畅旺贸易时期之后，他们获准定居澳门。他们是在中国的管辖权之下生活的。葡萄牙人在管辖他们自己国籍的人员方面，通常是不会受到干预的；至于其它方面，如管辖权，领土权，司法权及财政权等，中国是保持其绝对权力的，这种情况继续达三个世纪之久，直至1849年时为止。"①1849年之后，中国政府无法行使具体的管辖和治理澳门的权力，但是澳门的主权包括领土权一直未有丧失。1887年，清廷与葡萄牙签署《中葡和好通商条约》，这一规定澳门为葡国"永驻管理"的地方的不平等条约，也只是允准葡萄牙管理澳门而不得将其任意转让。至1928年，《中葡和好通商条约》期满失效，双方签署《中葡友好通商条约》，此时的葡萄牙人在法理上已不再拥有"永居管理"澳门的权力。1979年中葡建交，双方对澳门问题达成协议，葡方确认澳门只是葡萄牙管理下的中国领土。②

根据《中华人民共和国澳门特别行政区基本法》中的规定："一九八七年四月十三日，中葡两国政府签署了关于澳门问题的联合声明，确认中华人民共和国政府于一九九九年十二月二十日恢复对澳门行使主权，从而实现了长期以来中国人民收回澳门的共同愿望。"澳门自古以

---

① ［美］马士著，区宗华等译：《东印度公司对华贸易编年史（1635—1834年）》第一卷，中山大学出版社1991年版，第9页。

② 刘泽生：《回归十年澳门研究的回顾与思考——以澳门历史研究为中心》，《广东社会科学》2009年第6期，第6页。

来就是中国的领土，即中国自古以来就拥有对澳门的包括领土权、统治权在内的主权。从中也可以看出，中葡两国于1987年签署的《关于澳门问题的联合声明》，使用的措辞是"对澳门恢复行使主权"，这说明国家对澳门的主权包括领土管辖权、统治权从来没有丧失，只是在1849年之后无法行使管治澳门的权力，这种管治更多的是对具体事务的治理。1999年，中国政府恢复对澳门行使主权，是包括管治权在内的完整主权，这是中国政府对澳门恢复行使主权的内在而完整的界定。清政府对澳门从充分行使管治权到管治权逐步丧失的史实能够从正反两方面体现中国政府在澳门行使主权和全面管治权的重要意义，能够为依法行使对澳门的管治权提供有效学理支撑。历史证明，澳门的主权和管治权均属于国家所有，二者不是分离的，也不是非此即彼的关系，而是完全统一的。

附 录

1. 清朝官员沿革年表

1.1 1646—1849年清朝历任香山知县人员年表[①]

年代	姓名	年代	姓名
顺治三年（1646）	刘起凤	康熙三十一年（1692）	陈常
顺治八年（1651）	张令宪	康熙三十四年（1695）	俞尧
顺治十二年（1655）	沈兰	康熙三十七年（1698）	李月林
顺治十四年（1657）	胡戴仁	康熙四十年（1701）	庞嗣焜
康熙二年（1663）	姚启圣	康熙四十九年（1710）	邱鈐，陈廷纶（署）
康熙七年（1668）	曹文熷	康熙五十一年（1712）	邱鈐，姚炳坤，陈应吉
康熙十年（1671）	申良翰	康熙五十三年（1714）	陈应吉
康熙十七年（1678）	卞三魁	康熙六十一年（1722）	余庆锡
康熙十九年（1680）	邵廷仪	雍正四年（1726）	张象乾
康熙二十三年（1684）	欧阳梦麟	雍正五年（1727）	陈栋
康熙二十七年（1688）	劳可式	雍正八年（1730）	黄图

① 此表据《新修香山县志》卷三《职官表》、光绪《香山县志》卷一〇《职官表》、《明清时期澳门问题档案文献汇编》、《葡萄牙东波塔档案馆藏清代澳门中文档案汇编》作成。

（续上表）

年代	姓名	年代	姓名
雍正十年（1732）	鲁遐龄，舒均	乾隆二十一年（1756）	彭科
雍正十三年（1735）	舒均（署），王秉运，李景厚	乾隆二十二年（1757）	彭科，鲁楷
乾隆五年（1740）	李景厚	乾隆二十三年（1758）	鲁楷，王墅[1]（兼理）
乾隆六年（1741）	王植	乾隆二十四年（1759）	姜山，裴镶（兼理）
乾隆七年（1742）	江日暄[2]	乾隆二十八年（1763）	鲁楷，江毓圻（署）
乾隆八年（1743）	王之正	乾隆二十九年（1764）	鲁楷，常□（署），殷□（署）
乾隆九年（1744）	王之正（署），江日暄	乾隆三十年（1765）	杨楚枝
乾隆十年（1745）	江日暄	乾隆三十二年（1767）	张德洄（署）
乾隆十一年（1746）	张汝霖	乾隆三十三年（1768）	宋锦（兼理），蒋曾炘
乾隆十三年（1748）	暴煜	乾隆三十六年（1771）	蒋曾炘，张昌（署）
乾隆十五年（1750）	张甄陶（署）	乾隆三十七年（1772）	富森布
乾隆十六年（1751）	张甄陶（署），彭科	乾隆三十八年（1773）	富森布（署），史易（署），俞亦临（署）
乾隆十七年（1752）	彭科	乾隆三十九年（1774）	孟永菜
乾隆十八年（1753）	王永熙（署）	乾隆四十年（1775）	洪煦（代理），杨椿（署）
乾隆十九年（1754）	彭科	乾隆四十一年（1776）	杨椿
乾隆二十年（1755）	赵廷宾（署）	乾隆四十四年（1779）	吴光祖

---

① 据光绪《香山县志》卷一〇《职官表》，王墅于乾隆二十二年（1757）兼理香山知县。然而，据《新修香山县志》卷三《职官表》，于乾隆二十三年（1758）兼理，此处存疑。

② 《新修香山县志》卷三《职官表》和光绪《香山县志》卷一〇《职官表》中，乾隆七年（1742）任香山知县的为汪日暄。然而，据薛韫《澳门记》和《葡萄牙东波塔档案馆藏清代澳门中文档案汇编》第1454件，均载此年知县为江日暄，此处以档案所记为准。

（续上表）

年代	姓名	年代	姓名
乾隆四十九年（1784）	吴光祖、李秉仁	嘉庆十七年（1812）	郑承雯（署），彭昭麟
乾隆五十年（1785）	李秉仁	嘉庆十八年（1813）	彭昭麟，舒懋官（署）
乾隆五十一年（1786）	侯学诗（代理），彭鼒	嘉庆十九年（1814）	张其修（署），马德滋
乾隆五十二年（1787）	彭鼒	嘉庆二十一年（1816）	马德滋，朱振声（代理），舒懋官
乾隆五十五年（1790）	彭鼒，许敦元	嘉庆二十二年（1817）	马德滋，舒懋官，钟英（兼理）
乾隆五十八年（1793）	许敦元，彭鼒	嘉庆二十三年（1818）	钟英（署），吴文照
乾隆五十九年（1794）	许敦元，董凤鸣，李德舆，查，何青（代理），赵□（代理）	嘉庆二十四年（1819）	吴文照
乾隆六十年（1795）	李德舆	嘉庆二十五年（1820）	宋如楠（署）
嘉庆二年（1797）	尧茂德（署）	道光二年（1822）	金锡鬯（兼理），冯晋恩（署）
嘉庆三年（1798）	尧茂德	道光三年（1823）	冯晋恩（署），周绍蕙（署）
嘉庆四年（1799）	许乃来	道光四年（1824）	蔡梦麟
嘉庆八年（1803）	杨时行（署），金毓奇	道光六年（1826）	蔡梦麟，祝淮
嘉庆九年（1804）	金毓奇，狄尚絅（代理），彭昭麟	（年次无考）	李承先
嘉庆十年（1805）	彭昭麟	道光十年（1830）	刘开域
嘉庆十五年（1810）	彭昭麟，郑承雯（署）	（年次无考）	保滴

（续上表）

年代	姓名	年代	姓名
道光十四年（1834）	田溥	道光二十年（1840）	吴思树（署）
道光十五年（1835）	田溥、叶承基	道光二十一年（1841）	徐瀛
道光十六年（1836）	许炳（署）	道光二十三年（1843）	陆孙鼎
道光十八年（1838）	三福	道光二十八年（1848）	郭超凡（署）

1.2 1646—1849年清朝历任香山县丞人员年表①

年代	姓名	年代	姓名
顺治三年（1646）	刘邦彦	乾隆十六年（1751）	沈文焕
顺治八年（1651）	刘鼎	乾隆二十年（1755）	冯沛霖
顺治十二年（1655）	冯祖快	乾隆二十一年（1756）	胡□
康熙四年（1665）	李延榘	乾隆二十二年（1757）	王祖英
康熙八年（1669）	王祚贞	乾隆二十九年（1764）	薛天衢
康熙十五年（1676）	万世华	乾隆三十年（1765）	兴圣让
康熙十九年（1680）	郑爱民	乾隆三十三年（1768）	孟廷瑛
康熙二十九年（1690）	邱浚	乾隆三十五年（1770）	徐梦麟
康熙三十七年（1698）	任汉儒	乾隆四十年（1775）	戴秉鉴（署）
雍正九年（1731）	朱念高	乾隆四十一年（1776）	查潜
乾隆六年（1741）	喻（署）	乾隆四十二年（1777）	黄（署），夏家瑜
乾隆七年（1742）	朱念高	乾隆四十三年（1778）	查潜
乾隆十年（1745）	顾嵩	乾隆四十五年（1780）	刘（署），查潜
乾隆十五年（1750）	黄冕	乾隆四十六年（1781）	查潜

---

① 此表据《新修香山县志》卷三《职官表》、光绪《香山县志》卷一〇《职官表》、《明清时期澳门问题档案文献汇编》、《葡萄牙东波塔档案馆藏清代澳门中文档案汇编》作成。

（续上表）

年代	姓名	年代	姓名
乾隆四十七年（1782）	周克达	嘉庆十六年（1811）	周飞鸿（署），李（署）
乾隆五十六年（1791）	贾奕曾	嘉庆十七年（1812）	潘世纶，顾（署），周飞鸿
乾隆五十七年（1792）	贾奕曾，朱鸣和	嘉庆十八年（1813）	周飞鸿
乾隆五十八年（1793）	朱鸣和	嘉庆二十一年（1816）	刘，周飞鸿
乾隆五十九年（1794）	丁观国（署），贾奕曾	嘉庆二十二年（1817）	周飞鸿
乾隆六十年（1795）	王朝彦（署），黎（署），贾奕曾	嘉庆二十五年（1820）	常应魁
嘉庆元年（1796）	贾奕曾	道光三年（1823）	邵（署），葛景熊
嘉庆二年（1797）	贾奕曾，吴兆晋	道光四年（1824）	葛景熊
嘉庆三年（1798）	吴兆晋	道光七年（1827）	沈继祖（署）
嘉庆四年（1799）	迟（署）	道光八年（1828）	冯卓立（署）
嘉庆五年（1800）	吴兆晋，王峤（署）	道光九年（1829）	严绍陵（署）
嘉庆八年（1803）	吴兆晋，李凌翰（署）	道光十年（1830）	葛景熊（复任）
嘉庆十年（1805）	吴兆晋	道光十一年（1831）	朱静涵，沈继祖（复署）
嘉庆十三年（1808）	吴兆晋，郑（署）	道光十二年（1832）	葛景熊（复任）
嘉庆十四年（1809）	郑（署），姜衷	道光十三年（1833）	孔昭光（兼理），罗江（代理），杨昭道（代理）
嘉庆十五年（1810）	姜衷，潘世纶	道光十五年（1835）	金天泽（署）

（续上表）

年代	姓名	年代	姓名
道光十七年（1837）	彭邦晦（署）	道光二十三年（1843）	张裕（特授）
道光二十年（1840）	汤聘三，杨维善	道光二十六年（1846）	汪政（署）
道光二十一年（1841）	张裕（署）	道光二十九年（1849）	汪政

1.3　1744—1849年清朝历任澳门同知人员年表①

年代	姓名	年代	姓名
乾隆九年（1744）	印光任	乾隆三十年（1765）	平圣台
乾隆十一年（1746）	张汝霖（署）	乾隆三十二年（1767）	平圣台，杨（署），林（署），李（署）
乾隆十二年（1747）	张薰	乾隆三十六年（1771）	曾萼
乾隆十三年（1748）	张汝霖	乾隆三十八年（1773）	陶世凤
乾隆十五年（1750）	王朝俊	乾隆三十九年（1774）	宋清源
乾隆十九年（1754）	魏绾	乾隆四十二年（1777）	观（署）
乾隆二十三年（1758）	魏绾，裴镶（署）	乾隆四十三年（1778）	陈景埙
乾隆二十四年（1759）	裴镶（署），许良臣	乾隆四十五年（1780）	陈景埙，王（署）
乾隆二十五年（1760）	许良臣	乾隆四十六年（1781）	多庆
乾隆二十六年（1761）	图尔兵阿	乾隆五十年（1785）	陈新槐
乾隆二十八年（1763）	殷长立（署）	乾隆五十二年（1787）	刘（署）

---

①　此表据《新修香山县志》卷三《职官表》、光绪《香山县志》卷一〇《职官表》、《明清时期澳门问题档案文献汇编》、《葡萄牙东波塔档案馆藏清代澳门中文档案汇编》作成。

（续上表）

年代	姓名	年代	姓名
乾隆五十三年（1788）	侯学诗	嘉庆八年（1803）	丁如玉，叶慧业（摄理）
乾隆五十六年（1791）	许永（署）	嘉庆九年（1804）	叶慧业（摄理），邹（署）
乾隆五十七年（1792）	许永（署），段（署），韦协中，余作沛（署）	嘉庆十年（1805）	宋（署），彭选（署），王衷
乾隆五十八年（1793）	余作沛（署），韦协中	嘉庆十一年（1806）	王衷，嵩（署）
乾隆五十九年（1794）	吴（署），杜（署），李德舆（署）	嘉庆十二年（1807）	王衷，嵩（署），熊邦翰（署）
乾隆六十年（1795）	李德舆（署），韦协中，史藻（署）	嘉庆十三年（1808）	熊邦翰（署）
嘉庆二年（1797）	翟（署），丁如玉	嘉庆十四年（1809）	熊邦翰（署），周（署），朱庭桂（署）
嘉庆三年（1798）	吴（署），丁如玉	嘉庆十五年（1810）	王衷，朱庭桂（署）
嘉庆四年（1799）	丁如玉	嘉庆十六年（1811）	辛（署），马澎
嘉庆五年（1800）	丁如玉，三多（署）	嘉庆十七年（1812）	马澎，杨丕树（署），吉（署）
嘉庆六年（1801）	吴（署），丁如玉，三多（署）	嘉庆十八年（1813）	周祚熙（署），李沄（署）
嘉庆七年（1802）	吴（署），丁如玉	嘉庆十九年（1814）	官德（署），梁（署），马德滋（署）

（续上表）

年代	姓名	年代	姓名
嘉庆二十年（1815）	刘星薰，马德滋（署）	道光十年（1830）	顾远承
嘉庆二十一年（1816）	李沄（署），彭（代理），马德滋（兼理），朱庭桂（署），钟英	道光十二年（1832）	陈元灏（署）
嘉庆二十二年（1817）	钟英	道光十三年（1833）	胡承光
嘉庆二十三年（1818）	钟英，司（署），李（署）	道光十四年（1834）	胡承光（署）
嘉庆二十四年（1819）	顾远承	道光十六年（1836）	马士龙（署）
嘉庆二十五年（1820）	邬正淞	道光十七年（1837）	朱廷桂（署）
道光元年（1821）	钟英	道光十八年（1838）	胡承光（复任）
道光二年（1822）	金锡鬯（署）	道光十九年（1839）	蒋立昂（署）
道光五年（1825）	金锡鬯（署），邬正淞，顾远承（坐补原缺）	道光二十一年（1841）	谢牧之（署）
道光六年（1826）	冯晋恩（代理），顾远承	道光二十四年（1844）	谢牧之（署），吉泰
道光七年（1827）	孙昌颖（代理），鹿亢宗（署）	道光二十六年（1846）	吉泰
道光八年（1828）	顾远承	道光二十八年（1848）	陆孙鼎
道光九年（1829）	郭际清（署）	道光二十九年（1849）	彭邦晦（代理），英浚（署）

1.4 1685—1849年清朝历任粤海关监督及1756—1837年澳门关部行台旗员防御人员年表^①

年代	粤海关监督	澳关委员
康熙二十四年（1685）	宜尔格图	
康熙二十六年（1687）	观音保	
康熙二十八年（1689）	舒恕	
康熙二十九年（1690）	李杰	
康熙三十年（1691）	龚翔麟	
康熙三十一年（1692）	陈学夔	
康熙三十二年（1693）	黑色	
康熙三十三年（1694）	沙里布	
康熙三十四年（1695）	谢云从	
康熙三十五年（1696）	马云祥	
康熙三十六年（1697）	吴礼善	
康熙三十七年（1698）	黑申	
康熙三十八年（1699）	索尔弼	
康熙三十九年（1700）	萨哈连	
康熙四十年（1701）	费扬古	
康熙四十一年（1702）	海寿	
康熙四十二年（1703）	孙文成	
康熙四十三年（1704）	安泰	
康熙四十四年（1705）	卓佛和	
康熙四十五年（1706）	德政	

① 此表据《粤海关志》卷七《设官·职官表》（第467—529页）、《葡萄牙东波塔档案馆藏清代澳门中文档案汇编》作成。

（续上表）

年代	粤海关监督	澳关委员
康熙四十七年（1708）	常索	
康熙四十八年（1709）	查尔布	
康熙四十九年（1710）	李国屏	
康熙五十年（1711）	纪赛	
康熙五十一年（1712）	巴赖	
康熙五十三年（1714）	韩楚汉	
康熙五十四年（1715）	哈尔金	
康熙五十六年（1717）	明德	
康熙五十七年（1718）	观音保	
康熙五十八年（1719）	马泰	
康熙五十九年（1720）	傅德	
康熙六十年（1721）	五十一	
康熙六十一年（1722）	萨克素	
雍正元年（1723）	那山（缺裁归巡抚）	
雍正二年（1724）	年希尧（元年任巡抚，二年兼任）	
雍正三年（1725）	杨文乾（巡抚兼任）	
雍正六年（1728）	杨文乾（兼任）复设监督	
雍正七年（1729）	祖秉圭	
雍正十年（1732）	毛克明（八月以广州城守副将任，十一月又设副监督一人）	

（续上表）

年代	粤海关监督	澳关委员
雍正十三年（1735）	郑五赛（以副监督任，副监督缺裁）	
乾隆四年（1739）	王安国（六月裁缺，归巡抚，王以巡抚兼任）	
乾隆六年（1741）	朱叔权（十一月改归督粮道，朱以督粮道兼任）	
乾隆七年（1742）	伊拉齐（十月复设监督）	
乾隆八年（1743）	策楞（四月缺裁，策楞以将军兼任）	
乾隆十年（1745）	准泰（以巡抚兼任）	
乾隆十三年（1748）	岳浚（十三年七月改归巡抚，岳以巡抚兼任）	
乾隆十五年（1750）	苏昌（三月改归巡抚，苏昌以巡抚兼任，六月复设监督）、唐英	
乾隆十六年（1751）	李永标	
乾隆二十一年（1756）	李永标	杨
乾隆二十四年（1759）	李永标、尤拔世（十月任）	
乾隆二十八年（1763）	方体浴（二十八年九月任）	
乾隆二十九年（1764）	方体浴（二十九年四月任）	
乾隆三十一年（1766）	方体浴、德魁（三十一年九月任）	
乾隆三十九年（1774）	李文照（三十九年三月任）、德魁（是年九月再任）	
乾隆四十一年（1776）	德魁	伊
乾隆四十三年（1778）	图明阿（四十三年二月任）	
乾隆四十五年（1780）	图明阿	泰
乾隆四十六年（1781）	伊龄阿（四十六年三月任）、李质颖（是年四月任）	

（续上表）

年代	粤海关监督	澳关委员
乾隆四十九年（1784）	穆腾额（四十九年正月任）	
乾隆五十一年（1786）	穆腾额（五十一年正月任）、佛宁（是年十一月任）	黑达色
乾隆五十二年（1787）	佛宁	兴家保
乾隆五十三年（1788）	佛宁	翰章阿
乾隆五十四年（1789）	佛宁、图萨布（是年闰五月巡抚署任）、善德（是年六月将军署任）、额尔登布（是年七月任）	金源
乾隆五十五年（1790）	额尔登布、郭世勋（是年五月巡抚署任）、额尔登布（是年十月任）	萧永林
乾隆五十六年（1791）	额尔登布、郭世勋（是年九月巡抚署任）、盛住（是年十二月任）	萧声远
乾隆五十七年（1792）	盛住	倪广泰
乾隆五十八年（1793）	盛住、福昌（五十八年七月将军署任）、苏楞额（是年八月任）	王锜瑞、王文辅
乾隆五十九年（1794）	舒玺（五十九年十月任）	张玉
乾隆六十年（1795）	舒玺	张玉、罗锦
嘉庆元年（1796）	书鲁（嘉庆元年八月任）	萧声远
嘉庆二年（1797）	书鲁、常福（二年六月任）	萧声远、钟溥泽
嘉庆三年（1798）	常福	李培滔
嘉庆四年（1799）	佶山（四年八月任）	海兴
嘉庆五年（1800）	佶山	赏纳哈
嘉庆六年（1801）	三义助（六年十月任）	赏纳哈
嘉庆七年（1802）	三义助	伊
嘉庆八年（1803）	三义助	套住
嘉庆九年（1804）	延丰（九年七月任）	金源

（续上表）

年代	粤海关监督	澳关委员
嘉庆十年（1805）	阿克当阿（十年十一月任）	金源、胡湛
嘉庆十一年（1806）	阿克当阿	胡湛、曾成龙
嘉庆十二年（1807）	常显（十二年八月任）	曾成龙、李璋
嘉庆十三年（1808）	常显	李璋、六十八
嘉庆十四年（1809）	常显（十四年九月任）	
嘉庆十五年（1810）	常显	魁宁
嘉庆十六年（1811）	德庆（十六年四月任）	万仕耀、汪旭耀
嘉庆十七年（1812）	德庆	汪旭耀
嘉庆十八年（1813）	德庆、祥绍（十八年七月任）	菩萨保
嘉庆十九年（1814）	祥绍	菩萨保、李璋
嘉庆二十年（1815）	祥绍	李璋、乌林岱
嘉庆二十一年（1816）	祥绍	广亮
嘉庆二十二年（1817）	祥绍	京金
嘉庆二十三年（1818）	阿尔邦阿（二十三年七月任）	董明文、兴瑞
嘉庆二十四年（1819）	阿尔邦阿	蔡琦
嘉庆二十五年（1820）	阿尔邦阿	杨承雯
道光元年（1821）	达三（道光元年九月任）	章世型
道光二年（1822）	达三（二年闰三月任）	章世型、兴瑞
道光三年（1823）	达三	杨承雯
道光四年（1824）	达三、七十四（四年三月任）	文通
道光五年（1825）	达三（五年八月任）	吉拉明阿
道光六年（1826）	文连（六年十二月任）	吉拉明阿、章世型
道光七年（1827）	文连	余清华

（续上表）

年代	粤海关监督	澳关委员
道光八年（1828）	延隆（八年二月任）	
道光九年（1829）	中祥（九年十一月任）	
道光十年（1830）	中祥	钟承武
道光十三年（1833）	中祥	兴林
道光十四年（1834）	彭年（十四年八月任）	
道光十五年（1835）	彭年	杨承雯
道光十六年（1836）	文祥（十六年三月任）	
道光十七年（1837）	文祥	徐怀懋
道光十八年（1838）	豫堃（十八年五月任）	
道光二十四年（1844）	文丰	
道光二十九年（1849）	基溥	

2. 1849年以前清朝高级官员对澳门的巡视①

年代	官员	巡视内容	资料来源	备注
康熙元年（1662）	平南王尚可喜	时值迁海之际，"王勘界至香山濠镜澳"	尹源进：《平南王元功垂范》卷下，《请定澳彝去留》	澳门得以免迁，与尚可喜等人为澳葡请命有一定关系
康熙二十一年（1682）	两广总督吴兴祚		吴兴祚：《留村诗钞》	上任伊始即赴澳巡阅

---

① 此表参照黄启臣《清政府官员巡视澳门事例表》（载《澳门通史》，广东教育出版社1999年版，第229—230页），并参考章文钦《明清时代中国高级官员对澳门的巡视》（载《澳门历史文化》，中华书局1999年版，第4—31页）作成。

（续上表）

年代	官员	巡视内容	资料来源	备注
康熙二十三年（1684）	钦差石柱两广总督吴兴祚	与朝廷开放海禁、撤销迁界令有关	吴兴祚：《留村诗钞》	
康熙二十三年（1684）	钦差杜臻广东巡抚李士桢	宣布开放澳门海外贸易	杜臻：《粤闽巡视纪略》卷二	
康熙二十四年（1685）	广南韶道劳之辨粤海关满监督宣尔格图、汉监督成克大	开海贸易之后，朝廷设立粤海关澳门总口	钱仪吉编：《碑传集》卷二〇	
康熙五十一年（1712）	广东巡抚满丕	谕令澳葡安分守法、训诫驻澳副将等员	《明清时期澳门问题档案文献汇编》第一册	
康熙五十六年（1717）	两广总督杨琳广州将军管源忠广东巡抚法海	与清政府禁止中国商船往南洋贸易有关	《康熙朝汉文朱批奏折汇编》第七册	禁止商船出贸南洋，澳葡因系夷人不禁，但不得夹带华人，违者治罪
雍正三年（1725）	两广总督孔毓珣	查看海道，查验炮台	《明清时期澳门问题档案文献汇编》第一册	
雍正八年（1730）	署广东巡抚傅泰	查勘澳门情形	《雍正朝汉文朱批奏折汇编》第18册	奏请"添设香山县县丞一员，驻扎前山寨城，就近点查澳内居民保甲，稽查奸匪，盘验船只"

（续上表）

年代	官员	巡视内容	资料来源	备注
雍正八年十二月（1731年1月）	广东观风整俗使焦祈年	向澳葡宣谕朝廷之德化，饬令葡人遵守中国之法度	焦祈年：《巡视澳门记》，收入郝玉麟：雍正《广东通志》卷六二，《艺文志四》	
乾隆十年（1745）	分巡广南韶连道薛韫	查访澳夷户口，巡视西洋教堂和炮台	薛韫：《澳门记》，收入《澳门记略》上卷，《形势篇》	澳门海防的重要性和特殊性日益引起清朝政府的重视
乾隆五十五年（1790）	两广总督福康安	校阅驻扎澳门及其附近的中国官兵	张伟仁主编：《明清档案》第256册	
乾隆五十七年（1792）	粤海关监督盛住	稽查澳门各税口税务，严饬家丁、书役守法奉公	《明清时期澳门问题档案文献汇编》第一册	
嘉庆十二年（1807）	两广总督吴熊光	与李长庚商谈清剿海盗事宜	梁廷枏：《粤海关志》卷二十九，《夷商四》	
嘉庆十三年（1808）	两广总督吴熊光	视察海盗问题	钱仪吉编：《碑传集》卷一二二	
嘉庆十四年（1809）	广东巡抚署两广总督韩崶	查看形势，酌拟防范章程	卢坤等：《广东海防汇览》卷三一，《方略二〇·炮台一》	奏请增筑澳门炮台
嘉庆十四年（1809）	两广总督百龄	将澳门各处炮台及要隘形势详加履勘，点查澳门蕃户丁口	《清代外交史料》（嘉庆朝）第三册	奏请设立前山专营，拟定《民夷交易章程》

（续上表）

年代	官员	巡视内容	资料来源	备注
嘉庆十六年（1811）	两广总督松筠	查勘澳门海口及各处炮台，宣谕朝廷严行查禁鸦片之旨令	《清代外交史料》（嘉庆朝）第三册	
嘉庆二十二年（1817）	两广总督蒋攸铦	"查察全部葡萄牙炮台及其各地，看该处是否有任何弊端"	马士：《东印度公司对华贸易编年史（1635—1834年）》第三卷	与清政府严行查禁天主教事宜有关
嘉庆二十二年十二月（1818年1月）	两广总督阮元	与澳门海防有关	阮元：《研经室集·诗集》卷十一	
道光十四年（1834）	两广总督卢坤广东巡抚祁𡎴	校阅营伍，细查澳内情形，查勘澳门炮台	《筹办夷务始末补遗》（道光朝）第二册	
道光十四年（1834）	广东水师提督关天培	查勘澳门海防，整饬水师营务	关天培：《筹海初集》卷一	
道光十九年（1839）	钦差大臣两江总督林则徐两广总督邓廷桢	点查澳内华夷户口，宣谕朝廷禁烟旨令，查禁澳门鸦片贩运	《林则徐集·奏稿》中册	

参考文献

（一）古籍与档案文献

1. 《清实录》，北京：中华书局，1985—1987年影印本。

2. 《明实录》，台北："中央研究院"历史语言研究所，1962年校印本。

3. ［汉］班固撰，［唐］颜师古注：《汉书》，北京：中华书局，1962年版。

4. ［明］张燮：《东西洋考》，北京：中华书局，1981年版。

5. ［明］罗曰褧，余思黎点校：《咸宾录》，北京：中华书局，2000年版。

6. ［明］黄省曾：《西洋朝贡典录》，北京：中华书局，1982年版。

7. ［明］巩珍著，向达校注：《西洋番国志》，北京：中华书局，1961年版。

8. ［明］霍与瑕：《霍勉斋集》，桂林：广西师范大学出版社，2014年版。

9. ［明］王士性撰，吕景琳点校：《广志绎》，北京：中华书局，1981年版。

10. ［明］王临亨：《粤剑编》，南京：江苏广陵古籍刻印社，1987年版。

11. ［明］陈子龙等辑：《皇明经世文编》，续修四库全书本。

12. ［明］严从简著，余思黎点校：《殊域周咨录》，北京：中华书局，1993年版。

13. ［明］顾炎武：《天下郡国利病书》，四库全书存目丛书本。

14. ［明］沈德符：《万历野获编》，北京：中华书局，1959年版。

15. ［明］叶权、王临亨、李中复：《贤博编》，北京：中华书局，1987年版。

16. ［明］郭棐撰，黄国声、邓贵忠点校：《粤大记》，广州：中山大学出版社，1998年版。

17. ［明］郭棐纂修：万历《广东通志》，四库全书存目丛书本。

18. ［清］郝玉麟修，鲁曾煜撰：雍正《广东通志》，文渊阁四库全书本。

19. ［清］阮元修，陈昌齐撰：道光《广东通志》，道光二年刻本。

20. ［清］张嗣衍：乾隆《广州府志》，清乾隆刊本。

21. ［清］史澄：光绪《广州府志》，光绪五年刻本。

22. ［清］申良翰：康熙《香山县志》，1958年广东省中山图书馆油印本。

23. ［清］暴煜：乾隆《香山县志》，乾隆十五年刊本。

24. ［清］祝淮：《新修香山县志》，道光七年刊本。

25. ［清］田明曜：光绪《香山县志》，续修四库全书本。

26. ［清］卢坤、邓廷桢主编：《广东海防汇览》，清道光刊本。

27. ［清］谷应泰：《明史纪事本末》，北京：中华书局，1977年版。

28. ［清］顾祖禹撰，贺次君、施和金点校：《读史方舆纪要》，北京：中华书局，2005年版。

29. ［清］王大海著，姚楠、吴琅璇校注：《海岛逸志》，香港：学津书店，1992年版。

30. ［清］崑冈等修：《钦定大清会典事例》，续修四库全书本。

31. ［清］王锡祺编：《小方壶斋舆地丛钞》第九帙，光绪十七年上海著易堂铅印本。

32. ［清］梁廷枏著，邵循正点校：《夷氛闻记》，北京：中华书局，1959年版。

33. ［清］林则徐：《林文忠公政书》，台北：文海出版社，1967年版。

34. ［清］梁廷枏等纂：《粤海关志》，台北：成文出版社，1968年版。

35. ［清］张廷玉等：《明史》，北京：中华书局，1974年版。

36. ［清］林则徐著，中国历史研究社编：《信及录》，上海：上海书店出版社，1982年版。

37. ［清］李圭：《鸦片事略》，上海：上海书店出版社，1982年版。

38. ［清］王士禛撰，勒斯仁点校：《池北偶谈》，北京：中华书局，1982年版。

39. ［清］江日昇撰：《台湾外记》，福州：福建人民出版社，1983年版。

40. ［清］魏源撰，韩锡铎、孙文良点校：《圣武记》，北京：中华书局，1984年版。

41. ［清］屈大均撰：《广东新语》，北京：中华书局，1985年版。

42. ［清］王之春撰，赵春晨点校：《清朝柔远记》，北京：中华书局，1989年版。

43．［清］魏源：《海国图志》，长沙：岳麓书社，1998年版。

44．［民国］厉式金：《香山县志续编》，民国十二年刻本。

45．［民国］陈沂：《澳门》，民国五年刻本。

46．王先谦：《东华续录》，续修四库全书本。

47．中山大学历史系中国近代现代史教研组、研究室编：《林则徐集·日记》，北京：中华书局，1962年版。

48．中山大学历史系中国近代现代史教研组、研究室编：《林则徐集·公牍》，北京：中华书局，1963年版。

49．中山大学历史系中国近代现代史教研组、研究室编：《林则徐集·奏稿》，北京：中华书局，1965年版。

50．夏燮：《中西纪事》，长沙：岳麓书社，1988年版。

51．关天培：《筹海初集》，台北：文海出版社，1969年版。

52．文庆等纂：《筹办夷务始末》（道光朝），台北：文海出版社，1970年版。

53．贺长龄辑：《皇朝经世文编》，台北：文海出版社，1972年版。

54．钱仪吉编：《碑传集》，台北：文海出版社，1973年版。

55．许地山编：《达衷集》，台北：文海出版社，1974年版。

56．陈垣：《康熙与罗马使节关系文书》，台北：文海出版社，1974年版。

57．中国第一历史档案馆整理：《康熙起居注》，北京：中华书局，1984年版。

58．中国第一历史档案馆编：《康熙朝汉文朱批奏折汇编》，北京：档案出版社，1985年版。

59．赵尔巽等：《清史稿》，北京：中华书局，1976年版。

60．蓝鼎元：《鹿洲初集》，台北：文海出版社，1977年版。

61．杜臻：《粤闽巡视纪略》，台北：文海出版社，1983年版。

62．夏琳：《闽海纪要》，台北：台湾大通书局，1987年版。

63．中国第一历史档案馆编：《雍正朝汉文朱批奏折汇编》，南京：江苏古籍出版社，1991年版。

64．邓开颂、黄启臣编：《澳门港史资料汇编（1553—1986）》，广州：广东人民出版社，1991年版。

65．黄鸿钊编：《中葡澳门交涉史料》，澳门：澳门基金会，1998年版。

66．中国第一历史档案馆编：《中葡关系档案史料汇编》，北京：中国档案出版社，2000年版。

67．邢永福、吴志良、杨继波主编：《澳门问题明清珍档荟萃》，澳门：澳门基金会，2000年版。

68．金国平编译：《西方澳门史料选萃（15—16世纪）》，广州：广东人民出版社，2005年版。

69．"中央研究院"近代史研究所编：《澳门专档》，台北："中央研究院"近代史研究所，1992—1996年版。

70．中国第一历史档案馆编：《明清澳门问题皇宫珍档》，杭州：华宝斋古籍书社，1999年版。

71．中国第一历史档案馆等编：《清代外务部中外关系档案史料丛编》，北京：中华书局，2004年版。

72．莫世祥、虞和平、陈奕平编译：《近代拱北海关报告汇编（一八八七——一九四六）》，澳门：澳门基金会，1998年版。

73．广东省档案馆编：《广东澳门档案史料选编》，北京：中国档案出版社，1999年。

74．南京图书馆古籍部编：《澳门问题史料集》，北京：中华全国图书馆文献缩微复制中心，1998年版。

75．中国第一历史档案馆、澳门基金会、暨南大学古籍研究所合编：《明清时期澳门问题档案文献汇编》，北京：人民出版社，1999年版。

76．刘芳辑，章文钦校：《葡萄牙东波塔档案馆藏清代澳门中文档案汇编》，澳门：澳门基金会，1999年版。

77．介子编：《葡萄牙侵占澳门史料》，上海：上海人民出版社，1961年版。

78．张星烺编注，朱杰勤校订：《中西交通史料汇编》第一册，北京：中华书局，1977年版。

79．中国第一历史档案馆编：《清中前期西洋天主教在华活动档案史料》，北京：中华书局，2003年版。

80．张海鹏主编：《中葡关系史资料集》，成都：四川人民出版社，1999年版。

（二）论著

1. 印光任、张汝霖著，赵春晨校注：《澳门记略校注》，澳门：澳门文化司署，1992年版。

2. 戴裔煊：《〈明史·佛郎机传〉笺正》，北京：中国社会科学出版社，1984年版。

3. 王彦威、王亮编：《清季外交史》，台北：文海出版社，1985年版。

4. ［美］威·罗伯特·尤塞利斯：《澳门的起源》，澳门：澳门海事博物馆，1997年版。

5. ［意］利玛窦、［比］金尼阁著，何高济、王遵仲、李申译：《利玛窦中国札记》，北京：中华书局，2010年版。

6. 费成康：《澳门：葡萄牙人逐步占领的历史回顾》，上海：上海社会科学院出版社，2004年版。

7. 米健、李丽如主编：《澳门论学（第1辑）：澳门回归一周年纪念文集》，北京：法律出版社，2001年版。

8. 黄鸿钊：《澳门简史》，香港：三联书店（香港）有限公司，1999年版。

9. 汤开建：《澳门开埠初期史研究》，北京：中华书局，1999年版。

10. 邓开颂：《澳门历史（1840—1949）》，澳门：澳门历史学会，1995年版。

11. 章文钦：《澳门历史文化》，北京：中华书局，1999年版。

12. 谭世宝：《澳门历史文化探真》，北京：中华书局，2006年版。

13. 邓开颂、谢后和：《澳门历史与社会发展》，珠海：珠海出版社，1999年版。

14. 章文钦笺注：《澳门诗词笺注·民国卷》，珠海：珠海出版社，2002年版。

15. 章文钦笺注：《澳门诗词笺注·明清卷》，珠海：珠海出版社，2002年版。

16. 黄文宽：《澳门史钩沉》，澳门：澳门星光出版社，1987年版。

17. 元邦建、袁桂秀：《澳门史略》，香港：中流出版社，1988年版。

18. 韦庆远：《澳门史论稿》，广州：广东人民出版社，2005年版。

19. 费成康：《澳门四百年》，上海：上海人民出版社，1988年版。

20. 黄启臣：《澳门通史》，广州：广东教育出版社，1999年版。

21. 姜秉正：《澳门问题始末》，北京：法律出版社，1992年版。

22. 罗理路：《澳门寻根》，澳门：澳门海事博物馆，1997年版。

23. 吴志良、陈欣欣：《澳门政治社会研究》，澳门：澳门成人教育学会，2000年版。

24. 吴志良：《澳门政治制度史》，广州：广东人民出版社，2010年版。

25. 谭志强：《澳门主权问题始末》，台北：永业出版社，1994年版。

26. 郑炜明、黄启臣：《澳门宗教》，澳门：澳门基金会，1994年版。

27. 陈尚胜：《闭关与开放——中国封建晚期对外关系研究》，济南：山东人民出版社，1993年版。

28. 蔡鸿生主编：《戴裔煊教授九十诞辰纪念文集：澳门史与中西交通研究》，广州：广东高等教育出版社，1998年版。

29. 吴志良：《东西交汇看澳门》，澳门：澳门基金会，1996年版。

30. ［美］马士著，区宗华等译：《东印度公司对华贸易编年史（1635—1834年）》，广州：中山大学出版社，1991年版。

31. 金国平、吴志良：《过十字门》，澳门：澳门成人教育学会，2004年版。

32. 谭世宝：《金石铭刻的澳门史——明清澳门庙宇碑刻钟铭集录研究》，广州：广东人民出版社，2006年版。

33. 郭廷以：《近代中国史事日志》，北京：中华书局，1987年版。

34. 金国平、吴志良：《镜海飘渺》，澳门：澳门成人教育学会，2001年版。

35. 吴伯娅：《康雍乾三帝与西学东渐》，北京：宗教文化出版社，2002年版。

36. ［葡］徐萨斯著，黄鸿钊、李保平译：《历史上的澳门》，澳门：澳门基金会，2000年版。

37. 陈树荣、黄汉强主编：《林则徐与澳门》，澳门：纪念林则徐巡阅澳门一百五十周年学术研讨会筹备会，1990年版。

38. 晁中辰：《明代海禁与海外贸易》，北京：人民出版社，2005年版。

39. 徐宗泽编著：《明清间耶稣会士译著提要》，北京：中华书局，1989年版。

40. 郑天挺主编：《明清史资料》，天津：天津人民出版社，1980年版。

41. 张维华：《明史欧洲四国传注释》，上海：上海古籍出版社，1982年版。

42. ［葡］萨安东著，金国平译：《葡萄牙在华外交政策（一八四一～一八五四）》，里斯本：葡中关系研究中心、澳门：澳门基金会，1997年版。

43．钱实甫编：《清代职官年表》，北京：中华书局，1980年版。

44．林子昇：《十六至十八世纪澳门与中国之关系》，澳门：澳门基金会，1998年版。

45．邱树森：《唐宋蕃坊与明清澳门比较研究》，海口：南方出版社，2001年版。

46．金国平著译：《西力东渐——中葡早期接触追昔》，澳门：澳门基金会，2000年版。

47．冯承钧译：《西域南海史地考证译丛五编》，北京：中华书局，1956年版。

48．萧致治、杨卫东编撰：《鸦片战争前中西关系纪事（1517—1840）》，武汉：湖北人民出版社，1986年版。

49．［法］费赖之著，冯承钧译：《在华耶稣会士列传及书目》，北京：中华书局，1995年版。

50．［瑞典］龙思泰著，吴义雄等译：《早期澳门史》，北京：东方出版社，1997年版。

51．马大正主编：《中国边疆经略史》，郑州：中州古籍出版社，2000年版。

52．张维华主编：《中国古代对外关系史》，北京：高等教育出版社，1993年版。

53．袁刚：《中国古代政府机构设置沿革》，哈尔滨：黑龙江人民出版社，2003年版。

54．谭其骧主编：《中国历史地图集》第八册，上海：地图出版社，1987年版。

55．德礼贤：《中国天主教传教史》，上海：商务印书馆，1933年版。

56．方豪：《中国天主教史人物传》，北京：中华书局，1988年影印本。

57．［美］马士著，张汇文等译：《中华帝国对外关系史》（第一至三卷），上海：上海书店出版社，2000年版。

58．金国平：《中葡关系史地考证》，澳门：澳门基金会，2000年版。

59．周景濂编著：《中葡外交史》，北京：商务印书馆，1991年影印本。

60．万明：《中葡早期关系史》，北京：社会科学文献出版社，2001年版。

61．张天泽著，姚楠、钱江译：《中葡早期通商史》，香港：中华书局香港分局，1988年版。

62．黄启臣、邓开颂编：《中外学者论澳门历史》，澳门：澳门基金会，1995年版。

63．方豪：《中西交通史》，长沙：岳麓书社，1987年版。

64．王巨新、王欣：《明清澳门涉外法律研究》，北京：社会科学文献出版社，2010年版。

65．娄胜华等：《自治与他治：澳门的行政、司法与社团（1553—1999）》，北京：社会科学文献出版社，2013年版。

66．何志辉：《治理与秩序：全球化进程中的澳门法（1553—1999）》，北京：社会科学文献出版社，2013年版。

67．李云泉：《朝贡制度史论——中国古代对外关系体制研究》，北京：新华出版社，2004年版。

68．王日根：《明清海疆政策与中国社会发展》，福州：福建人民出版社，2006年版。

69．陈尚胜主编：《中国传统对外关系的思想、制度与政策》，济南：山东大学出版社，2007年版。

70．吴志良、娄胜华、何伟杰：《中华民国专题史》第十八卷《革命、战争与澳门》，南京：南京大学出版社，2015年版。

71．耿昇、吴志良主编：《16—18世纪中西关系与澳门》，北京：商务印书馆，2005年版。

72．张维华：《明清之际中西关系简史》，济南：齐鲁书社，1987年版。

73．江文汉：《明清间在华的天主教耶稣会士》，上海：知识出版社，1987年版。

74．黄枝连：《天朝礼治体系研究》（上、中卷），北京：中国人民大学出版社，1992、1994、1995年版。

75．黄鸿钊：《澳门同知与近代澳门》，广州：广东人民出版社，2006年版。

76．霍志钊：《澳门土生葡人的宗教信仰：从"单一"到"多元混融"的变迁》，北京：社会科学文献出版社，2009年版。

77．刘景莲：《明清澳门涉外案件司法审判制度研究（1553—1848）》，广州：广东人民出版社，2007年版。

78．刘然玲：《文明的博弈——16至19世纪澳门文化长波段的历史考察》，广州：广东人民出版社，2008年版。

79．查灿长：《转型、变项与传播：澳门早期现代化研究（鸦片战争至1945

年）》，广州：广东人民出版社，2006年版。

80．严忠明：《一个海风吹来的城市：早期澳门城市发展史研究》，广州：广东人民出版社，2006年版。

81．李长森：《明清时期澳门土生族群的形成发展与变迁》，北京：中华书局，2007年版。

82．吴志良、汤开建、金国平主编：《澳门编年史》，广州：广东人民出版社，2009年版。

83．童乔慧：《澳门土地神庙研究》，广州：广东人民出版社，2010年版。

84．顾卫民：《"以天主和利益的名义"：早期葡萄牙海洋扩张的历史》，北京：社会科学文献出版社，2013年版。

85．汤开建：《委黎多〈报效始末疏〉笺正》，广州：广东人民出版社，2004年版。

86．王禹：《论恢复行使主权》，北京：人民出版社，2016年版。

87．骆伟建：《澳门特别行政区基本法新论》，北京：社会科学文献出版社，2012年版。

88．董立坤：《中央管治权与香港特区高度自治权的关系》，北京：法律出版社，2014年版。

89．李庆新：《明代海外贸易制度》，北京：社会科学文献出版社，2007年版。

90．张建雄：《清代前期广东海防体制研究》，广州：广东人民出版社，2012年版。

91．徐素琴：《晚清中葡澳门水界争端探微》，长沙：岳麓书社，2013年版。

92．黄鸿钊：《澳门海洋文化的发展和影响》，广州：广东人民出版社，2010年版。

93．戴裔煊、钟国豪：《澳门历史纲要》，北京：知识出版社，1999年版。

94．汤开建：《明清士大夫与澳门》，澳门：澳门基金会，1998年版。

95．徐晓望、陈衍德：《澳门妈祖文化研究》，澳门：澳门基金会，1998年版。

96．郑妙冰：《澳门：殖民沧桑中的文化双面神》，北京：中央文献出版社，2003年版。

97．何志辉：《明清澳门的司法变迁》，澳门：澳门学者同盟，2009年版。

98．汤开建：《明代澳门史论稿（上、下）》，哈尔滨：黑龙江教育出版社，2012年版。

99．周湘、李爱丽等：《蠔镜映西潮：屏蔽与缓冲中的清代澳门中西交流》，北京：社会科学文献出版社，2013年版。

100．程美宝等：《把世界带进中国：从澳门出发的中国近代史》，北京：社会科学文献出版社，2013年版。

101．邱少晖主编：《法律文化研究》第八辑《澳门法律文化专题》，北京：社会科学文献出版社，2015年版。

（三）论文

1．戴裔煊：《关于澳门历史上所谓赶走海盗问题》，载《中山大学学报（社会科学版）》，1957年第3期。

2．谭世宝：《"普天之下"的澳门，究属哪国之土？》，载《中西文化研究》，2006年第1期。

3．杨仁飞：《1840年前澳门教会的作用与地位》，载《澳门研究》第9期，澳门基金会，1998年10月。

4．金国平：《澳门地租始纳年代及其意义》，载《澳门研究》第10期，澳门基金会，1999年3月。

5．陈尚胜：《澳门模式与鸦片战争前的中西关系》，载《中国史研究》，1998年第1期。

6．张海鹏：《澳门史研究：前进和困难——国内澳门史研究的动向》，载《中国社会科学院研究生院学报》，1995年第5期。

7．吴志良：《澳门史研究述评》，载《史学理论研究》，1996年第3期。

8．黄鸿钊：《澳门同知的历史地位》，载《澳门研究》第31期，澳门基金会，2005年12月。

9．黄庆华：《澳门与中葡关系》，载《中国边疆史地研究·澳门专号》，1999年第2期。

10．张海鹏：《居澳葡人"双重效忠"说平议》，载《近代史研究》，1999年第6期。

11．谭世宝：《略论明末与清末的外交政策成败得失——以澳门问题为中心》，载《东方文化》，1999年第6期。

12．杜婉言：《论"澳门海防军民同知"》，载《文化杂志》中文版第四十七期，2003年夏季刊。

13．黄鸿钊：《论基督教的传入与澳门的关系》，收入中国中外关系史学会编：《中外关系史论丛》第五辑，北京：书目文献出版社，1996年版。

14．龙心刚、彭学涛：《论清政府早期的澳葡政策》，载《河北学刊》，1999年第4期。

15．张廷茂：《明清澳门海上贸易史研究的回顾与设想》，载《中国史研究动态》，1996年第12期。

16．朱亚非：《明清时期澳门主权之演变》，载《山东师大学报（社会科学版）》，1999年第5期。

17．黄启臣：《明清时期中国政府对澳门海关的管理》，载《中山大学学报（社会科学版）》，1996年第1期。

18．康大寿：《明清政府对澳门的法权管理》，载《四川师范学院学报（哲社版）》，1998年第4期。

19．陈文源：《明清政府立法治澳之探讨》，载《暨南学报（哲学社会科学版）》，2000年第1期。

20．黄启臣：《明至清前期中国政府对澳门行使主权》，载《中国史研究》，1993年第1期。

21．吕一燃：《葡萄牙强占澳门与清政府拒绝批准中葡〈和好贸易条约〉》，载《中国边疆史地研究·澳门专号》，1999年第2期。

22．郭卫东：《清朝禁教政策演变的若干问题》，载《安徽史学》，2000年第1期。

23．王东峰：《清朝前期澳门地租沿革考》，载《岭南文史》，1999年第1期。

24．王东峰：《清朝前期广东政府对澳门的军事控御》，载《文化杂志》中文版第三十九期，1999年夏季刊。

25．张廷茂：《清初"迁海"与"禁海"时期澳门的海上贸易》，载《文化杂志》中文版第四十四期，2002年秋季刊。

26．顾卫民：《清初顺康雍三朝对天主教政策由宽容到严禁的转变》，载《文化杂志》中文版第四十四期，2002年秋季刊。

27．李金明：《清代前期澳门在对外贸易中的地位与作用》，载《文化杂志》中文版第三十九期，1999年夏季刊。

28．杜婉言：《清代香山县丞对澳门的管治》，载《文化杂志》中文版第四十四期，2002年秋季刊。

29．陈文源：《清中期澳门贸易额船问题》，载《中国经济史研究》，2003年第4期。

30．黄鸿钊：《十六至十八世纪的澳门与东西方文化交流》，载《澳门研究》第7期，澳门基金会，1998年3月。

31．王昭明：《鸦片战争前后澳门地位的变化》，载《近代史研究》，1986年第3期。

32．万明：《西方叩关与葡萄牙占据澳门》，载《北京行政学院学报》，1999年第4期。

33．万明：《鸦片战争前清朝政府对澳门的管理述略》，载《黑龙江社会科学》，1999年第5期。

34．王东峰：《粤海关澳门总口设立后对澳门贸易的管理》，收入汤开建主编，暨南大学中国文化史籍研究所编：《历史文献与传统文化》第七集《迎澳门回归专辑》，南昌：江西教育出版社，1999年版。

35．杨闯：《中国对澳门管辖权问题的历史轨迹》，载《外交学院学报》，1999年第3期。

36．汤开建、田渝：《明清之际澳门天主教的传入与发展》，载《暨南学报（哲学社会科学版）》，2006年第2期。

37．郭卫东：《从福安到澳门：1746—1747年的禁教案》，载《文化杂志》中文版第七十一期，2009年夏季刊。

38．张廷茂：《清代中叶中国政府对澳门华人的管理》，载《暨南史学》第六辑，2009年。

39．刘泽生：《回归十年澳门研究的回顾与思考——以澳门历史研究为中心》，载《广东社会科学》，2009年第6期。

40．万明：《试论明代澳门的治理形态》，载《中国边疆史地研究·澳门专号》，1999年第2期。

41．罗晓京：《试析1846年以前葡萄牙管理澳门的历史特点》，载《广东社会科学》，1998年第2期。

42．王东峰：《清朝前期广东政府对澳门的管理》，暨南大学硕士学位论文，1998年。

43．罗兰桂：《清朝前期天主教在中国的传播及清政府对天主教的政策》，暨南大学硕士学位论文，2000年。

44．宾静：《清雍乾禁教时期华籍天主教徒的传教活动》，暨南大学硕士学位论文，2004年。

45．弭友海：《清朝顺康雍时期对澳门的政策与管理》，山东大学硕士学位论文，2005年。

46．汤后虎：《明清时期英国人在澳门的活动（1635—1840）》，暨南大学硕士学位论文，2006年。

47．刘敏：《嘉庆朝澳门葡萄牙人助剿海盗问题研究——以〈（葡萄牙东波塔档案馆藏）清代澳门中文档案汇编〉为中心》，暨南大学硕士学位论文，2010年。

48．赵新良：《晚清时期澳葡政府对澳门华人的管治及华人反应》，暨南大学硕士学位论文，2010年。

49．王婷：《西方传教士与早期中葡关系》，山东师范大学硕士学位论文，2013年。

50．林旭鸣：《明清广东海防同知研究》，广东省社会科学院硕士学位论文，2015年。

51．顾梦晓：《从晚清中葡澳门交涉看清政府海疆观念的嬗变》，苏州科技大学硕士学位论文，2018年。

52．何新华：《夷夏之间：对1842—1856年清政府西方外交的研究》，暨南大学博士学位论文，2004年。

53．林广志：《晚清澳门华商与华人社会研究》，暨南大学博士学位论文，2005年。

54．唐伟华：《清前期广州涉外司法问题研究》，中国政法大学博士学位论文，

2006年。

55．胡孝忠：《明清香山县地方志研究》，山东大学博士学位论文，2011年。

56．冯颖红：《"一国两制"在澳门实践及对香港的启示》，载《广州社会主义学院学报》，2019年第4期。

57．王巨新：《广州体制与澳门模式差别性研究》，载《社会科学辑刊》，2008年第2期。

58．叶农：《澳葡殖民政府早期政治架构的形成与演变》，载《暨南学报（哲学社会科学版）》，2004年第4期。

59．何志辉：《葡萄牙宪法与近代澳门问题的产生》，收入何勤华主编：《外国法制史研究》第18卷，北京：法律出版社，2016年版。

60．马志达：《论葡澳时期澳门社会治理的社团主义模式》，载《华南师范大学学报（社会科学版）》，2011年第3期。

61．谭世宝：《乾隆十四年〈澳门约束章程〉碑新探》，载《广东社会科学》，2010年第2期。

62．陈文源、李琴：《明清时期澳门人口、族群与阶层分析》，载《暨南学报（哲学社会科学版）》，2011年第3期。

63．汤开建、张照：《明中后期澳门葡人帮助明朝剿除海盗史实再考——以委黎多〈报效始末疏〉资料为中心展开》，载《湖北大学学报（哲学社会科学版）》，2005年第2期。

64．陈文源：《16世纪末居澳葡人议事机构成立的背景分析》，载《暨南学报（哲学社会科学版）》，2014年第5期。

65．黄启臣：《澳门主权问题始末》，载《中国边疆史地研究》，1999年第2期。

66．陈文源：《近代澳门华政衙门的组织结构与职能演变》，载《华南师范大学学报（社会科学版）》，2011年第1期。

67．张坤：《清代澳门额船制度的完善与演变》，载《中国边疆史地研究》，2010年第4期。

68．赵春晨：《清人张汝霖与香山》，载《广东社会科学》，2011年第2期。

69．王巨新：《清前期粤海关税则考》，载《历史教学（下半月刊）》，2010年第5期。

70. 杨仁飞：《清中叶前的澳门平民阶层及社会流动》，载《广东社会科学》，2006年第2期。

71. 徐素琴：《"封锁"澳门问题与清季中葡关系》，载《中山大学学报（社会科学版）》，2005年第2期。

72. 黄庆华：《中葡有关澳门主权交涉内幕——从1862年条约换文到1887年条约谈判》，载《中国边疆史地研究》，2001年第3期。

73. 赵立人：《明代至清初的十三行与十字门海上贸易——以屈大均1662年澳门之行为中心》，载《海交史研究》，2004年第2期。

74. 王建平、朱小平：《澳门与明末清初的传教活动》，载《华南师范大学学报（社会科学版）》，2001年第5期。

75. 蒋贤斌：《论鸦片战争前清政府对澳门的经济政策》，载《江西社会科学》，2000年第3期。

76. 吕一燃：《清季中葡关于澳门的交涉和中国人民的反侵略斗争》，载《黑龙江社会科学》，1999年第5期。

77. 林乾：《论清代前期澳门民、番刑案的法律适用》，载《澳门研究》第40期，澳门基金会，2007年6月。

78. 乔素玲：《清代澳门中葡司法冲突》，载《暨南学报（哲学社会科学版）》，2002年第4期。

79. 李雪梅：《澳门明清法律史料之构成》，收入《中西法律传统》第二卷，北京：中国政法大学出版社，2002年版。

80. 何志辉：《论明代澳门的特别立法与司法》，载《岳麓法学评论》第7卷，2012年。

81. 张廷茂：《从汪柏与索萨议和看早期中葡关系的转变》，载《安徽史学》，2007年第2期。

82. 张海珊：《明朝守澳官的行政架构及其对后世之影响》，载《澳门研究》第44期，澳门基金会，2008年2月。

83. 何志辉：《共处分治中的主导治理——论明政府对澳门的治理措施》，载《澳门研究》第51期，澳门基金会，2009年4月。

84. 陈伟明、兰静：《清代澳门生活资料的来源与特点（1644—1911）》，载《暨南学报（哲学社会科学版）》，2010年第5期。

85．何志辉：《鸦片战争前后的时局与澳门》，载《澳门研究》第62期，澳门基金会，2011年9月。

86．彭顺生：《试论鸦片战争前300年澳门在中西文化交流中的地位与贡献》，载《史学月刊》，1999年第5期。

87．张廷茂：《澳门史葡文史料举要》，载《中国史研究动态》，2000年第9期。

88．查灿长：《鸦片战争前后澳门生存路径的选择》，载《澳门研究》第25期，澳门基金会，2004年12月。

89．廖大珂：《试论明朝对澳门葡萄牙人政策的形成》，载《澳门研究》第62期，澳门基金会，2011年9月。

90．黄鸿钊：《简论16—19世纪果阿与澳门关系》，载《澳门研究》第24期，澳门基金会，2004年10月。

91．杨翠微：《葡萄牙进驻澳门时中葡两国的形势与澳门的中西文化交流》，载《中国文化研究》，2004年秋之卷。

92．张泽洪：《澳门族群与多元文化：16—18世纪澳门天主教与中国传统宗教》，载《中华文化论坛》，2004年第3期。

93．华方田：《澳门佛教的起源与发展》，载《世界宗教研究》，1999年第4期。

94．杨允中：《近代世界文明演进中的反差与澳门特殊地位的形成》，载《澳门研究》第18期，澳门基金会，2003年9月。

95．石元蒙：《中西文明的最初碰撞——葡萄牙人入居澳门与明政府对策》，载《甘肃社会科学》，2003年第1期。

96．吴水金、陈伟明：《明清澳门人口变化的历史状况与特点》，载《东南亚研究》，2002年第3期。

97．刘景莲：《从东波档看清代澳门的民事诉讼及其审判》，收入张捷夫主编，中国社会科学院历史研究所明清史研究室编：《清史论丛》，北京：中国广播电视出版社，2001年版。

98．张廷茂：《16—18世纪中期澳门海上贸易与东西方文化交流》，载《海交史研究》，2000年第1期。

99．杨仁飞：《明清时期澳门对外贸易的官、私商之争》，载《澳门研究》第12

期，澳门基金会，1999年9月。

100．邹爱莲：《中葡〈通商和好条约〉与澳门勘界问题》，载《历史档案》，1999年第4期。

101．吴志良：《葡人内部自治时期的澳门》，载《澳门研究》第7期，澳门基金会，1998年3月。

102．郑炜明：《从有关条约看澳门"附属地"问题》，载《中国边疆史地研究》，1992年第2期。

103．吴义雄：《基督教传教士在澳门的早期文化活动略论》，载《学术研究》，2002年第6期。

104．余清良：《试论澳门在早期（1635—1842）中英贸易关系中的地位和作用》，载《海交史研究》，2000年第1期。

105．邓开颂：《鸦片战争前澳门的鸦片走私贸易》，载《学术研究》，1990年第3期。

106．黄启臣：《16至19世纪中国政府对澳门的特殊方针和政策》，载《学术论坛》，1990年第6期。

107．黄启臣：《清代前期澳门对外贸易的衰微》，载《广西社会科学》，1988年第2期。

108．郑德华：《清初迁海时期澳门考略（1661—1683）》，载《学术研究》，1988年第4期。

109．黄国安：《葡萄牙殖民者侵占澳门的历史考略》，载《广西社会科学》，1988年第2期。

110．胡代聪：《葡萄牙殖民者侵占澳门前在中国的侵略活动》，载《历史研究》，1959年第3期。

111．费成康：《关于1887年中葡〈和好通商条约〉的订立》，载《上海社会科学院学术季刊》，1988年第2期。

112．黄启臣、邓开颂：《明清时期西欧殖民主义国家对澳门贸易的争夺》，载《广东社会科学》，1986年第3期。

113．杨继波：《潘思榘奏请设立澳门同知时间考》，载《历史档案》，1999年第2期。

114. 廖伟章：《"委黎多"和澳门同知考》，载《广州研究》，1985年第5期。

115. 杨朝全：《近代中葡条约与澳门主权》，载《扬州大学学报（人文社会科学版）》，1999年第6期。

116. 章文钦：《从诗词见证明清时代澳门的历史文化》，载《中山大学学报（社会科学版）》，1999年第2期。

117. 朱亚非、刘文涛：《东西方经济文化交流的枢纽与门户——论16—18世纪澳门的历史地位》，载《世界历史》，1999年第6期。

118. 吕美颐、郑永福：《历史上澳门地方自治制度论略》，载《中州学刊》，1999年第4期。

119. 黄鸿钊：《民国时期的澳门问题交涉》，载《江苏社会科学》，1999年第4期。

120. 赵利峰：《耆英时期的粤澳（中葡）关系》，载《暨南学报（哲学社会科学版）》，2000年第6期。

121. 饶芃子：《澳门文化的历史坐标与未来意义》，载《暨南学报（哲学社会科学版）》，1999年第3期。

122. 张廷茂：《16—17世纪澳门与葡萄牙远东保教权关系的若干问题》，载《杭州师范学院学报》，2005年第4期。

123. 黄雁鸿：《明朝政府对澳门的市舶及课税制度管理》，载《澳门研究》第45期，澳门基金会，2008年4月。

124. 郑光滨：《清朝中叶澳门成为西方侵华跳板及中西联系纽带——兼论鸦片战争与澳门（上）》，载《澳门研究》第46期，澳门基金会，2008年6月。

125. 郑光滨：《清朝中叶澳门成为西方侵华跳板及中西联系纽带——兼论鸦片战争与澳门（下）》，载《澳门研究》第47期，澳门基金会，2008年8月。

126. 叶农：《两次鸦片战争期间澳门政治发展——以〈华友西报〉资料为中心》，载《华南师范大学学报（社会科学版）》，2009年第6期。

127. 叶农、欧阳开方：《晚清中葡交涉中的土地纠纷问题——以〈葡国驻广州总领事馆档案〉为中心》，载《澳门研究》第61期，澳门基金会，2011年6月。

128. 何志辉：《〈中葡和好通商条约〉与澳门地位条款》，载《澳门研究》第54期，澳门基金会，2009年10月。

129. 吴志良：《澳门与礼仪之争——跨文化背景下的文化自觉》，载《澳门研究》第16期，澳门基金会，2003年3月。

130. 刘芳：《清乾隆年间查禁澳门唐人庙事件》，载《社会科学论坛》，2010年第3期。

131. 叶农、欧阳开方：《两次鸦片战争之间澳门经济转型与发展——以〈华友西报〉为中心》，载《暨南学报（哲学社会科学版）》，2011年第3期。

132. 王宏斌：《简论广州府海防同知职能之演变》，载《广东社会科学》，2012年第2期。

133. 陈文源：《明清政府对澳门货物商品的管控措施》，载《澳门研究》第65期，澳门基金会，2012年6月。

134. 陈文源：《明清时期广东政府对澳门社会秩序的管理》，载《广东社会科学》，2012年第6期。

135. 吴义雄：《〈镜海丛报〉反映的晚清澳门历史片段》，载《广东社会科学》，2012年第2期。

136. 娄胜华：《全球史观与澳门治理史研究》，载《澳门研究》第67期，澳门基金会，2012年12月。

137. 吴宏岐：《澳门半岛葡人早期居留地问题的再研究》，载《暨南学报（哲学社会科学版）》，2013年第1期。

138. 吴志良：《澳门历史话语权的回归》，载《澳门理工学报》，2013年第2期。

139. 汤开建：《走出瓶颈：澳门历史研究现状与前瞻》，载《澳门理工学报》，2013年第2期。

140. 徐素琴：《清政府"夷务"管理制度中的澳门葡人》，载《广东社会科学》，2013年第4期。

141. 李燕：《明代朝贡贸易体制下澳门的兴起及其与广州的关系》，载《热带地理》，2013年第6期。

142. 曾金莲：《澳葡与中国南北政府的周旋——围绕澳门北部填海之中葡交涉的考察》，载《暨南学报（哲学社会科学版）》，2014年第1期。

143. 林广志、陈文源：《明清时期澳门华人社会研究述评》，载《港澳研究》，2014年第1期。

144．黄雁鸿：《清末中葡澳门勘界谈判过程中的博弈与周折》，载《中国文化研究》，2014年第2期。

145．林广志、张中鹏：《明清澳门经济史研究的回顾与展望》，载《澳门研究》第72期，澳门基金会，2014年3月。

146．张中鹏：《分化与整合：明代澳门华人社会结构分析》，载《澳门研究》第73期，澳门基金会，2014年6月。

147．吴宏岐：《澳门妈祖信仰的形成与空间扩张》，载《澳门研究》第73期，澳门基金会，2014年6月。

148．张丽：《60年来大陆地区澳门史研究回顾》，载《兰州学刊》，2015年第1期。

149．张廷茂：《1836—1849年澳葡政府机构建制沿革考论》，载《文化杂志》中文版第九十八期，2016年。

150．李庆新：《地方主导与制度转型——明中后期海外贸易管理体制演变及其区域特色》，载《学术月刊》，2016年第1期。

151．王禹：《"一国两制"下中央对特别行政区的全面管治权》，载《港澳研究》，2016年第2期。

152．许昌：《中央对特别行政区直接行使的权力的分类研究》，载《港澳研究》，2016年第3期。

153．魏淑君、张小帅：《论"一国两制"下中央对港澳特区的全面管治权》，载《中国浦东干部学院学报》，2016年第6期。

154．赵新良：《鸦片战争后澳门财政管理制度的若干变化（1844—1849）》，载《华南师范大学学报（社会科学版）》，2017年第1期。

155．蒋朝阳：《国家管治权及其在特别行政区的实现》，载《港澳研究》，2017年第2期。

156．汤开建、周孝雷：《澳门开埠之初（1564—1580）葡萄牙人对三次中国海盗活动的应对与处理》，载《海交史研究》，2017年第2期。

157．王宏斌：《从蕃坊到租界：试探中国近代外侨政策之历史渊源》，载《史学月刊》，2017年第5期。

158．吴宏岐、刘煜琼：《清至民国时期葡萄牙人对澳门附近海域管辖权的觊觎与争夺》，载《安徽史学》，2017年第5期。

159．汤开建：《明清时期澳门王室大法官制度的建立、发展及其终结》，载《暨南学报（哲学社会科学版）》，2018年第2期。

160．骆伟建：《论中央全面管治权与特区高度自治权的有机结合》，载《港澳研究》，2018年第1期。

161．张中鹏：《清前期澳门及周边地区社会治理权力结构探析——从新发现〈澳门志略〉所见》，载《中国地方志》，2019年第2期。

162．张廷茂、李文光：《16—17世纪中叶葡属印度与澳门海上贸易的发展与兴衰》，载《暨南史学》第十九辑，2019年。

163．鄞益奋：《回归20年澳门特区政府管治的成功经验》，载《港澳研究》，2019年第4期。

164．蒋朝阳：《回归20年："一国两制"的"澳门模式"辨析》，载《江汉大学学报（社会科学版）》，2019年第5期。

165．孙翠萍：《"一国两制"在澳门的实践与发展》，载《当代中国史研究》，2019年第5期。

166．施晔、李亦婷：《嘉庆朝英军入侵澳门事件再考察——以新见斯当东档案为中心》，载《史林》，2021年第3期。